Über die Verfasserin

Nicole D. Schmidt, Dr. phil., M. A., Dipl. Sozpäd., geboren 1954 in Hamburg. 1980 Diplom Sozialpädagogik. 1981 bis 1986 Studium der Philosophie, Psychologie und Kunstgeschichte in Hamburg. 1989 bis 1993 Stipendiatin der Universität Hamburg, der Hamburger Stiftung für Wissenschaft und Kultur, der Studienstiftung des deutschen Volkes. 1993 Promotion, Lehrbeauftragte an der Universität Hamburg (Philosophie, Psychologie) und Universität Lüneburg.

Veröffentlichungen: Philosophie und Psychologie. Untersuchungen zum Problem ihres Verhältnisses seit 1880. Egelsbach/Frankfurt/Washington 1994; Zum Zusammenhang von Selbstverwirklichung und Moralität. Egelsbach/Frankfurt/Washington 1993 (beides Mikrofiche-Ausgaben). Mitarbeit an der Übersetzung und Bearbeitung sowie Autorin diverser Kapitel: Frauen und Aids (ACT UP New York Women & AIDS Bookgroup). Reinbek bei Hamburg 1994. Aufsätze zu Frauen, Feminismus und Aids, Rezensionen zu Themen wie Selbstorganisationstheorien und Konstruktivismus.

Die vorliegende Ausgabe beruht auf der 1993 eingereichten Dissertation «Philosophie und Psychologie» (Universität Hamburg), die 1994 als Mikrofiche-Ausgabe bei Hänsel-Hohenhausen, Egelsbach/Frankfurt/Washington, erschienen ist.

Für ihre theoretische und praktische Unterstützung für dieses Buch habe ich vielen Menschen (und einigen Institutionen) zu danken, vor allem folgenden:

Klaus J. Fuss, Horst Gundlach vom Institut für Neuere Geschichte der Psychologie (Universität Passau), Anette C. Hammerschmidt, Kirsten Hebel, Petra Knust, Susanne Lang, Verena Lappe, Margret Lohmann, Erik Porath, Gerhard Heik Portele und dem Kolloquium «Selbstorganisationstheorien und radikaler Konstruktivismus», Angelika Sander, Ann Kathrin Scheerer und Jan Philipp Reemtsma (Hamburger Stiftung für Wissenschaft und Kultur), Janina Schmidt, Christina Schües, Oswald Schwemmer, Michael Schwinning, Hans-Ottmar Weyand und der Studienstiftung des deutschen Volkes, Christian Thies, Heinz Watzka, Gertrud Weyers – und besonders Herbert Schnädelbach.

Nicole D. Schmidt

Philosophie und Psychologie

Trennungsgeschichte, Dogmen und Perspektiven

rororo

Rowohlt

rowohlts enzyklopädie

Herausgegeben von Burghard König

Originalausgabe
Veröffentlicht im Rowohlt Taschenbuch Verlag GmbH,
Reinbek bei Hamburg, Juni 1995

Umschlaggestaltung Jens Kreitmeyer
Satz Sabon (Linotronic 500)
Gesamtherstellung Clausen & Bosse, Leck
Printed in Germany
2290-ISBN 3 499 55556 5

Inhalt

3. Erklären und Exaktheit 61

4. Kontroverse II 84

5. Kontroverse III 101

6. Verstehen und Erleben – Kontroverse IV 121

7. Philosophie und Psychologie heute 144

Einleitung

Das Ziel der hier vorgestellten Überlegungen ist eine neue Verhältnisbestimmung der akademischen Disziplinen *Philosophie* und *Psychologie*. Das Material für diese Bestimmung wird von einer Untersuchung der historischen Trennungsvorgänge der beiden Disziplinen her aufbereitet. Leitend dabei war die Frage, warum sich das heutige Verhältnis von Philosophie und Psychologie im wesentlichen in Begriffen gegenseitiger Nicht-Beachtung beschreiben läßt.

Die Psychologie hat sich als eine der letzten Einzelwissenschaften aus der Philosophie herausgelöst, und dieser Vorgang zeigt sich als langwieriger, verwickelter Trennungsprozeß, der für beide Disziplinen ungünstige Wirkungen gehabt hat. Die Psychologie hat sich durch die Art der Trennung eine *Reflexionsblockade* eingehandelt, an deren Folgen sie noch heute laboriert. Die Philosophie hingegen muß sich fragen lassen, wie sie ihre *psychologische Leerstelle* füllen will. Im besten Fall hat sie ihren psychologischen Theoriebedarf bei der Psychoanalyse gedeckt; diese allerdings ist weder gut gelitten noch eng verbunden mit der akademischen Disziplin Psychologie, wobei die häufig vorgenommene Gleichsetzung von Psychologie und Psychoanalyse von philosophischer Seite deren ungenügenden Informationsstand erkennen läßt.

Beide Disziplinen sind in Bewegung, und es ist absehbar, daß das gegenseitige Berührungstabu aufgelöst werden kann. Die grundsätzliche Neuorientierung innerhalb der Psychologie erlaubt es, wieder Kontakt zur Philosophie herzustellen. Eine breite innerfachliche Kritikbewegung hat sich zu einer interdisziplinär orientierten Fachgesellschaft, der Neuen Gesellschaft für Psychologie, vereinigt. Die Philosophie ihrerseits sucht über transdisziplinäre Forschungsprojekte vornehmlich im Rahmen der Cognitive Sciences den inspirierenden Kontakt zu den Wissenschaften und damit auch zur akademischen Psychologie. Doch die Bedingungen dieser Neuanknüpfungstendenzen sind gelenkt von den hier zu schildernden Kontroversen, von denen sich sagen läßt, daß sie viele aktuelle Auseinandersetzungen entscheidend präjudiziert haben.

Problembereich

Wenn ein Zugang zur Frage nach einem Zusammenhang von Psychologie und Philosophie gesucht wird, fällt zunächst auf, daß diese Disziplinen in Gestalt ihrer Fachvertreter im akademischen Raum wenig oder keinen Kontakt zueinander haben. Neben einem gegenseitigen fachlichen Desinteresse gibt es auch Abwertungsstrategien, die sich im amüsierten Befremden über Themen und Methoden der jeweils anderen Disziplin zeigen. Daß Philosophie und Psychologie einmal in einem Fakultätsverband vereinigt waren und daß zuvor die Psychologie als Teildisziplin der Philosophie galt, wissen nur historisch Interessierte. Die Frage nach dem derzeitigen Verhältnis von Philosophie und Psychologie enthält jene nach den Gründen für die diffuse, gegenseitige Nicht-Beachtung der beiden Disziplinen. Der Einwand, der hier gleich plaziert werden könnte, wäre der, daß doch die «Analytische Philosophie des Geistes» in Bewegung gekommen sei und daß die Richtung dieser Bewegung gerade als die einer Annäherung von Philosophie und empirischer Psychologie beschrieben werden müßte (vgl. Bieri 1981, S. 22f). Zwar stimmt die Angabe der Tendenz: aber das heißt nicht, daß von der Spitze der philosophischen oder wissenschaftlichen Einsichten her einfach auf die Normalwissenschaft herunterdeduziert werden darf. Zudem spricht nichts dagegen, eine sinnvolle Bewegung einfach zu verstärken, indem sie unterstützt wird.

Wenn wissenschaftstheoretische und epistemologische Fragen in Begriffen von ‹Trennung› und ‹Annäherung› thematisiert werden, liegt es nahe, zunächst eine Untersuchung des Problembestandes vorzunehmen. Die Frage der disziplinären Trennungsverläufe und die Suche nach neuen Kooperationschancen soll hier über wissenschaftshistorische Untersuchungen in wissenschaftstheoretischer Absicht vorgenommen werden. Das maßgebliche Ziel besteht darin, die Problemgenese so weit aufzuklären, daß eine neue Verhältnisbestimmung von Philosophie und Psychologie möglich wird.

Untersucht wird im folgenden die Ausdifferenzierung der beiden Disziplinen für den deutschen Sprachraum. Diese Einschränkung ist durch die spezifisch deutsche Entwicklung gerechtfertigt, denn kein anderes Land zeigt ähnlich verwickelte, langandauernde disziplinäre Ablösungsprozesse; hinzu kommt, daß die Forschungsdisziplin Psychologie im Deutschland des letzten Jahrhunderts entstand und von hier eine weltweite Ausbreitung erfahren hat.

Der Begriff *Ausdifferenzierung* deutet eine These bereits an: Im Gegensatz zu herkömmlichen philosophie- und psychologiehistorischen Ansichten soll Ausdifferenzierung gegen die These von der Emanzipation der Psychologie gesetzt werden. Die Emanzipationsthese besagt, daß die Psychologie sich infolge einer innovativen (natur-)wissenschaftlichen Orientierung von der ‹Mutterdisziplin Philosophie› lösen und als eigenständige Erfahrungswissenschaft einrichten konnte. Es wird nicht bestritten, daß Psychologie als Erfahrungswissenschaft einen Ablösungsprozeß von der Philosophie durchlaufen hat; doch die genauere Untersuchung einiger Entwicklungsstationen zeigt, daß der Trennungsprozeß durchaus beidseitig war. Dabei schälen sich zwei Tendenzen heraus, die zunächst etwas schematisch erscheinen mögen, im Verlauf des Argumentationsgangs jedoch differenziert werden.

Ein Trend führt die Psychologie dahin, durch die Elaborierung neuer Forschungsmethoden, die zunächst aus der Sinnesphysiologie übernommen wurden, eine Absetzbewegung einzuleiten von der als ‹spekulativ› abqualifizierten Philosophie (Tendenz 1). Die Philosophie ihrerseits gerät mit der Ausgrenzung der nunmehr forschungswissenschaftlich operierenden Psychologie in eine Gegenbewegung, indem sie sich von ihrem ‹Psychologismus› zu distanzieren beginnt. Diese entgegengesetzte Bewegungsrichtung beginnt mit den antiszientistischen Positionen des aufblühenden Neukantianismus und wird wirksam dann durch Husserls Psychologismus-Kritik, die als expliziter Antipsychologismus gegen alle Formen von Szientismus (Psychologismus, Naturalismus, Anthropologismus, Physikalismus etc.) gerichtet ist. Sie äußert sich in einer Ausgrenzung oder, schärfer formuliert, in der Abstoßung der nunmehr forschungsempirisch operierenden Psychologie durch die Philosophie (Tendenz 2).

Ein entscheidendes Stichwort ist gefallen: Wer die Trennungsvorgänge der beiden in Frage stehenden Disziplinen untersucht, wird um das Thema *Psychologismus* nicht herumkommen. Vage und vorläufig formuliert wird darunter eine Psychologisierung zentraler Themen der Philosophie verstanden. Als historisch wirkungsmächtiger Überwinder dieser ‹philosophischen Verirrung des 19. Jahrhunderts› gilt vor allem Edmund Husserl. Weil bislang zu wenig klargeworden ist, wie wichtig der Psychologismus als philosophische Denkform für die Trennungsprozesse gewesen ist, muß der wissenschaftshistorische und systematische Ort des komplexen Phänomens aufgesucht werden: Psychologismus gab es in wesentlichen Teilbereichen der Philosophie, in Erkenntnistheorie, Logik, Ethik und Ästhetik. Die geltungstheoretisch zentralen Argumente legen den Untersuchungsschwerpunkt auf den erkenntnistheoretischen bzw. logischen Psychologismus. Eine neue Begriffsbestimmung, die einen ‹führungswissenschaftlichen Psychologismus› Wilhelm Wundts exemplarisch von einem ‹reduktionistischen Psychologismus› Theodor Lipps' unterscheidet, erleichtert die analytische Arbeit. In der Schlußbetrachtung kann sich diese Begriffsexplikation für die aktuelle Problemdiagnose bewähren. So wird gezeigt, daß die sogenannte Überwindung des Psychologismus durch Husserl dann als Mythos disqualifiziert werden muß, wenn diese Aussage nicht streng historisch gemeint ist.

Das Problem, eine überbordende Fülle historischen Materials auszuwerten, kann nur durch eine sinnvolle Strukturvorgabe gelöst werden. Hier wird die Trennungsgeschichte als eine Abfolge von im wesentlichen vier Kontroversen beschrieben, die recht spannende Kulminationspunkte aufweisen und in ihrer Polemik bemerkenswert sind. Rhetorische Auffälligkeiten und Metaphern wie das häufig auftretende ‹Gewinner-Verlierer-Sprachspiel› lassen sich als Indizien für wissenschaftspsychologische und -soziologische Vorgänge nehmen; sie müssen indes auch auf ihren systematischen Gehalt hin untersucht werden.

Der systematische Zugriff erfolgt über die von Karl-Otto Apel so bezeichnete «Erklären-Verstehen-Debatte», wobei der erste Zugang über die Auseinandersetzung zwischen Wilhelm Dilthey und Hermann Ebbinghaus (Kontroverse I) erfolgt. Vorher muß allerdings der methodologische Zugriff auf das Material begründet werden. Die Entscheidung für eine gemischte Verfahrensweise verbindet wissenschaftshistorische mit -theoretischen Überlegungen, wobei das Rahmenkonzept durch wissenschaftssoziologische Begriffe Ludwik Flecks gebildet wird. Durch die Anlage der Fragestellung werden zudem die Disziplingrenzen überschritten.

Die Kontroverse I eröffnet die ersten Bestimmungen der zu entfaltenden Denkstile von Erklären und Verstehen (als *e*-Denkstil und *v*-Denkstil). Eine Strukturierung nach Denkstilen ermöglicht dabei die notwendige disziplinübergreifende Zuordnung wichtiger Autoren: Wilhelm Dilthey, Wilhelm Wundt, Theodor Lipps und Eduard Spranger zählen nach gängiger psychologie- und philosophiehistorischer Einschätzung zur ‹Verliererseite› des historischen Verlaufswegs: Im Vergleich der zwei Arten von Psychologie («erklärender Psychologie» und «verstehender Psychologie») wird gemeinhin vom Bedeutungsverlust der «verstehenden Psychologie» gesprochen.

Die Gegenthese entwirft ein anderes Bild: Die «verstehende Psychologie», die in Orientierung an Dilthey als kritische Reaktion auf die «erklärende Psychologie» entstanden ist, schiebt sich wie ein Block zwischen die Psychologie (im *e*-Denkstil) und die Philosophie und kompliziert die Trennung dadurch gehörig. Im *v*-Denkstil entwickeln Philosophierende und Psychologiebetreibende durch die Formulierung verschiedener Verstehensbegriffe eine Gegenkraft gegen den ‹Methodenmonismus› des *e*-Denkstils, und es wird am Schluß zu zeigen sein, daß die These vom Untergang der verstehenden Psychologie nicht umstandslos haltbar ist.

Die Rede von den zwei Psychologien führt auf einen entscheidenden Punkt. Anders, als die Orientierung an der Erklären-Verstehen-Debatte es nahelegt, ist davon auszugehen, daß nicht nur eine Methodenkontroverse die Denkstile trennte, die bis zur Unvereinbarkeit der verschiedenen Ansätze führte. Theoretische und institutionelle Gründe greifen ineinander und führen zu einer *Gegenstandsdrift*: Bereits im 19. Jahrhundert zeichnete sich eine deutliche Veränderung dessen ab, was als Psychologie betrieben wurde. Die Analyse der Kontroversen verdeutlicht, daß eben nicht nur Methodendifferenzen vorliegen, wenn um die ‹richtige› Psychologie gestritten wird, sondern daß die Kontrahenten jeweils etwas anderes meinen, wenn sie Psychologie sagen.

Die wissenschaftstheoretische Behandlung des Materials aus dem 19. und aus den Anfängen unseres Jahrhunderts fordert für die theoretischen oder disziplinären Vorgänge sowie für die Veränderungen des Gegenstandsbereichs den Begriff ‹Entwicklung›. Wenn man allerdings nicht sieht, welche Determinanten von Entwicklung für die zu schildernden Vorgänge und Verlaufsrichtungen auszuzeichnen sind noch welche Form eine ‹Entwicklungslogik› für die theoretischen und disziplinären Vorgänge haben könnte, ist eine Neubestimmung günstig. Der von Humberto Maturana entlehnte Ausdruck «Driften» (Treiben auf einem Gewässer) konnotiert Bewegung und mögliche Veränderungen, ohne daß diese vollständig zufällig sein müssen.

Von ‹Entwicklung› ist nachfolgend daher höchstens in einem terminologisch nicht sehr strengen Sinn die Rede, so von der Entwicklung psychologischer Forschungsmethoden oder psychologisch-physiologischer Apparate. Die denkstilabhängigen Bestimmungen machen dabei, um das Bild hier zu verankern, die Möglichkeiten einer Richtungsangabe der Gegenstandskonstitution plausibel. Was dann jeweils als ‹Psychologie› und was als ‹Philosophie› verstanden wird, hängt von der stilgemäßen Zuordnung ab. Wie die Kategorie ‹Denkstil› und die daran geknüpften anderen Untersuchungsparameter den methodischen Zugriff steuern, wird gleich darzulegen sein.

Der zeitliche Kernbereich der Untersuchungen zur Trennungsgeschichte von Psychologie und Philosophie liegt im Zeitraum 1879 bis 1921, wobei es aber notwendig sein wird, nach beiden Seiten ein wenig auszugreifen. Einmal soll im Rückblick auf die philosophiehistorische Phase nach dem Niedergang der Systemphilosophie (oft ‹Zusammenbruch des Idealismus› genannt) die Einbettung der Entstehung der experimentellen Psychologie gesichert werden; sodann gilt es, die ausgezogenen Linien nach hinten zu verlängern, um – wie Aristoteles sagen würde – den Anfang an das Ende zu knüpfen. Dahinter steht allerdings der Gedanke, allem Pessimismus widersprechend, daß es uns als sprach- und reflexionsmächtigen Wesen möglich ist, aus der Geschichte zu lernen, und daß es sich darum lohnt, sich ihrer zu vergewissern.

1. Methodologische Überlegungen

Erste Orientierung

Die Untersuchung der Trennungsgeschichte von Philosophie und Psychologie kann in verschiedener Weise vorgenommen werden. Daß der systematische Leitfaden von der «Erklären-Verstehen-Debatte» gestiftet wird, ist zwar nicht willkürlich, läßt sich aber erst im Verlauf der Untersuchung rechtfertigen, indem gezeigt wird, welche Bedeutung jenen immer wieder aufflammenden Methodenkontroversen im Zusammenhang der disziplinären und theoretischen Trennung gegeben werden kann.

Die Verbindung philosophischen und wissenschaftshistorischen Vorgehens kann als ein Komplement von rekonstruktiver und konstruktiver Arbeit gelten. Der Rekonstruktionsaspekt verweist auf eine Position, die nicht glaubt, theoriefrei ‹Fakten nacherzählen› zu können. Eine *philosophische* Rekonstruktion verlangt eine sinnexplikative und -kritische Arbeit, die Erläuterungen sucht, welche die Dimensionen der Abgrenzung des Konzepts «Erklären» vom Konzept «Verstehen» verständlich machen (vgl. zum explikativen Diskurs Schnädelbach 1977, S. 277ff, bes. S. 328ff). Die Herauslösung der Psychologie aus der philosophischen Fakultät wird also insofern philosophisch untersucht, als geklärt wird, was den Wandel der Denkungsart ausmacht, der zur Entstehung zweier, als antagonistisch zu bezeichnenden Sprach- und Denkkollektive führte.

Die historische Rekonstruktion, die eher als *Konstruktion*(svorschlag) zu sehen ist, fragt, in welchem Sinn davon gesprochen werden kann, daß historische Prozesse oder Entwicklungen rekonstruierend nachgezeichnet werden. Es mag günstig sein, davon auszugehen, daß, nur punktuell, gleichsam ‹Stationen› benannt werden können, die ihrerseits Prozeßdynamiken erläutern können. Zudem führt (trivialerweise) die Standpunktgebundenheit dazu, daß selbst Zeitgenossen eine historische Entwicklung nicht umfassend übersehen oder automatisch besser (re-)konstruieren können. Wäre es möglich, eine der beteiligten Personen über die Trennung von Philosophie und Psychologie zu befragen, wären die Aussagen historisch gesehen nicht ‹objektiver›, sondern angereicherter mit ‹gelebtem Leben›. Das bedeutet aber, daß die Zusammenstellung von Material, das die trennende Drift erläutern kann, aus der heutigen Sicht aktueller Erfahrungen (auch philosophischer Erfahrungen) eine Präsentation von Konstrukten ist, deren Annehmbarkeit und Plausibilität sich erweisen muß.

Für eine erste Orientierung wird einem philosophiegeschichtlichen Einteilungsvorschlag gefolgt, der die Philosophie vor dem «linguistic turn» einem Paradigma zuordnet, das als mentalistisch bezeichnet werden kann (Schnädelbach 1977). Diese Phase, die ‹Bewußtsein› paradigmatisch in den Mittelpunkt stellte, endet durch jene sprachanalytische Wende, die durch die Innovationen des frühen Wittgenstein und des Wiener Kreises die Philosophie revolutionierte (vgl. Schnädelbach 1989b, S. 27). *Mentalistisch* bezieht sich im folgenden auf philosophische und psychologische Ansätze, deren Kernbegriffe ‹Bewußtsein›, ‹Geist›, ‹Seele›, ‹Psyche›, ‹Innenwelt› oder ‹innere Erfahrungswelt› o. ä. lauten, also auf Begriffe des Mentalen, die diese philosophische Periode dadurch auszeichnen, daß Erkenntnissubjekte von einem intrapsychischen oder monadologischen bzw. monologischen Ausgangspunkt Zugang zu den Problemen der Philosophie suchen.

Der klassische Topos wird in Descartes' Durchgang vom Zweifel in die Gewißheit verortet: «Die cartesianische Reflexion... (orientiert sich) nicht primär am Ideal intersubjektiven vernünftigen Verständigtseins, sondern am Ziel individueller Gewißheit von Wahrheit und Vernünftigkeit, das zugleich der Ort individueller Autonomieerfahrung sein soll» (Schnädelbach 1977, S. 218).

Ein Schlaglicht auf den bekannten Unterschied mentalistischen Philosophierens im Verhältnis zum sprachkritischen Vorgehen wirft ein Zitat Moritz Schlicks, der mit seinem Aufsatz «Die Wende der Philosophie» in der ersten Ausgabe der Zeitschrift «Erkenntnis» (1930) die Programmatik des Wiener Kreises andeutet: «An die Stelle von Untersuchungen des menschlichen ‹Erkenntnisvermögens› tritt, soweit sie nicht der Psychologie überantwortet werden können, die Besinnung über das Wesen des Ausdrucks, der Darstellung, d. h. jeder möglichen ‹Sprache› im allgemeinsten Sinne des Wortes... Erkennbar ist alles, was sich ausdrücken läßt, und alles, wonach man sinnvoll fragen kann» (ebd., S. 7, 4). Deutlich sind die Anspielungen auf Wittgensteins «Tractatus». Die meisten philosophischen Probleme können im Sinne der «Tractatus»-Philosophie Wittgensteins als Konfusionen gesehen werden, die auf eine nicht verstandene Sprachlogik und unsinnige Verwendungsweisen der Sprache zurückzuführen sind. Daher wäre das sprachkritische Verfahren, das unsinnige in sinnvolle Sprachverwendungen verwandelt, zugleich ein philosophisches Problemlöseverfahren (vgl. Tractatus 4.112).

Die philosophische Methode «explikativer Diskurse» (Schnädelbach 1977), die zunächst den sprachlichen Sinn des jeweils vorliegenden Problems erklären will, ist zwar eher am späten Wittgenstein orientiert, aber ein durchgängiges Motiv Wittgensteins ist darin aufgehoben: Es ist davon auszugehen, daß nach der Auflösung der Sprachverhexung die eigentlichen philosophischen Probleme vielleicht noch gar nicht angegangen sind, wenngleich sich einige dann erledigt haben, was unbedingt ein Gewinn ist. So philosophiert kaum noch jemand über ‹das Ich›, ‹das Fremdseelische› oder ‹das Bewußtsein› in der mentalistischen Weise des 19. Jahrhunderts. Sinnkritische Skepsis hat erwiesen, wie Subjektivierungen und zugleich untergeschobene Existenzannahmen prekäre Entitäten sprachlich generieren können, die sich nach sprachanalytischen Prüfungsverfahren (als leer und sinnlos) wieder auflösen lassen.

Auf der Suche nach den Paradigmen der Psychologie

Wissenschaftshistorische und -theoretische Überlegungen haben ein wesentliches Problem darin, die Grundbegriffe zu wählen, die ihre Untersuchungseinheiten spezifizieren. Als solche gelten etwa ‹Ideen›, ‹Theorien›, ‹Erfindungen›, ‹Methoden› oder ‹Paradigmen›. Die von Schnädelbach vorgeschlagene, an Thomas S. Kuhn angelehnte Einteilung philosophischer Paradigmen reicht für die hiesigen Zwecke nicht aus. Die wissenschaftstheoretische Debatte der Psychologie zeigt zudem, daß das Kuhnsche Konzept hinsichtlich einer Anwendung auf Psychologie kontrovers diskutiert wird. Eine durchaus heterogene Gruppe verwendet den Paradigmenbegriff unbefangen und ordnet verschiedene psychologische Einzeltheorien unterschiedlichen Paradigmen (z. B. Behaviorismus, Kognitivismus, Konstruktivismus) zu (Groeben/Scheele 1977; Stangl 1989). Von einer anderen Seite wurde die Frage aufgeworfen, ob die Wissenschaft Psychologie überhaupt schon eine paradigmafähige, im Kuhnschen Sinne also «reife» Wissenschaft ist oder ob sie sich nicht erst im präparadigmatischen Stadium befindet. Eine Zersplitterung psychologischen Arbeitens in unverbundene Einzelaktivitäten wegen des Fehlens einer konsensuellen Gegenstandsdefinition wurde als Kernproblem der neueren Krisensituation der Psychologie eingeschätzt (vgl. Kirchhoff 1976, S. 58 ff).

Die Verunsicherung durch die Thematisierung einer diskontinuierlichen Wissenschaftsentwicklung hat die Standortunsicherheit der Psychologie einerseits ans Licht gebracht, andererseits eine Entlastung vom Fortschritts- und Integrationsdruck bewirkt.

Theo Herrmann als «einflußreichster Vertreter der gegenwärtigen Psychologie» (Jüttemann) spricht in seinen an Stegmüller/Sneeds strukturalistisches Theorienkonzept angelehnten Arbeiten von dem «Quasiparadigma Psychologie». Er plädiert dafür, eine pragmatisch-prozedurale Position in der Frage der Gegenstandsdefinition einzunehmen (Jüttemann 1986, S. 100). Die Ausgangsüberlegung Herrmanns besteht darin, auf die Entwicklung des Fachs zu vertrauen in dem Sinn, daß ein Gegenstandsbereich sich zwangsläufig durch und während seiner methodischen Anwendungen (prozedural) elaboriert und daher keine vorabbestimmte Gegenstandsdefinition benötigt. Diese Position folgt dem Motto: Wir haben zwar keinen angebbaren Gegenstand, aber erfolgreiche Methoden (Herrmann 1979, S. 19 ff).

Andere wissenschaftstheoretisch arbeitende Psychologen halten die Psychologie nicht oder noch nicht für paradigmafähig. Jenes prozedurale Vorgehen dient dem «beliebten Entlastungsrekurs auf die Methodologie», beispielhaft vorgeführt in Herrmanns Bericht «Zur Lage der Psychologie» (1980), in dem er äußert, daß «Psychologie überall in der Welt vorwiegend als *nomologische Wissenschaft* betrieben wird» (Sonntag 1986, S. 130; vgl. auch Herrmann 1979, S. 18).

Des weiteren wird im Gegenzug für eine «Psychologie-Psychologie» (1984) plädiert, um nicht weiterhin «fremde», importierte Theorien der Wissenschaftstheorie zum Maßstab der innerpsychologischen Reflexion zu machen (Herzog 1979, S. 291 f, 94). Problematisch ist die Annahme, innerfachliche Selbstverständigung, Ziel- und Methodenreflexionen seien allein mit psychologischen Mitteln zu leisten und müßten dergestalt keine philosophischen Mittel in Anspruch nehmen. Eine philosophierende Haltung hingegen – und entsprechend eine diskursive Selbstverständigung innerhalb einer Wissenschaft – muß indessen nicht automatisch als Eingriff der akademischen Disziplin Philosophie in die jeweilige Fachwissenschaft gesehen werden. Die Anerkennung der Annahme, daß jede Wissenschaft philosophische Tätigkeitsebenen hat, könnte die Kooperationschancen für die philosophisch-psychologische Wiederannäherung unterstützen.

Eine eher integrationsorientierte Position, die der extremen Autonomieansicht Herzogs widerspricht, entwirft Philosophie als «Protowissenschaft» für alle Wissenschaften. Dabei wird von einer Wissenschaftsentwicklung ausgegangen, die diachrone philosophische und empirische Entwicklungsphasen zeigt (Aschenbach 1984, S. 1). Die vorgeschlagene Integration muß aus zwei Gründen problematisiert werden. So ist es fraglich, ob die verschiedenen Entwicklungsphasen nicht nur idealtypische Motive innerhalb der Wissenschaftsentwicklung selbst darstellen und daher *proto*wissenschaftliche Ansprüche überzogen sind. Zum anderen wird sich zeigen, daß gerade die vorgeschlagene protowissenschaftliche Position von Philosophie mit historischen Fundierungsstreitigkeiten in Verbindung zu bringen ist, die nicht als überwunden gelten können, sondern nur eines der aktuellen Probleme darstellen.

Aufzuklären ist hier also das Bestreben, die Philosophie – auch in Form der Wissenschaftstheorie – auszuklammern, um sich nicht weiterhin den «Marschordern der Philosophie zu unterwerfen» (Herzog 1982, S. 10). Irrationale Bindungen an die Wissenschaftstheorie zeugten von einem geringen Selbstbewußtsein der Psychologie, die deshalb jeder wissenschaftstheoretischen Theoriemode* gefolgt sei, anstatt selbstreflexiv und autonom eine «autochthone», den Besonderheiten

* Beide Autoren sind durchaus einig in ihrer innerfachlichen Kritik, soweit sie die Nachahmung dessen betrifft, was innerhalb der Psychologie für naturwissenschaftliches Vorgehen gehalten wurde. Aschenbach spricht in seiner Arbeit «Erklären und Verstehen in der Psychologie: Zur methodologischen Grundlegung einer humanistischen Psychologie» von einem «szientistischen Selbstmißverständnis mechanistischer oder naturalistischer Psychologie» (1984, S. 8). Und Walter Herzog merkt an, daß das Vorbild die Physik der klassischen Mechanik sei, so daß peinlicherweise ein veraltetes physikalisches Paradigma der methodischen Orientierung diene (1979, S. 294; vgl. auch Aschenbach 1984, S. 7ff).

des Gegenstandes angemessene Wissenschaftstheorie zu entwickeln (Herzog 1982, S. 9, 10; Métraux 1980, S. 95). Es lasse sich zeigen, daß das wissenschaftliche Selbstverständnis der Psychologie zunächst am Logischen Empirismus, dann am Kritischen Rationalismus, der Analytischen Wissenschaftstheorie, später an Kuhn, dem Erlanger Konstruktivismus und zuletzt an Feyerabend orientiert gewesen ist (vgl. Herzog 1982, S. 9–29). Konsequenterweise fragt Herzog also: «Was aber ist von einer Psychologie zu halten, die sich im 20. Jahrhundert an eine Philosophie bindet, von der sie sich im 19. Jahrhundert mit allen Kräften lossagte?» (ebd., S. 10).

Die Debatte um Integrationsstrategien versus Autonomisierungsbemühungen kann als ein Indiz dafür genommen werden, daß die psychologische ‹Emanzipation› ein Unternehmen war, das entweder nicht gelungen oder nicht abgeschlossen ist oder sich einem falschen Bild von Fachautonomie verdankt.

Es liegt allerdings eine ‹bilaterale Kommunikationsstörung› zwischen Philosophie und Psychologie vor (Elliger 1986 beschreibt die «bilaterale Kommunikationsstörung» zwischen Psychologie und Psychoanalyse). Eine dogmatische Blickverengung*, Philosophie betreffend, zeugt davon; umgekehrt ist die Einschätzung der Leistungsfähigkeit von Psychologie durch die philosophische Community auch nicht gerade von interessierter Sachlichkeit, sondern eher von Abwertungstendenzen geprägt (gewesen).

Um den explanativen Zugang zu diesen Problemen zu ermöglichen, müssen zunächst die ‹Denkmittel› spezifiziert werden, die den Zugriff auf das Material steuern.

Paradigma und Denkstil

Mit dem Erscheinen von Thomas S. Kuhns «Struktur wissenschaftlicher Revolutionen» wird der Begriff «Paradigma» in die Debatte eingeführt. Obwohl «Paradigma» sich als wissenschaftstheoretische Ka-

* Unter Dogmatismusverdacht ist gerade Walter Herzogs empfehlenswerte Untersuchung «Modell und Theorie in der Psychologie» (1984) nicht zu stellen. Allerdings verkennt ein überzogener Autonomieanspruch zuweilen die Differenz von Philosophie und philosophierenden Tätigkeiten.

tegorie durchgesetzt hat, wird gleichwohl Ludwik Flecks Begriff «Denkstil» vorgezogen. Der Grund liegt nicht nur darin, daß die klärungsbedürftige Frage der Paradigmenfähigkeit oder -reife der Psychologie umgangen werden kann, sondern auch in der Äquivokation des Begriffs selbst: «Paradigma» ist im Gebrauch als «disziplinäre Matrix» eher zu weit gefaßt und als «Beispielanwendung» (to paradeigma) wiederum für die zu untersuchenden Prozesse von zu geringer Reichweite (vgl. Masterman 1974). Flecks wissenschaftstheoretische Begriffe erlauben hingegen eine differenzierte Modellierung; «Paradigma» unterschreitende, kleinere Einheiten der Wissenschaftsentwicklung lassen sich durch seine Begriffsinnovationen «Denkstil» und «Denkkollektiv» fassen.

Vorab und in Flecks Terminologie formuliert: Der Denkstil der jeweiligen Denkkollektive beschreibt die relevanten Zusammenhänge, die in der Komplexität noch ‹unterhalb› von Paradigmaeinteilungen anzusiedeln sind.*

Denkstil und Denkkollektiv

In seiner Untersuchung zeigt Ludwik Fleck, wie ein Phänomen (die Krankheit Syphilis) zu einer wissenschaftlichen Tatsache** gemacht wird, indem er vorführt, daß die wissenschaftsgenerierenden Vorgänge eher Konstruktionen gleichen, als daß vom Suchen und «Auffinden» der Fakten die Rede sein kann. Wissenschaftliche Erfahrungen sind nicht das Ergebnis eines unmittelbaren Weltzugangs, kein methodisches Ablesen vom Gegebenen, sondern denkstilspezifisch (Fleck 1935/1980, S. 54 ff). Diese Annahme ist eine frühe Formulierung dessen, was inzwischen als ‹Theoriebeladenheit der Erfahrung/wissenschaftlichen Beobachtung› thematisiert wird.

Fleck reserviert für sein Programm den Titel «vergleichende Erkenntnistheorie». Zunächst einmal ist «die Wissenschaft» eine Ab-

* Ludwik Flecks Monographie «Entstehung und Entwicklung einer wissenschaftlichen Tatsache» von 1935 gilt als einer der ersten wissenschaftssoziologischen Ansätze in der Wissenschaftstheorie überhaupt und kann zudem als Kuhns entscheidende Inspirationsquelle gelten (vgl. Schnelle 1982; Kuhn 1969).

** Etymologisch betrachtet ist «Tatsache» als Nachbildung von engl. matter of fact, lat. factum von facere = machen, tun zu sehen. Schließlich wird auf thesis = Setzung (gr.) verwiesen.

straktion; auszugehen ist vielmehr von wissenschaftlichem Arbeiten als einer sozialen Tätigkeit, die in Forschergruppen/-dyaden, sogenannten «Denkkollektiven», getan wird. Denkkollektive wie Labors, Diskussionszirkel, Forschungsgruppen etc. organisieren Prozesse, die dem Erkennen von «möglichen Sachverhalten» dienen. Die Bezeichnung «Denkkollektiv» ist indes funktionell und nicht substantiell zu verstehen, das heißt: Wann immer zwei oder mehr Personen kommunizieren, entstehen spontane oder stabile Denkkollektive (Fleck 1935/1980, S. 56, 133). Im Wissenschaftsbereich entwickeln Denkkollektive in ihrem Zusammenwirken Denkgebiete, strukturieren Wissensbestände und realisieren diese Tätigkeiten in ganz bestimmter Weise, die Fleck die Entwicklung eines «Denkstils» nennt (ebd., S. 55).

Jede Forschungsgruppe oder jedes Denkkollektiv entwickelt notwendigerweise ihren Denkstil, der seinerseits die Erkenntnisvorgänge der Individuen und der Gruppe entscheidend prägt. Ernst Machs Auffassung vom Erkennen als «Anpassen von Gedanken an irgendwelche außenstehenden Tatsachen, die sich einem Standardmenschen offenbaren», bildet die attackierte, prominente Gegenposition (Fleck ebd., S. 39, Schnelle 1982, S. 12ff). Die Auffassung von der Bedeutung der konstruktiven Anteile in der Entwicklung wissenschaftlicher Tatsachen widerspricht derjenigen philosophischen Ansicht, nach der Tatsachen der Natur und des Geistes einfach vorgefunden werden: «Energisch weist Fleck die Möglichkeit einer von der Erfahrung unabhängigen ‹absoluten› Wirklichkeit zurück... (w)o jedes Erkennen die Wirklichkeit umformt, um so zu neuem Erkennen zu provozieren, kann auch nicht von einer beständigen Annäherung, ‹nicht einmal asymptotisch›, gesprochen werden» (Schnelle 1982, S. 12, 16).

Als Reaktion auf den Einfluß positivistischer Auffassungen des 19. Jahrhunderts und des Wiener Kreises entwickelt Fleck seine These von der Denkstilgebundenheit der wissenschaftlichen Erkenntnis. Diese überschreitet Annahmen zur Theorieimprägniertheit durch handlungstheoretische und sozial- sowie wahrnehmungspsychologische Anteile. Fleck verwendet gestaltpsychologische Überlegungen, um das «Vorurteil der reinen Beobachtung» zu entkräften; so formiert ein Denkstil auch stilgemäße «gerichtete» Wahrnehmungen oder ein selektives Empfinden, dem kein «reiner» Wahrnehmungsvorgang kontrastiert werden kann (vgl. Fleck 1935/1980, S. 130).

Der kunsthistorische Stilbegriff und gestaltpsychologische Elemente als nicht genuin epistemologische Faktoren bilden den sozio-psychologischen Anteil dieses wissenschaftstheoretischen Grundbegriffs. Stil(-präferenz) betont die eher konstruktiv-dezisionistischen Anteile wissenschaftlicher Forschung, der Gestaltaspekt schränkt andererseits die epistemische Freiheit der Wahl (Konvention, Willkürlichkeit aktiver Kopplungen, s. u.) wieder ein (vgl. ebd., S. 120ff). In Opposition zum Wiener Kreis steht auch die Ansicht vom überwiegend «nicht-logischen» Charakter der Wissenschaftsentwicklung, und zudem bestreitet Fleck die Qualifizierungsmöglichkeit einer Sonderklasse wissenschaftlicher Wahrheiten. Moritz Schlick formuliert in «Erkenntnis» (1930, S. 7) folgende programmatische, von Fleck bestrittene Ansicht: «Der Akt der Verifikation, bei dem der Weg der Lösung (einer sinnvollen Problemauflösung; N. D. S.) schließlich endet, ist immer von derselben Art: es ist das Auftreten eines bestimmten Sachverhaltes, das durch Beobachtung, durch *unmittelbares Erlebnis* konstatiert wird. Auf diese Weise wird in der Tat im Alltag wie in jeder Wissenschaft die Wahrheit (oder Falschheit) jeder Aussage festgestellt». Schlick führt weiter aus, daß jede Wissenschaft ein System von Erkenntnissen bzw. von *wahren Erfahrungssätzen* sei (ebd., S. 7; Hervorh. N. D. S.). Gegen diese «Ansicht der Sonderstellung wissenschaftlicher Sätze» und ihre Stiftung durch eine unmittelbare Gegebenheit des Beobachtungsmaterials opponiert Fleck (1935/1980, S. 70).

Wissenschaftliche Tatsachen entstehen durch die Verbindung von erkenntnisgenerierenden Faktoren, die als «aktive und passive Kopplungen» bezeichnet werden. Aktive Kopplungen sind denkstilgeprägte (oder auch standpunktgebundene/theorieimprägnierte) Entscheidungen für alle Eingriffsarten, die den Erkenntnisgang im Forschungsprozeß vorantreiben; das Ziel bilden die abhängigen «passiven Kopplungen» (= die sich ergebenden Ergebnisse, Werte). Erkennen im Sinne Flecks wäre, «bei bestimmten aktiv vorgenommenen Voraussetzungen die zwangsmäßig, passiv sich ergebenden Zusammenhänge festzustellen» (ebd., S. 85). Das heißt also, die Logik und Struktur des Eingriffs (= Wahl der aktiven, begrifflich-theoretischen oder material-apparativen Kopplungen) determiniert die des Ergebnisses in je spezifischer Weise. Die Möglichkeit einer Ergebnisbewertung als «wahr» ist an die denkstilgemäßen Voraussetzungen gebunden.

Jene vorgenommenen Selektionen und ihre Arbitrarität verfallen nach Fleck einer «Amnesie», so daß die zweite Natur der Setzungen diese selbst als unausweichlich erscheinen lassen kann. Das hängt u. a. damit zusammen, daß ermittelte «Tatsachen» einer Untersuchung in weiteren Untersuchungen als Eingangsfaktoren bzw. als Analysemittel genutzt werden, so daß ein Selektionsnetz entsteht. Daher erkennen Neulinge in einem Forschungsgebiet nichts; vielmehr werden sie darauf «dressiert», sich den anerkannten Instrumentenfundus – Begriffs-, Apparaturen- und Methodenoperatoren – anzueignen, indem sie damit arbeiten (Fleck ebd., S. 126). Beherrschen sie die Fachterminologie und arbeiten angemessen mit dem Instrumentenfundus, gelten sie als «eingeweiht» in den «esoterischen Kreis» (ebd., S. 68, 74ff). Die Einweihung in das fachliche Denken und Handeln der jeweiligen Wissenschaft führt aber auch zur Eingewöhnung in den kollektivspezifischen Denkstil, in dessen Möglichkeitsspektrum bestimmt ist, was überhaupt als Wahrheit und Erkenntnis gelten kann.

Gegen die hier drohenden Relativismuseinwände betont Fleck, daß die denkstilrelative «Wahrheit» keine Sache der Willkür oder «subjektivistisch» sei. Innerhalb eines Denkstils sei fast immer vollständig determiniert, was als wahre Erkenntnis gelten könne (vgl. 1935/1980, S. 131). Das Projekt einer vergleichenden Erkenntnistheorie geht von veränderlichen Tatsachen in einem sich entwickelnden Denken aus. Die Analyse bindet jene erwähnten denkstilrelativen Selektionsnetze an ihre Situationsgebundenheit und Kontextualität (Forschungsgruppe um Wassermann; ‹Länderwettkampf› in der Syphilisforschung) und restauriert somit von internalistischen und externalistischen Wissenschaftstheorien zerrissene Zusammenhänge (vgl. Knorr-Cetina 1984).

Eine denkstilrelevante, das heißt erkenntnissteuernde Einflußgröße, ist die Historizität. Maßgebend für die Erkenntnisproduktion eines Denkkollektivs ist nämlich der Bezug zu dem bereits Hervorgebrachten, von dem es entweder abgegrenzt oder an das es angelehnt würde: «Wir können uns nicht der Vergangenheit (mit ihren Irrtümern) entziehen, da sie in übernommenen Begriffen weiterlebt, in Problemfassungen, in schulmäßiger Lehre, im alltäglichen Leben, Sprache und Institutionen» (Fleck 1935/1980, S. 32). Dieser Gedanke, der auf die Kontinuität von Wissenschaft und ihrem sozialen Bezug abzielt, ließe sich kontextualistisch reformulieren, insofern eine Trennung von Entstehungs- und Begründungszusammenhang auch zu analytischen Zwecken abgelehnt wird. Karin Knorr-Cetina präsentiert ein pragmatisches Argument, um eine entsprechende Trennung als falsch zu entlarven. Sie fragt aus der Perspektive des Feldforschungssettings, wo denn eigentlich genau die Meinungsbildungs- bzw. Meinungsprüfungsprozesse stattfinden sollen, die vermeintlich die elaborierten Thesen prüfen. Weder zeitlich noch personell seien diese Kontexte getrennt, die Hypothesen würden in den Forschungsprozeß kontinuierlich eingegliedert, indem sie geprüft würden: Prüfung (Justifikation) ist der neue hypothesengenerierende «context of discovery» (Knorr-Cetina 1984, S. 30ff).

Ähnlich argumentiert Fleck anhand seines Beispielfalls. Er zeigt, daß wir den Begriff der Syphilis ohne seine Entstehungsgeschichte nicht verstehen können. In einer merklichen Spannung zum Kontinuitätsgedanken von wissenschaftlicher Entwicklung stehen Überlegungen, die sich mit wissenschaftlichen Umbrüchen oder mindestens Veränderungen befassen. Zum revolutionären Umbruch im Wandel der wissenschaftlichen Denkungsart – mit Kuhn: Paradigmenwechsel – präsentiert Fleck handlungs- und kommunikationstheoretische Überlegungen, die typischerweise wissenschaftssoziologische Konzeptionen als solche auszeichnen.

«Wissenschaftshandeln» bezeichnet bei Fleck lediglich eine besondere Art sozialen Handelns in kollektiven Bezügen. Insofern ist davon auszugehen, daß Personen gemäß der (o.e.) Begriffsexplikationen mehreren Denkkollektiven angehören, in denen je eigene Sprach- und Handlungspraxen (Stile) entwickelt werden. Gehören wir aber alle mehreren stabilen und einigen fragilen Denkkollektiven zugleich an, wird die Lebens- und Wissenschaftswelt aus sich überschneidenden Denkkollektiven gebildet. Diese Überschneidungen führen aus kommunikationspraktischen (und -theoretischen) Gründen dazu, daß es bei der Beschreibung und Deutung der wissenschaftlichen Tatsachen zu *Bedeutungsverschiebungen* kommt. Schlicht gesagt, die Mitteilung von Forschungsergebnissen an einen externen Kreis, etwa an eine andere Forschungsgruppe außerhalb des Forschungs-/Denkkollektivs, kann nicht im kollektivspezifischen Sprachstil vorgenommen werden. Für die Kommunizierbarkeit und Veröffentlichung von Forschungsergebnissen ist von einem unumgänglichen Übersetzungsakt auszugehen. Zunächst ergibt sich eine erste verschiebungsträchtige Formung der Ergebnisse durch den Zwang zu einer Formulierung, die für externe Personen oder Gruppen verstehbar ist. Je nach Adressatenkreis (Fachkollegien, Wissenschaftsverwaltung, Sponsoren, Fach- oder Popularpresse etc.) ergeben sich andere Übersetzungsanforderungen, deren weitere Verschiebungen zur Veränderung der Ergebnisse führen können. Veröffentlichungsvorgänge lassen sich auch als Popularisierung oder Übersetzungen vom esoterischen zum exoterischen Wissen thematisieren; in der Sache geht es um notwendige Vermittlungsschritte, um die Ergebnisse kommunizierbar zu machen. Die prinzipielle stilistische Verdichtung zwingt dazu, allgemein zugängliche Bilder und anschlußfähige Formulierungen zu suchen für die Veröffentlichung des – teilweise erst in Sprache umzusetzenden – Outputs forschender Individuen und Gruppen. Den Fundus für die ‹Übersetzung› stellt die Umgangssprache mit ihrem Bilder- und Metaphernreichtum. Der Rückgriff auf umgangssprachliches Begriffs- und Metaphernmaterial führt zwangsläufig zur unmerklichen Veränderung des gruppenspezifischen Denkstils, der sich erweitert, verschiebt, ergänzt und seine kollektivspezifische Ausprägung und Verdichtung erhält. Die These vom gruppenspezifischen Sprach- und Denkstil kann in ihren wissenschaftstheoretischen Konsequenzen hier nur angedeutet werden; entscheidend ist die Einsicht, daß Fleck die soziale Bedingtheit des Erkennens nicht als *malum necessarium*, sondern als einerseits nicht hintergehbar, andererseits innovationsfreundlich und kreativitätsfördernd ansieht (vgl. 1935/1980, S. 61, 91).

Die nachfolgend zu analysierenden Denkstile (*e* für erklärender, *v* für verstehender Denkstil) werden als ‹Steuermechanismen› oder Organisationsmuster interpretiert, die die Formierung der Forschung und des Wissenschaftshandelns regeln. Denkstilgebunden ist nicht nur das Erkennen, sondern, genauer gesagt, die Anerkennung dessen, was überhaupt als Problem gilt, die Wahl der Hypothesen, die Akzeptanz der Methoden und die Herausbildung eines Bereichs von Diskursbegrenzung. Der Vergleich der Denkstile eines verstehenden und eines erklärenden Kollektivs wird zeigen, wie wenig vereinbar die «stilgemäßen Auflösungen» (Fleck) des sogenannten *e*-Denkstils mit dem des *v*-Denkstils hinsichtlich der gestellten Aufgaben und des Problembestandes waren (vgl. Fleck ebd., S. 130).

Um Mißverständnissen vorzubeugen, die systematischen Differenzen lassen sich nicht auf ‹bloße Stilfragen› reduzieren – vor einem verengten Stilbegriff sei nachhaltig gewarnt. Wer so vorgeht, glaubt an eine theorie- oder denkstilfreie Metasprache als ‹objektive Beschreibungssprache› und ist gut beraten, Quines, Duhems und Davidsons Argumente zur Abweisung der «Dogmen des Empirismus» zu prüfen (Quine 1969; Duhem 1908/1978; Davidson 1974c).

Der denkstilgeprägte Überzeugungsbestand der *e*- und *v*-Kollektive zeigt sich anhand von Aktivitäten, die mit gruppendynamischen Begriffen im Spannungsfeld zwischen Konkurrenz und (gruppeninterner) Kohärenz zu beschreiben sind. Besonders in der Kontroverse I (Dilthey und Ebbinghaus) und Kontroverse III (Der Lehrstuhlstreit von 1913) präsentiert sich der handlungsrelevante Anteil der philosophischen Überzeugungen, der die Gruppen universitätspolitisch aktiv werden ließ. Der Fokus liegt auf den realisierten Forschungshandlungen (hier als Texte fixierte ‹Werke› der Theorieproduktion sowie auf disziplinär relevanten Wissenschaftshandlungen und den jeweils zugrunde liegenden Überzeugungskomplexen des verstehenden und erklärenden Denkkollektivs. Nicht die Institutionalisierung der akademischen Psychologie soll thematisiert werden, sondern die disziplinäre Trennung und deren systematische Gründe. Diese können in der Entstehung von Denkkollektiven aufgesucht und an deren Überzeugungen und Methoden (psychologische/philosophische) entfaltet werden. Dem jeweiligen Überzeugungsbestand der divergierenden Denkkollektive entsprechen Annahmen, die als ontologische Basisannahmen gelten können. Diese werden durch die Überzeugungen gebildet, die sich darauf beziehen, was überhaupt als seiend angenommen wird, welchen Entitäten der Status des Seins (als Seiendes) überhaupt zuerkannt wird. Dazu gehören auch Annahmen, wie dieses Seiende individuiert, das heißt unterschieden und erkannt werden kann.

Jedes sich längere Zeit reproduzierende Denkkollektiv hat diesen Fundus von ontologischen Basisannahmen, der indes in den wissenschaftlichen Beschreibungen nicht unbedingt aktualisiert wird oder werden muß, auf den aber zu analytischen Zwecken rekurriert werden kann, um beispielsweise unschlichtbare Kontroversen auf die implizite ontologische Unvereinbarkeit der jeweiligen Annahmebasen zurückzuführen.

Hinzu tritt folgendes: Zu prüfen wird sein, ob sich die Divergenzen der unterschiedenen Denkkollektive auf einander ausschließende Bestände dieser Annahmeart (ontologische Basisannahmen) zurückzuführen ist, weil diese jeweils von nicht zu vereinbarenden «Präideen» (Fleck 1935/1980, S. 35) gespeist wurden.

Prä- oder Urideen können als signifikante ‹Gestalten› im Wissensbestand einer Gesellschaft bezeichnet werden, die epochenspezifische Formulierungen und, im Laufe der historischen Entwicklung, eine ständige «Umarbeitung» erfahren, aber immer wieder auftauchen (Fleck 1935/1980, S. 105). Fleck führt Demokrits Atomidee oder die alte «Präidee» des verschmutzten Bluts als Beispiele an.* Die «Gesetzmäßigkeiten der Ideenschicksale» können in kunsthistorischer Analogie als klassische und konfliktbelastete Epochenabfolgen analysiert werden (vgl. ebd., S. 16). Die Art, wie eine Präidee bzw. Teile des allgemeinen Wissensbestandes aufgegriffen wird, ist daher keineswegs willkürlich oder subjektiv. *Wissenstraditionen* prägen den Umgang mit den Wissensbeständen, und in der Dynamik von Innovation und Beharrung entwickeln Einzelpersonen wie auch Denkkollektive ihren Stil (vgl. Krohn/Küppers 1990, S. 311). Zudem spielt der gesellschaftliche Kontext eine entscheidende Rolle. Das zu betonen, ist keine *façon de parler* an heutige Theoriemoden; Fleck hat richtig erkannt, daß alle Personen vielfältig in die herrschende «soziale Stimmung» ihrer Epoche eingebunden sind. Diese stärkt die Neigung für gewisse Präferenzen und schwächt andere ab, sichert oder verweigert somit eine epistemische und praktische Anschlußfähigkeit an vorhandene Wissensbestände.

Die soziale Stimmung einer Gesellschaft, die für das 19. Jahrhundert als ‹forschungsenthusiastisch› zu bezeichnen ist, beeinflußt die Ausbildung der alltäglichen Meinungssysteme und die in diesem Kontext entstehenden Denkstile. Die denkstilmäßige Bindung an die allgemeine *doxa* sichert nicht nur unsere lebensweltliche Handlungsfähigkeit, sondern ebenso den Wissenschaftsalltag.

Untersuchungsparameter

Daß heute nichts mehr selbstverständlich ist, was Wissenschaftsgeschichte betrifft, trifft auch für den Bereich Geschichte der Psychologie zu und zeigt sich an Titeln wie «Wer macht die Wissenschaftsgeschichte?» (Caparros 1983) oder Kontroversen um die Frage, was eigentlich Psychologiegeschichte in ihrer methodischen und gegenstandstheoretischen Bedeutung ist oder sein könne (Gundlach 1986a; Petzold 1986).

* Die Präidee des ‹verschmutzten Bluts› wird im Aids-Diskurs wiederbelebt; wie bei der Syphilis zieht sich die unterschwellige Verbindung ‹Aids, Schmutz und Schuld› bis in die medizinische Debatte hinein. Vgl. ACT UP, Frauen und Aids 1994 und N. D. Schmidt 1994a.

In einem anderen Forschungszusammenhang untersucht Knorr-Cetina mit ihrer Arbeit «Die Fabrikation von Erkenntnis» (1984) die Wissensproduktion am Ort ihrer Entstehung, den (in ihrem Fall) naturwissenschaftlichen Labors, um die Konstruktivität und Kontextgebundenheit der Forschung aufzuzeigen. Die Programmatik, das Offensichtliche zum Problematischen zu machen, stimmt mit anderen innovativen wissenschaftsphilosophischen Ansätzen überein, die mit den vorgestellten Überlegungen kompatibel sind (Knorr-Cetina 1984; Krohn/Küppers 1987, 1990). Entscheidend ist vor allem, daß die herkömmliche dichotome Gegenüberstellung von ‹Rationalem versus Sozialem› durchkreuzt wird. Werden Wissenschafts- und Forschungshandeln als soziale Tätigkeiten entworfen, wird jene Dichotomie unterlaufen, weil gezeigt werden kann, daß die Zuordnung, intern gleich theorienlogisch und extern gleich sozial, sich einer systematischen Fehldeutung des Wissenschaftsgeschehens verdankt.

Wissenschaftssoziologische Entgegensetzungen von sozial und kognitiv/rational müssen als «unsinnige Kategorienfehler» angesehen werden, da die soziale Interaktion auf den Umgang mit den zu traktierenden Objekten durchschlägt und *vice versa*, so daß von einem Rückkopplungsprozeß gesprochen werden kann (Krohn/Küppers 1990, S. 316; vgl. Harding 1990, S. 248 ff).

In systemtheoretischen Konzepten zur Wissenschaftsforschung wird zwischen Wissenschaft und Forschung sowie zwischen Wissenschafts- und Forschungshandeln unterschieden (Krohn/Küppers 1987). Die verschiedenen systemischen Aktivitäten folgen je anderen Umweltschleifen, denen unterschiedliche Bestimmungen im systemischen Operieren des Systems Wissenschaft zuzuschreiben sind. So können für die disziplinäre Entwicklung wissenschaftspolitische Entscheidungen (Wissenschaftshandeln) von Einflüssen der Theorieproduktion (Forschungshandeln) getrennt, können als Einflußfaktoren also auch für eine Person unterschiedlich gewichtet werden. Für eine Selbstorganisationstheorie der Wissenschaft plädieren Krohn und Küppers (1987, S. 25), die allerdings als Systemelemente nicht Forschungshandlungen (wie Luhmann), sondern als komplexe Elemente handelnde Wissenschaftler (wie Maturana) sehen. Dieser Bestimmung wird deshalb gefolgt, weil wir nur Personen Überzeugungen und Absichten zuschreiben, die in die konkrete Wissenserzeugung eingehen. Für die gewählte gemischte Zugriffsweise ist der Zugang über die

Überzeugungs-/Wunschsysteme von interagierenden Individuen das angemessene Verfahren.

Die Erzeugnisse von Einzelpersonen der Forschungsgruppen bzw. der Denkkollektive stellen in ihrer materialisierten Form (als Zeitschriftenaufsätze, Monographien, Kongreßberichte, Briefe etc.) das hier ausgewertete Untersuchungsmaterial dar. Systemtheoretisch gehört das Veröffentlichen und Austauschen von Wissenschaftsprodukten zu den möglichen Umweltschleifen des Systems Wissenschaft. Die Abgrenzungen gegen Ergebnisse anderer Denkkollektive zählen demnach schon nicht mehr zum Forschungshandeln, sondern betreffen relevante Aspekte des Wissenschaftssystems, insofern sie einen systemerhaltenden und/oder strukturell erneuernden Charakter haben. Interessant für die Einschätzung der disziplinären Trennung sind gerade auch diejenigen Äußerungen, die anzeigen, daß sie über das funktional definierte Gruppenziel (im Forschungsprogramm) hinausgehen, so daß also diejenigen, die auf Sicherungs- oder Stabilisierungsfunktionen hindeuten, besondere Berücksichtigung erfahren.

Knorr-Cetina beschreibt die wissenschaftliche Veröffentlichungspraxis in Begriffen von «Relevanzinszenierung» und «geglätteten Diskursen»; Zuspitzungen bzw. Dramatisierungen sind hinzuzufügen. Als Faktoren, die in die Texte regulierend oder gestaltend eingreifen und verhindern, daß diese ‹neutrale Ausdrucksmittel› sind, können benannt werden: Motive der Veröffentlichung (etwa Institutionalisierungsbemühungen), Bewertungsstandards der Wissenschaftskultur, ‹Erwartungsgeprägtheit› wie implizite Vorwegnahme von Kollegenkritik, professionelle Präferenzen bezüglich Themen, Fragestellungen, Ausdrucksmitteln etc., Art des Mediums, in dem veröffentlicht werden soll usw. (Knorr-Cetina 1984, S. 176, 29).

So interessant und wichtig es auch ist, neben den Theoriekonstruktionen Handlungsziele und -gründe den Texten zu entnehmen und Selektionsfaktoren zu benennen (etwa die Erfindung neuer Geräte), unumgänglich zur Erklärung einiger scharfer Antagonismen scheint die Erläuterung der Grundlagen zu sein, die oben ‹ontologische Basisannahmen› genannt wurden. Dieser Basisbereich von Annahmen wird wohl aufgrund personenspezifischer Präferenzen gewählt. Der Bereich «Personal constructs» (George Kelly) ist zwar veränderbar, aber nicht durchrationalisierbar (im Sinne theoretischer Diskurse) trotz aller intrapersonaler Kohärenzbemühungen. Das liegt, so kann mit Kuhn gesagt werden, daran, daß in diesen Fällen Gründe als Werte fungieren, welche Personen und Kollektive dazu bewegen, eine bestimmte Theorie einer alternativen Theorie vorzuziehen. Als überzeugende Gründe der Theorienpräferenz gelten bekanntlich Genauigkeit, Einfachheit, Fruchtbarkeit, gesellschaftliche Nützlichkeit, Eleganz etc. (Kuhn 1976, S. 211).

Es ist fast unnötig, daran zu erinnern, daß u. a. dieser Gedanke Kuhn den Vorwurf der Irrationalität eingetragen hat, da nach Kuhn (1976, S. 203, 211) Überredung statt Einsicht durch Überzeugungsarbeit im theoretischen Diskurs dazu führen kann, daß eine andere, vielleicht sogar eine gegensätzliche Theorie akzeptiert wird.

Kuhn beschreibt wie Fleck die Differenzen in der Theorienwahl als einen Zustand der «Kommunikationsstörung» zwischen Mitgliedern verschiedener wissenschaftlicher Sprachgemeinschaften. Diese Störung tritt ein, weil kein Rekurs auf eine theorieneutrale Beschreibungssprache möglich ist, die erlauben würde, eine Fragestellung oder einen Begriff einfach umzudefinieren (Kuhn 1976, S. 212). Das Auseinanderdriften der Ansichten, das zur Folge haben kann, daß sich zwei Denk- und Sprachkollektive aus einem vorgängigen gemeinsamen heraus formieren, trifft genau den hier zu untersuchenden Sachverhalt.

Kuhns Lösungsvorschlag steht interessanterweise auch sprachlich dem nahe, was das «verstehende Denkkollektiv» hätte entwickeln können. So will er die Kommunikationsstörung durch «Übersetzungsarbeit» beheben. Diese sei als ein ‹Sich-Hineinversetzen› in die Seh- und Denkformen zu denken, das leichter gelingen kann, wenn die jeweilige Sprachform übernommen werde: «(J)eder kann versuchen herauszufinden, was der andere sehen und sagen würde angesichts eines Reizes, auf den man selber sprachlich anders reagieren würde. Wenn sie darauf verzichten, abnormes Verhalten zu rasch als Folge von Irrtum oder Verrücktheit zu erklären, so werden sie vielleicht mit der Zeit das gegenseitige Verhalten sehr gut voraussagen können» (Kuhn 1976, S. 213). Diese Tätigkeit könne dazu führen, daß «einige Mitglieder jeder Gemeinschaft beginnen, *einfühlend zu verstehen*, wie eine früher schwer verständliche Aussage für die Mitglieder einer anderen Gruppe eine Erklärung sein konnte» (ebd., S. 215; Hervorh. N. D. S.). Die Konversionserfahrung oder, anders gesagt, der Gestaltwechsel, wie Kuhn den revolutionären Umschlagspunkt in der Wissenschafts- und Theorieentwicklung beschreibt, werde aber weder durch gute Gründe noch durch Übersetzungsarbeit hervorgerufen; der Wandel der wissenschaftlichen Denkungsart (Kant), als Gestaltwechsel verstanden, ist ein komplexeres Phänomen.*

In der Weise des ‹Hineinversetzens› kann nach Kuhn wissenschaftshistorisch «mit veralteten Theorien» verfahren werden, wobei gerade Zugangsweisen wie «einfühlendes Verstehen», «Übersetzung», «Deutung» dazu geführt haben, daß Rudolf Makkreel Kuhns Wissenschaftsphilosophie als *geisteswissenschaftliches* Vorgehen betrachtet: «Er analysiert die Naturwissenschaft von einem geisteswissenschaftlichen Standpunkt aus» (Makkreel 1983, S. 70). Diese Aussage kann als willkommene Vorschau zunächst unkommentiert stehenbleiben; der Weg führt, nach einem kleinen Umweg zur Psychoanalyse, direkt in das Herz der Philosophie Wilhelm Diltheys, damit also zu dem Philosophen, der auf die strikte Trennung von Natur- und Geisteswissenschaften so nachdrücklich Wert legte.

Das Verhältnis von Psychoanalyse und akademischer Psychologie

Ebenso spannungsreich wie das Verhältnis der Philosophie zur akademischen Psychologie waren die Beziehungen zwischen Psychologie und Psychoanalyse; man kann tatsächlich von einer «bilateralen Kommunikationsstörung» zwischen Psychologie und Psychoanalyse sprechen (Elliger 1986, S. 22). Die gleiche Diagnose trifft auf das Verhältnis Psychologie und Philosophie zu.

Vielleicht aufgrund des Kontaktverlustes von Philosophie und Psychologie kommt es zu Fehleinschätzungen über den psychologischen Gegenstandsbereich. Es scheint in der Philosophie nicht allgemein bekannt zu sein, daß die akademische Psychologie ihrerseits zur Psychoanalyse ein gespanntes Verhältnis hat und die Behandlung psychoanalytischer Theorien und Themen eher die Ausnahme ist. Allerdings irren auch philosophische Skeptiker, die Psychologie insgesamt mit ‹dem Behaviorismus› gleichsetzen. Daß zum Verhältnis von Psychoanalyse und Psychologie hier überhaupt etwas gesagt werden muß, hat mit folgenden Punkten zu tun:

---

* Kuhn spricht von «Nervenneuprogrammierung» dort, wo in einem wissenschaftssoziologischen Kontext besser auf die Formierung von «personal constructs» verwiesen werden sollte (Kuhn 1976, S. 216; vgl. George Kelly 1963).

(1) Die Philosophie hat ihren Psychologiebedarf häufig eher bei der Psychoanalyse gedeckt, als daß sie bei der akademischen Psychologie um Information nachgesucht hätte. (2) Die Angriffe der Psychologie gegen die Psychoanalyse ähneln denen, die auch gegen die ‹verstehenden› Ansätze und die Philosophie erhoben worden sind und zum Teil noch werden (s. u.).

Vorab muß gesagt werden, daß es sich bei dem Spannungsverhältnis zwischen Psychoanalyse und akademischer Psychologie vorwiegend um ein ‹deutsches Problem› handelt. Bekanntlich hat es außerhalb des deutschen Sprachraums, etwa in Frankreich oder in den USA, solche Probleme in dieser Form nicht gegeben. Dort ist auch in den akademischen Diskussionen und der psychologischen sowie der humanwissenschaftlichen Theoriebildung von psychoanalytischen Einsichten Gebrauch gemacht worden.

Das psychologisch-psychoanalytische Verhältnis weist für den hier relevanten Zeitraum eine wechselseitige Kontaktstörung auf. Denn nicht nur rezipierte die akademische Psychologie Freuds Arbeiten nicht (Ausnahmen: Christian von Ehrenfels, Piaget, Kurt Lewin, Gustav Störring), auch umgekehrt befaßte Freud sich außer mit Fechner und Herbart nur noch mit Theodor Lipps, der ebenfalls einen Begriff vom Unbewußten entwickelt hatte, den Freud würdigte (Elliger 1986, S. 18; Störring 1914). Insgesamt hatte die Psychoanalyse einen außerakademischen Status, der von Freud auch perpetuiert wurde, indem er sich beispielsweise weigerte, auf (psychologische wie psychiatrische) Kongresse zu gehen (Elliger 1986, S. 16–17). «Freuds Desinteresse an den Entwicklungen der akademischen Psychologie hatte eine bittere Resonanz seitens der Psychologenschaft zur Folge» – diese Vermutung Tilman Elligers kann hier nicht geprüft werden; das parallel liegende Problem zwischen Psychologie und Philosophie legt nahe, daß sie zutrifft. Denn das Problem, daß Freud kein Interesse an der Psychologie hatte, aber gleichwohl beanspruchte, «die Domäne Psychologie zu fundieren», ist der Schlüssel für die Deutung als «bittere Resonanz» (vgl. Elliger 1986, S. 19–20). «Die Psychoanalyse ist ein Stück Psychologie, nicht medizinische Psychologie im alten Sinne oder Psychologie der krankhaften Vorgänge, sondern Psychologie schlechtweg, gewiß nicht das Ganze der Psychologie, sondern ihr Unterbau, vielleicht *überhaupt ihr Fundament*» (Freud GW XIV, S. 289; vgl. Elliger 1986, S. 20; Hervorh. N. D. S.).

Behandelt wird die Trennungsgeschichte von Philosophie und

Psychologie auch aus der Perspektive des ‹Fundamentalismus›. Die Fundierungsansprüche sind immer ein entscheidender Punkt, der Dynamik in die Auseinandersetzungen brachte. Freud präsentierte eine Sichtweise, die den Erkenntnisrahmen der Bewußtseinspsychologie durch eine Tiefenpsychologie sprengen wollte, und wendete sich damit gegen eine Psychologie, «welche die Differenz von bewußten und unbewußten Prozessen» verleugnete (Elliger 1986, S. 20).

Die Psychologie reagierte auf diese teils impliziten Attacken – so sie sie denn wahrnahm – auch deshalb sehr empfindlich, weil sie genug beschäftigt war, sich gegen die institutionelle Macht der Philosophie zu wehren. Ihr vager institutioneller Status führte nicht nur zur Abgrenzung von philosophischen Psychologien, sondern auch zu einer Kritikfigur, die bis heute wirkmächtig ist. Gegen die Philosophie wie auch die Psychoanalyse wird und wurde zumeist mit dem Vorwurf der ‹Unwissenschaftlichkeit› operiert.

Über die Vorwürfe gegen Sigmund Freuds Wissenschaftsanspruch wäre viel zu sagen (vgl. Köhler 1989; Nitzschke 1989; Herzog 1979). Zusammengefaßt kann festgehalten werden, daß Freud und der Psychoanalyse mangelnde Wissenschaftlichkeit vorgeworfen wurde und wird (vgl. Landolt 1980). Fast alle Autoren, die zum Beispiel in einer Literaturübersicht zum Thema ‹Wissenschaftstheorie und Psychoanalyse› behandelt werden, üben ganz im Stil der Kollegen/Kolleginnen zu Beginn unseres Jahrhunderts Methodenkritik. Die Psychoanalyse sei spekulativ, intuitiv, suggestiv, subjektiv; ihre Deutungen aus sexualtheoretischer Sicht kommen als Problem hinzu. Auch das «Erbteil der Wundtianischen Ära... sich nicht auf das heilkundliche Gebiet der Psychotherapie (zu) begeben», schlägt die Psychoanalyse aus, die bekanntlich geradezu paradigmatisch die Kombination von (meta-)psychologischer Theorie und heilkundlicher Psychotherapiepraxis darstellt.

Für die hiesigen Überlegungen ist die Methodenkritik der zentrale Punkt: Die Psychoanalyse geht deutend und empathisch (verstehend) zu Werk; daß diese Deutungen in einem Theorierahmen stehen und die Empathie die Deutungschancen erst eröffnet, indem sie eine bestimmte Haltung verlangt, die den analytischen Prozeß erst in Gang bringt, ist von den Kritikern nicht richtig eingeschätzt worden. Das Einfallstor für die ablehnende Kritik der Psychoanalyse war stets der «subjektive Faktor» (vgl. Herzog 1979, S. 299).

Walter Herzog behauptet zu Recht, daß «Objektivität» zumeist in einen scharfen Kontrast zur «Subjektivität» gesetzt worden ist und erst dann als gesichert akzeptiert wurde, wenn der Ausschluß individueller Einflüsse forschender Individuen auf das Forschungsresultat gewährleistet werden könne: «Als Vorbild von Objektivität stehen im Hintergrund bewußt oder unbewußt die naturwissenschaftlichen Apparaturen. Ist also die Wissenschaft im Stande, ihren Erkenntnisprozeß an Apparaturen zu delegieren, dann ist sie soweit, daß sie sich jeglicher Verunreinigung durch Subjektivität entschlagen hat» (Herzog 1979, S. 297). Abgesehen von der vorsintflutlichen Dichotomie Objektivität versus Subjektivität, die Herzog souverän deklassiert, problematisiert er die Möglichkeit und Angemessenheit einer derart verengten ‹objektivistischen Psychologie›, deren Paradebeispiel natürlich durchaus die behavioristischen Theoriekonzepte sind (vgl. auch Jüttemann 1986, 1988).

Abschließend eine historiographische Beobachtung Herzogs, die zum hier verhandelten Aspekt zurückführt: «Praktisch jede akademisch-psychologische Schule hat sich irgendwann einmal – vorwiegend dann, wenn sie sich als etabliert und stabilisiert empfand – mit der ‹Wissenschaftlichkeit› der Psychoanalyse auseinandergesetzt, üblicherweise mit einem vernichtenden Resultat für die Psychoanalyse» (Herzog 1979, S. 290).

Zeitgenössische Kritiker der Psychoanalyse (z. B. Meinrad Perrez) sprechen hinsichtlich der psychoanalytischen Annahmen von empirisch gehaltlosen Spekulationen und schlagen vor, die Psychoanalyse zu verwissenschaftlichen: «P. schlägt zur Verbesserung psychoanalytischen Erklärungen das H.-O.-Schema vor» (Landolt 1980, S. 91). Im sogenannten deduktiv-nomologischen Formalismus, der nach Hempel und Oppenheim «H-O-Schema» genannt wird, könnten ins Explanans überwiegend statistische Gesetzeshypothesen eingeführt werden. Allerdings setzt dies voraus, daß die beschreibenden und erklärenden Sätze der psychoanalytischen Theorie sämtlich prädikatenlogisch durchzuformalisieren wären, damit sie überhaupt ins H-O-Schema eingefüttert werden können (vgl. Landolt 1980, S. 91).

Meines Erachtens laufen hier Intention und Realisierung der psychoanalytischen Theoriebildung und analytische Wissenschaftskritik windschief aneinander vorbei. Denn die Vorschläge Perrez' zielen nicht nur auf die Verwendung des H-O-Schemas für psychoanalytische Erklärungen ab, sondern auch auf eine «strengere Standardisierung der Beobachtung», Einführung der «Fremdbeobachtung» und Verwendung von Tonfilmprotokollen ab (vgl. Landolt 1980, S. 90, 92). Es drängt sich der Verdacht auf, daß die Bedingungen zur Herstellung der psychoanalytischen Situation und der notwendigen psychodynamischen Prozesse nicht recht bedacht worden sind, wenn ernstlich der Vorschlag *Fremdbeobachtung* lautet. Die Schaffung des psychoanalytischen Settings zielt darauf ab, die Bedingungen für ‹Übertragung› herzustellen, um den analytischen Prozeß in Gang zu bringen; jede Fremdbeobachtung durch eine protokollierende Person dürfte der Garaus der psychoanalytischen Praxis sein. Genau das Gespinst der ‹persönlichen› psychischen Verstrickungen zwischen Analysand(in) und Analytikerin(er) wird die tragfähige Basis für eine erfolgreiche psychotherapeutische Intervention (Heilung, Selbstaufklärung) sein müssen. Die Magie des ‹lösenden Worts›, das die Mauer der Abwehr im Seelenhaushalt der zu analysierenden Person durchbrechen kann, bedarf eines bestimmten Klimas im Setting, damit sich etwas ereignen kann.

Die vernichtende Kritik, die tendenziell von breiten Kreisen der akademischen Psychologie wie auch der analytischen Wissenschaftstheorie geteilt wurde, wird, in etwas altertümlichen sprachlichen Gewändern, im Verlauf der Untersuchung immer wieder in variierter Form gegen die Philosophie oder verstehende Psychologien zu hören sein: Psychoanalyse ist nicht wissenschaftlich genug, sie ist zu spekulativ und entzieht sich der Überprüfbarkeit. Die Unsicherheit konstruierter Hypothesen sowie fehlende Verifikations-/Falsifikationsbedingungen lassen ihren wissenschaftlichen Status fragwürdig erscheinen. Da sich die Psychologie als Forschungswissenschaft nur durch die Einführung der experimentellen Methode ausbilden konnte, ist der Verzicht auf eine experimentelle Orientierung (in dieser Sichtweise) als Fortschrittsverweigerung zu kritisieren.

2. Kontroverse I

Eröffnung der Kontroverse durch Dilthey

Zur Kritik der historischen Vernunft als Grundlegung der Geisteswissenschaften

Wilhelm Diltheys Entwurf einer «Kritik der historischen Vernunft» hinterließ eine erhebliche philosophische und disziplingeschichtliche Wirkung. Das kantisch inspirierte Programm wollte die «wirklichen Bedingungen des Bewußtseins... in ihrem ganzen Umfang» darstellen und begründen. Dieser umfaßt menschliches Wollen, Fühlen und Denken im gesellschaftlich-historischen Bezug und nicht nur den «verdünnte(n) Saft von Vernunft als bloßer Denktätigkeit» (Dilthey I, 1883, S. xviii). Die philosophische Aufgabe besteht demnach in der Analyse aller Bedingungen des Erkennens, die zunächst als erkenntnispsychologische gefaßt werden: «Daher muß der Standpunkt der Erkenntnistheorie in einer wahrhaft deskriptiven Psychologie genommen werden, welche auch die inhaltlichen psychischen Tatbestände in sich schließt» (Dilthey XIX, 1880, S. 44–45).

Die folgenreiche Verbindung von Erkenntnistheorie und Psychologie bildet den zentralen Kern der Auseinandersetzungen, die später im Psychologismusstreit gipfeln. Die Kontroverse zwischen Ebbinghaus und Dilthey, ausgelöst durch seine Akademieabhandlung «Ideen über eine beschreibende und zergliedernde Psychologie» (1894), markiert eine entscheidende Zäsur und versammelt zugleich alle strittigen Motive: Methodenfragen, philosophische und psychologische Fundierungsansprüche, das Psychologismusproblem und denkstilbildende Wirkungen durch die Entfaltung seines Verstehensbegriffs. Dilthey nimmt deshalb eine prägnante Position ein, weil er sich gegen die szientistische Tendenz des 19. Jahrhunderts stemmt und eine Sprengkraft entwickelt, die die neue forschungswissenschaftliche Disziplin Psychologie noch im ‹Haus› der philosophischen Fakultät spaltet.

Die psychologischen Arbeiten Diltheys gelten als die «am intensivsten rezipierten und aufgearbeiteten» Teile seines Gesamtwerks (Lessing 1984, S. 353). Die Veränderungen in der Konzeption Diltheys legen es indessen nahe, sein Werk in drei Phasen einzuteilen, wobei die mittlere die ‹psychologistische Phase› genannt werden kann.

Für Diltheys Denken ist entscheidend, daß «alle Erfahrung ... ihren ursprünglichen Zusammenhang und ihre hierdurch bestimmte Geltung in den Bedingungen unseres Bewußtseins» (hat) (I, 1883, S. xvii). Die bewußtseinsphilosophische Verankerung muß nicht automatisch psychologistische Tendenzen zeitigen, aber der ‹philosophischen Stimmung› entspricht die philosophische Vorgehensweise Diltheys genau. Die «verhängnisvolle Wendung», in der Dilthey davon spricht, gerade in einer spezifischen Psychologie seine Philosophie zu verankern, hat neben einigen ähnlich lautenden Äußerungen dazu beigetragen, ihn als Gründer einer neuen Psychologie anzusehen (Riedel 1970, S. 49). Obwohl in den Spätwerken die Aufgaben der Psychologie deutlich begrenzt sind, gelten gerade sie als Grundlage einer geisteswissenschaftlichen bzw. verstehenden Psychologie.

Zwischen Kants Kritizismus, den Dilthey als einseitig intellektualistisch ansieht, und einem Positivismus, der sich eines an den Naturwissenschaften orientierten fehlerhaften Methodenzugriffs schuldig macht, will Dilthey einen empirischen, das heißt historisch-kritischen Weg suchen, der dem «Inbegriff geistiger Tatsachen, (die) ... die Wirklichkeit (bilden)», zur angemessenen Darstellung verhilft (Dilthey I, S. 5). Es geht um die Konstituierung der Geisteswissenschaften als einer besonderen Klasse von Erfahrungswissenschaften, die von den Naturwissenschaften deshalb sorgsam unterschieden werden müssen, weil sie es mit einem besonderen «Tatsachenkreis» zu tun haben (I, S. 9). Das Bedeutsame liegt darin, daß die hier angesprochenen «Tatsachen» der von Dilthey so bezeichneten «inneren Erfahrung» als primär gegebenes Material des geistig-gesellschaftlichen Lebens direkt vorliegen. Die konstatierte Unmittelbarkeit der Erfahrung, die auf das Erleben gegründet ist, geht einher mit einer Sicherheit im Erkennen, die die Naturwissenschaften, welche sich auf den mittelbaren, äußeren Erfahrungsbereich beziehen, nicht haben können: «Die Natur ist uns fremd. Denn sie ist uns nur ein Außen, kein Inneres. Die Gesellschaft ist unsere Welt ... Ich verstehe das Leben der Gesellschaft ... Das Spiel der für uns seelenlos wirkenden Ursachen wird hier abgelöst von dem der Vorstellungen, Gefühle und Beweggründe» (I, S. 36, 37).

Zentral für die spätere Frontenbildung, die sich etwa in der Erklären-Verstehen-Debatte dokumentiert, ist Diltheys Annahme, daß die naturwissenschaftlichen Tatsachen uns als äußere, durch die Sinneserfahrungen vermittelte Phänomene in Vereinzelung zugänglich sind und daß die entsprechenden hypothetisch-konstruktiven Erkenntnisanstrengungen zu umstrittenen Aussagen über die Außenwelt führen (Dilthey I, S. 199). «Der Grundgedanke meiner Philosophie ist, daß bisher noch niemals die ganze, volle, unverstümmelte Erfahrung dem Philosophieren zugrunde gelegt worden ist, mithin noch niemals die ganze und volle Wirklichkeit» (VIII, S. 171). Dilthey bezeichnete den «Intellektualismus» Kants wie auch den der Empiristen als abstrakt; denn ein Mensch, der auf die «Erfahrung» nach Kantischem oder empiristischem Vorbild eingeschränkt sei, «hätte nicht für Einen Tag Lebenskraft!» (VIII, S. 171). Die volle Wirklichkeit erfahren wir aber im Erleben der geschichtlich-gesellschaftlichen Realität, die von uns fühlend, wollend und denkend als «erlebnismäßiger Zusammenhang» aufgefaßt wird. Die Erlebnisrealität (Erlebnis = Realität) ist bei Dilthey die konkrete erkenntnistheoretische Basis. Das Projekt einer Kritik der historischen Vernunft hat, wie der Bezug auf die Geisteswissenschaften bereits andeutet, den Boden der reinen Transzendentalphilosophie verlassen, um die Analysis der Bedingungen des Bewußtseins durch positiv-wissenschaftliche Einsichten zu unterstützen: «Das Erkennen der geschichtlich-gesellschaftlichen Wirklichkeit vollzieht sich in den Einzelwissenschaften des Geistes» (I, S. 116).

Aber dabei bleibt Dilthey nicht stehen. In etwas gewundener Formulierung führt er den konstitutionstheoretischen Gedanken aus: «Diese (Einzelwissenschaften des Geistes; N.D.S.) aber bedürfen eines Bewußtseins über das Verhältnis ihrer Wahrheiten zu der Wirklichkeit, deren Teilinhalte sie sind, sowie zu den anderen (‹naturwissenschaftlichen›; N.D.S.) Wahrheiten, die gleich ihnen aus dieser Wirklichkeit abstrahiert sind, und nur ein solches Bewußtsein kann ihren Begriffen die volle Klarheit, ihren Sätzen die volle Evidenz gewähren» (I, S. 116). Der spezifisch geistige und geisteswissenschaftliche Erfahrungsbereich ist das Reich der Geschichte, der Taten des Willens, der Freiheit des Geistes und der zweckhaften und wertbezogenen Handlungen. Einer diesem Praxisbereich entsprechenden Wissenschaft sind die Erkenntnisprinzipien zu entnehmen, die aufklären, wie der andere große Erfahrungskreis, das Reich der Natur, überhaupt für uns zum Gegenstand des Erkennens und Handelns werden kann (vgl. I, S. 9). Die Unvergleichbarkeit des Geistigen mit der Natur stellt sich für Dilthey (1) durch die Einheit des Bewußtseins (gegen Empirismus: das sich als Einheit erlebende Subjekt muß Grundlage des Philosophierens sein) und (2) durch die Spontaneität des Willens zweifelsfrei dar (vgl. I, S. 12). Es handelt sich um eine erkenntnistheoretische Grundlegung der Geisteswissenschaften, die die menschliche Vernunft in ihren je wirkenden historisch-gesellschaftlichen Bezug stellt und damit als historisch (bzw. historistisch) aufgeklärte Vernunftkritik gelten kann.

Das Selbstbewußtsein des kantischen Vernunftsubjekts, das als notwendige Funktion für alles Erkennen (in der Formel des «ich denke») die zugrundeliegende Bedingung dieses Erkennens bildet, soll bei Dilthey selbst hinterfragt werden. Riedel formuliert daher: «Das Selbstbewußtsein ist selber nichts ‹Unbedingtes›, sondern steht unter Bedingungen, die den Dogmatismus des herkömmlichen Erkenntnissubjekts auflösen» (1970, S. 49). Erkenntnistheoretisch kann die sichere Basis (Erlebnis = Realität) verfehlt werden, dann nämlich, wenn ein methodischer Zugriff gewählt wird, der in unzulässiger Weise die naturwissenschaftsadäquate Methodenorientierung nachahmt, wie das etwa nach Diltheys Einschätzung die «erklärende Psychologie» seiner Zeit tut und zuvor Comte, J. St. Mill oder Buckle zur Erklärung geschichtlicher Phänomene getan haben (vgl. I, S. xvi).

Programm und Methode

Auf den ersten Seiten der «Einleitung in die Geisteswissenschaften» problematisiert Dilthey den Begriff «Geisteswissenschaft», der seit Schiels Übersetzung (1849) von Mills «Moral science» allerdings überall verbreitet sei. Die Begriffe «Kultur- oder Gesellschaftswissenschaft» seien ebenso wie die der «Geisteswissenschaft» zu eng für den Bereich, um den es gehe; immerhin aber sei dieser «am wenigsten unangemessen» (I, S. 6). Mit der Trennung von Natur- und Geisteswissenschaften sind zugleich zwei Erfahrungsbereiche unterschieden, denen zwei Wissenschaftstypen mit jeweils bereichsspezifischen explanatorischen Konzepten entsprechen. Die systematisch relevante Basisannahme zweier irreduzibler «Erfahrungsarten» schreibt ihnen jene bereichsspezifischen Zugangsbedingungen zu (vgl. Apel 1979, S. 37). Es wird ein Gegensatz zwischen Bewußtseins- bzw. Erlebnissphäre und Natursphäre hergestellt, der in erkenntnisrelevanter Differenz von Unmittelbarkeit und Mittelbarkeit des Zugangs zu verorten ist.

Die entscheidende Vermutung bleibt bis ins Spätwerk, daß der Lebensbereich, soweit er geistig-seelisch vermittelt ist, dank der Verfaßtheit der menschlichen Natur direkt, unmittelbar und ganzheitlich als Zusammenhang erfahrbar ist und daher der Philosophie als sicherer Ausgangspunkt dienen kann und muß. Das bedeutet, daß jede Formulierung von Aussagen, die im weiteren Sinn mentale (psychische/geistige) Ereignisse oder Zustände zum Thema haben sollen – ob elementar-lebensweltlich oder wissenschaftlich –, direkt auf diesen Erfahrungsbereich zurückgreifen kann. Die Verfügbarkeit durch den direkten Zugang nennt Dilthey «Verstehen». Verstehen bezieht sich nur auf die mentale Domäne menschlicher Praxis, das Verstehen der Natur (*interpretatio naturae*; vgl. V, S. 318) gilt als Metapher; im subpraktischen Bereich der Physiologie oder Psychophysik kann nach Maßgabe der Kategorie Kausalität und im Bezug auf Naturgesetze zumeist der Übergang von spezifischen Ursachen zu gewissen Wirkungen erklärt werden, im Mikro- wie Makrobereich von Natur ist Verstehen aber ausgeschlossen. Es mag der auch als Vico-Axiom bekannte Gedanke nachwirken, den auch Kant in der Kritik der Urteilskraft formuliert, daß Subjekte nur das von ihnen selbst Hervorgebrachte verstehen können (Kant, K.d.U. § 67, 68).

Die strikte Unterscheidung von Natur- und Geisteswissenschaften ist wirkungsgeschichtlich nicht zu unterschätzen. Sie bildet die paradigmatische Einsatzstelle für alle Überlegungen, die gegen einen naturwissenschaftlichen Methodenmonismus opponieren, und kann als ein entscheidender Faktor für die Ausbildung der Denkstile gelten.

Dilthey wählt zwar, konstitutionsanalytisch gesprochen, als Ausgangspunkt der philosophischen Grundlegung der Geisteswissenschaften die «Bedingungen des Bewußtseins», aber die zentrale Rolle des Erlebens verweist auf lebensphilosophische Motive (I, 1883, S. xvii; Scheler 1913, S. 88 ff). Die Verbindung von Bewußtseins- und Lebensphilosophie bei Dilthey läßt sich in einer verdichteten Kurzform rekonstruieren:

Zu den Tatsachen des Bewußtseins haben wir jenen beschriebenen unproblematischen Zugang durch die innere Erfahrung (I, S. xviii). Die äußere Wirklichkeit, in der wir existieren, wird weder erschlossen noch vorstellungsmäßig repräsentiert, sondern vermittelt sich als Leben in «Erlebnissen» direkt (I, S. xix). Das Individuum ist also gemäß dieser Sichtweise kein reines Erkenntnissubjekt mehr, sondern wird auch «psycho-physische Lebenseinheit» genannt, von deren physischer

Seite die Geisteswissenschaften aufgabengemäß abstrahieren müssen (I, S. 17, 34, 113). Der Mensch als psychische Lebenseinheit zeichnet sich durch zwecksetzende und bewertende Handlungen aus. Werden diese volitiven (zwecksetzenden) und emotiven (bewertenden) Akte wissenschaftlich untersucht, fällt dies in den Zuständigkeitsbereich der Psychologie. Diese abstrahiert allerdings von der Realität der gesamten geschichtlich-gesellschaftlichen Wirklichkeit, deren gleichsam höchster Punkt die historische Entwicklung von Gesellschaften ist (I, S. 36). Zum Soziologismus wird diese Position indes nicht, weil die erkenntnistheoretische Verankerung im individuellen Bewußtsein gesucht wird.

Das zeigt sich epistemologisch folgendermaßen: Zunächst gibt es eine Klasse von Sätzen, mit denen sich das Bewußtsein eines – geschichtlichen – Individuums beschreiben läßt. Diese können als «emotive», «volitive» und «kognitive» Sätze bezeichnet werden. Ihre systematische Generierung und Verwendung (in beschreibender Absicht) ist Aufgabe einer Psychologie, die somit «Begriffe erster Ordnung» bildet (Dilthey I, vgl. S. 45). Die Wechselwirkung von Individuen, die überhaupt erst die «geschichtliche Steigerung zusammengesetzter Tatsachen... die lebendige Ganzheit», also die gesellschaftlich-geschichtliche Praxis hervorbringen, sei mit Begriffen zweiter Ordnung zu untersuchen (vgl. I, S. 45, 49). Begriffe zweiter Ordnung wie Herrschaft, Freiheit, Zwang, Abhängigkeit sind nur durch psychologische Begriffe und Sätze (1. Ordnung) analysierbar (I, S. 68). So klingt der Psychologismus Diltheys im Original: «In bezug auf die Geisteswissenschaften zeigte sich uns, daß psychische und psychophysische Tatsachen die Grundlage der Theorie nicht nur vom Individuum, sondern ebenso von den Systemen der Kultur sowie von der äußeren Organisation der Gesellschaft bilden und daß dieselben der historischen Anschauung und Analysis in jedem ihrer Stadien zugrunde liegen» (I, S. 119). Diese Theoriegrundlagen ermöglichen den Einstieg in die erste Kontroverse, die Dilthey durch seinen Angriff auf die Psychologie eröffnet.

Angriffe auf die erklärende Psychologie

Unter dem Titel «Ideen über eine beschreibende und zergliedernde Psychologie» veröffentlichte Dilthey als Akademieschrift (Berlin 1894) einen Aufsatz, der als Angriff auf die erklärenden Psychologien aufgefaßt worden ist und auch so gemeint war. Dabei versteht Dilthey unter einer «erklärenden Psychologie» diejenige, die «die Konstitution der seelischen Welt nach ihren Bestandteilen, Kräften und Gesetzen genau so erklären (will), wie die Physik und Chemie die der Körperwelt erklärt» (V, 1894, S. 139). Dilthey bat einige «befreundete Psychologen und auf dem Gebiet der Psychologie arbeitende bzw. psychologisch interessierte Philosophen» (etwa Natorp, Sigwart, Riehl, Eucken, Falkenberg, Theodor Lipps, Wilhelm Wundt und auch Ebbinghaus) um konstruktive Kritik seiner «Ideen». Ebbinghaus antwortete in einer umfangreichen Rezension (1896); er sah sich und die Zunft unberechtigterweise angegriffen und formulierte eine scharfzüngige Kritik, die bewirkte, daß Dilthey mit dem Verfasser dieser «Schandabhandlung» nie wieder ein Wort wechseln wollte (Lessing 1984, S. 124). Daher lehnte er auch Theodor Lipps' Anerbieten ab, auf dem 3. Internationalen Kongreß für Psychologie, der 1896 in München tagte, seine Position nochmals darzulegen.

Diltheys Veröffentlichung der «Ideen» wirkte als Vorstoß und ist zugleich als Reaktion gegen die Szientivierung bzw. ‹Vernaturwissenschaftlichung› der Philosophie zu sehen. Die philosophische Reaktion kann in wissenschafts- und gesellschaftskritischen Äußerungen verortet werden, in denen Dilthey den Druck des modernen Zivilisationsprozesses auf das Leben der Menschen thematisiert, der von den exakten Wissenschaften noch verstärkt wird. Eine philosophiekritische Konsequenz liegt in der Forderung, daß auf diesen Druck auch die Philosophie zu reagieren habe. Diltheys Philosophie zeigt hier ein kritisch-aufklärerisches Profil: Unter den Bedingungen und Anforderungen der Moderne kann reine Transzendentalphilosophie nicht mehr genügen (vgl. Riedel 1971, S. 94–95).

Eine Briefstelle an Graf Yorck von Wartenburg enthüllt, daß Dilthey eine «gänzliche naturwissenschaftliche Radikalisierung der Philosophie» verhüten wollte; diese existierte in Berlin in der Person Ebbinghaus', dessen Berufung an Diltheys Veto scheiterte und der nach Breslau ging. Als Vorstoß kann Diltheys Wirken insofern interpretiert werden, als er eine neue Philosophie (zunächst) deskriptiv-psychologisch fundieren will und die naturwissenschaftliche Orientierung der Psychologie als methodologischen Irrtum angreift.

In den «Ideen» deutet Dilthey die Geschichte der neueren Psychologie des 19. Jahrhunderts als szientistische Verfehlung. Herbarts Zugriff, der die methodischen Anforderungen an die Seelenlehre außerordentlich verschärfte, sei zu einer «Mechanik des Seelenlebens» geraten (Dilthey V, 1894, S. 164). Fechner und Helmholtz hätten durch die Einführung der experimentellen Arbeitsweisen in die Psychologie die «Denkmittel» und die Macht der erklärenden Psychologie enorm erweitert (vgl. V, S. 165). Die «grenzenlose Aussicht», durch Quantifizierung und experimentelle Absicherung eine «feste Grundlage» zu gewinnen, sei aber enttäuscht worden: Zur Erkenntnis von Gesetzen auf dem innerpsychischen Gebiet sei es nicht gekommen. Dilthey spricht sogar vom «Bankrott» einer Psychologie, die ihre Verfahren aus einer «unberechtigten Erweiterung der naturwissenschaftlichen Begriffe über das Gebiet des Seelenlebens und der Geschichte» herleite (V, S. 165, 195).

Der Kardinalfehler der erklärenden Psychologie liegt in ihrem hypothetischen Konstruktionismus. Daß an einer Wissenschaft Hypothesenbildung überhaupt zum Problem werden konnte, erklärt sich durch das letztlich cartesische Erbe der zwei Erfahrungsarten, das Dilthey etwa mit Wundt u.v.a. im mentalistischen Paradigma teilte. Eine Psychologie, die die engen Grenzen der «mechanischen Naturerkenntnis», in der die menschliche Natur nach dem Bild einer psycho-physischen Maschine gedeutet werde, überschreiten können soll, muß daher von der Unmittelbarkeit und Gewißheit der inneren Erfahrung in ihrer ganzheitlichen Präsenz ausgehen (und die entscheidende Differenz gegenüber Mechanismen berücksichtigen, die in der intelligiblen Wahlfreiheit verantwortlicher Subjekte läge; vgl. Dilthey V, S. 192).

Diese Form von Erkenntnis durch innere Erfahrung wird auch als «Innewerden» bezeichnet: «Die Existenz des psychischen Aktes und die Kenntnis von ihm sind gar nicht zweierlei... Ist doch das, von dem ich weiß, eben eine Bewußtseinstatsache; sie ist die Realität, welche behauptet wird» (Dilthey in Lessing 1983 b, S. 98). Das Bewußtsein zeigt sich als «psychischer Struktur- oder Erlebniszusammenhang». Weil dieser als «Totalität des Seelenlebens» Wahrnehmungen, Erinnerungen, Vorstellungen (Denken), Gefühle und Willensstrebungen als Erlebnisanteile enthält, kann von einer Kontinuität des Erlebens ausgegangen werden, indem die Übergänge («Erwirken») und Abfolgen der verschiedenen Zustände bzw. Inhalte zugänglich sind.

Das beschreibende Vorgehen Diltheys setzt als wissenschaftliches zwar eine ‹Beobachtung› der inneren Tatbestände voraus; allerdings wird von Selbstbeobachtung bei Dilthey nur in einer bestimmten Hinsicht gesprochen. Später wird gerade die ‹Selbstbeobachtung› ein psychologischer Fachterminus und Zankapfel der akademischen Fachvertreter der Psychologie. Wenn Eduard Zeller (1868, S. 20) noch sagt, daß die Frage nach dem Wesen der Seele sich mit rein psychologischen Mitteln, ausschließlich aufgrund von Selbstbeobachtung, nicht beantworten ließe, jene Aufgabe aber eine der Philosophie sei, so zeigt das, daß hier noch (vorphänomenologische) Wesensfragen gestellt werden. Bei Dilthey hingegen wird «Beschreibung... zu einer verbindlicheren, auf das Wesentliche gehenden Methode», die die Differenz von Wesen und Erscheinung als dualistischen Schein auflöste (Orth 1984, S. 11). Diltheys deskriptive Strukturpsychologie entwickelte sich von einer para-ontologischen Beschreibung gewissermaßen zur Methode einer *prima philosophia*, die in diesem Sinne bei Husserl Phänomenologie genannt werden sollte (Orth 1984, S. 19/20).* Selbstbeobachtung hatte indes die weitergehende Funktion, zu einer Vertiefung des Erlebnisses zu führen, wie Dilthey in seiner Bezugnahme auf Schleiermacher nahelegt (vgl. I, S. 67). Auch wenn die innere Wahrnehmung des unmittelbar Erlebten noch keine Wissenschaft ist, so gilt Dilthey innere Wahrnehmung als solide Grundlage für überprüfbare wissenschaftliche Aussagen (vgl. Schmied-Kowarzik 1927, S. 299; Jain 1986, S. 285).

Eine Reihe alter Dichotomien sind durchkreuzt. So fällt die Differenz Natur- versus Geisteswissenschaften nicht mit der Unterscheidung von ‹physisch› und ‹psychisch› zusammen, sondern die Trennungslinien verlaufen anders. Die traditionelle Psyche-Physis-Unterscheidung sowie die Subjekt-Objekt-Dualität im mentalistischen Paradigma werden abgelöst von der neuen Unterscheidung von «Erleben/Beschreiben (Erleben/Verstehen im Spätwerk)» und «Erklären/Konstruieren». Als erkenntnistheoretisch relevante Grundeinheit ist in das Erkenntnissubjekt ein «Erlebnis» als Subjekt-Objekt-Relation hineingenommen: Die Welt und das eigene Erleben dieser Welt werden je ungetrennt erfahren. Allerdings sind komplexe Erlebnisse durchaus nachträglich analytisch zu zergliedern, um einzelne Elemente unterscheiden zu können, Motive oder Gefühlszustände zu ergründen und entsprechende Anschlußhandlungen hierzu in Bezug zu setzen. Dies sind bereits Einsichten aus Diltheys Breslauer Zeit (vor 1883), die aber bis ins Spätwerk

* Daß Bedingungen der Möglichkeit von Erkenntnis auch empirisch untersucht werden sollen, ist später ein wesentlicher Grund für Husserls Abgrenzung von Dilthey (Husserl 1925 a, S. 40).

fortwirken. «Es handelt sich hier gar nicht mehr um das Problem der ‹Außenwelt›, sondern um die Welt, in der wir leben, die – später so genannte – ‹Lebenswelt›, die hinter der Bewußtseinsphilosophie wie in einem Schattenriß sichtbar wird» (Riedel 1970, S. 44).

Von der Sicherheit der inneren Erfahrung hat nach Dilthey auch eine adäquate Psychologie auszugehen, weil das psychische Material als Zusammenhang oder als Ganzes gegeben ist: «Der erlebte Zusammenhang ist hier das erste, das Distinguieren der einzelnen Glieder desselben ist das Nachkommende» (V, S. 144). In dieser Passage findet sich der klassisch gewordene Satz: «Die Natur erklären wir, das Seelenleben verstehen wir» (V, S. 144).

Weil die erklärende Psychologie unsere ‹Bewußtseinstatsachen› mit den unsicheren hypothesenbildenden Verfahren der Naturwissenschaften erforschen will, obwohl wir das Seelenleben in seinem Zusammenhang unmittelbar erleben, verstehen und analysieren können, liegt ein unnötiger Methodentransfer vor, der zeigt, daß die erklärende Psychologie die Physiologie und die im 19. Jahrhundert angefeindete Metaphysik beerbt hat. Diese zunächst verblüffende These formuliert Orth, welcher bemerkt, daß aus Diltheyscher Sicht konstruierende Naturwissenschaft mit der traditionell konstruierenden Metaphysik verwandt sei (Orth 1985, S. 26, 19). Das war nun das letzte, was die sich entwickelnde neue Disziplin wollte. «Es gibt kaum einen schlimmeren Vorwurf für einen Psychologen, als den, er treibe Metaphysik», äußerte Hermann Cohen, den Anschütz rückblickend zitiert (Cohen in Anschütz 1911, S. 426).

Zusammengefaßt laufen die in den «Ideen» formulierten Probleme der erklärenden Psychologie auf folgende Punkte hinaus: Eine Gegenstandsverkürzung ergibt sich durch die Naturalisierung und Mechanisierung des Subjekts, der Methodenirrtum durch einen Elementarismus, der Relationen und Strukturzusammenhänge nicht erkennt und eine entsprechend fehlgehende wissenschaftstheoretische Auffassung konstruiert in der geistes- bzw. kulturwissenschaftlichen Domäne Erklärungen nach dem Muster naturwissenschaftlicher Kausalitäten.

Die Replik Ebbinghaus'

Die prägnante Kritik des Psychologen und Wundt-Schülers Hermann Ebbinghaus setzt an der Bedeutung an, die das Konzept «Erlebnis» für eine deskriptiv-analytische Psychologie haben soll. Er problematisiert gerade Diltheys zentrale Annahme, indem er bestreitet, daß wir den ganzen Strukturzusammenhang des Seelenlebens erleben: «Die Übergänge eines Zustandes in den anderen und alle möglichen Einzelerlebnisse mögen in die innere Erfahrung fallen; der Strukturzusammenhang selbst wird nicht erlebt; er ist nicht lebendigste Erfahrung» (Ebbinghaus 1896, S. 192). Sondern er werde erschlossen, was Dilthey in den «Ideen» allerdings ungewollt selbst gezeigt habe (vgl. ebd., S. 193f).

Ausgerechnet am Beispiel einer durch einen Menschen erschreckten Eidechse sollen die Verfahren der deskriptiven Psychologie in den «Ideen» erläutert werden. Ebbinghaus belegt, daß von einem einfachen Beschreiben des Erlebens und der in diesem Erleben zugänglichen Übergänge, des Auseinanderhervorgehens von Vorstellungen, Empfindungen, Gefühlen und Willensregungen, keine Rede sein kann (Ebbinghaus 1896, S. 186ff). Dilthey zeige gegen seine Intention, was jede Wissenschaft tun muß, nämlich aus Gegebenem oder Beobachtbarem auf die Vorgänge in den nichtzugänglichen ‹Lücken› zu schließen, das heißt, einen Zusammenhang durch Erklärungen erst herzustellen.

Ebbinghaus gibt zu bedenken, daß die Unsicherheiten der Psychologie nicht erst mit ihren Erklärungen und hypothetischen Konstruktionen beginnen, sondern bereits mit der einfachen Feststellung der Tatbestände (vgl. Ebbinghaus 1896, S. 200). Diese allerdings ermittele die international anerkannte moderne «englische Assoziationspsychologie» in strikt empirischer Weise, ohne – wie der ältere Assoziationsansatz – den Tatsachen Gewalt anzutun (vgl. ebd., S. 177, 179). Ebbinghaus sieht Diltheys Elementarismusvorwurf gegen die erklärende Psychologie als entscheidend an: «Unter einer erklärenden Wissenschaft ist jede Unterordnung eines Erscheinungsgebietes unter einen Kausalzusammenhang vermittels einer begrenzten Zahl von eindeutig bestimmten Elementen (d.h. Bestandteilen des Zusammenhangs) zu verstehen. Dieser Begriff bezeichnet das Ideal einer solchen Wissenschaft, wie es insbesondere durch die Entwicklung der atomistischen Physik sich gebildet hat» (Dilthey V, S. 139). Ebbinghaus wendet dagegen ein, daß er nicht wisse, welcher Assoziationspsychologe sich freiwillig derartige Beschränkungen auferlegt habe: «Darüber (über die Anzahl der Elemente; N.D.S.) haben sie die Thatsachen entscheiden lassen und sich dem in ihnen liegenden Zwange prinzipiell unterworfen...» (Ebbinghaus 1896, S. 180). Außerdem fragt Ebbinghaus skeptisch nach der angeblichen, hypothesenfreien Sicherheit der geisteswissenschaftlichen Erkenntnisse (vgl. ebd., S. 204). Wenn zum Beispiel ein Befehl Napoleons durch ein angenommenes Motiv erklärt wird, dann bedienen sich auch Historiker der üblichen Analogie- und Induktionschlußverfahren. Ebbinghaus kommt zu folgendem Resümee: Die erklärenden Wissenschaften tun bereits, was Dilthey als neues Vorgehen fordert: Beobachtung der unmittelbaren Wirklichkeit, Analyse und Anwendung der Induktionsmethode. Da es für Ebbinghaus keine prinzipielle Verfahrensdifferenz gibt, die natur- von geisteswissenschaftlichen Methoden trennt, plädiert er für einen Methodenmonismus, der denkstilbildend für das Denkkollektiv wurde, das sich auf die Seite des Erklärens schlug.

Ebbinghaus' innovative psychologische Gedächtnisexperimente setzen bereits in den 80er Jahren die «mächtigen Hebel der exakten Naturforschung, Experiment und Zählung» im Bereich der sogenannten höheren psychischen Leistungen, besonders zur Erforschung des Gedächtnisses ein (Ebbinghaus 1885, Vorwort). Die experimentelle Gedächtnisforschung mit sinnfreien Silbenkombinationen wurde allgemein (jedenfalls im großen Kreis experimental-psychologisch Interessierter) als bahnbrechende Leistung für die forschungswissenschaftliche Psychologie angesehen. Und der Versuch, die Vorgehensweise von naturwissenschaftlichen Experimenten als Vorbild zu nehmen, wurde weithin begrüßt und galt zudem als geglückt (vgl. N. D. Schmidt 1995).

Obwohl viele der von Dilthey um Stellungnahme gebetenen Fachkollegen, so auch Wilhelm Wundt, durchaus positiv auf die «Ideen» antworten, galt wohl Dilthey als Verlierer dieser Debatte. Selbst Husserl sagte in seiner «Einleitung zur Vorlesung über Phänomenologische Psychologie» (1925b, S. 155), die Diltheys Kritik an der naturalistischen Psychologie und dessen Vorschlag einer deskriptiv-analytischen Psychologie behandelte: «So Anregendes er gegen die geisteswissenschaftlichen Prätentionen der naturalistischen Psychologie zu sagen weiß, zu einer prinzipiellen Klarheit über ihren eigentümlichen Sinn und die Grenzen ihrer möglichen Leistungen dringt er nicht durch... Andererseits war auch die Überzeugungskraft der wertvollsten positiven Ausführungen über Methode und Problemkreis einer rein deskriptiven inneren Psychologie aus verschiedenen Gründen unzureichend, nicht durchschlagend.»

Ein größeres Fachpublikum gewann die Debatte ohnehin erst durch die Replik Ebbinghaus' in der von ihm mitherausgegebenen «Zeitschrift für Psychologie und Physiologie der Sinnesorgane». Dilthey habe nicht nur die psychologiegeschichtliche Vergangenheit dieses Jahrhunderts falsch dargestellt, sondern durch die Verkennung dessen, was die junge Psychologie bereits leiste, müsse auch befürchtet werden, daß ein falscher Eindruck von ihr entsteht. Ebbinghaus sah in Diltheys Äußerungen «eine Gefahr» für die neue, erklärende Psychologie und hoffte, durch die Rezension den Schaden für die junge Wissenschaft gering zu halten (1896, S. 203, 179).

Systematisch entscheidend ist, daß die Kontroverse zwischen Ebbinghaus und Dilthey gar nicht auf eine gemeinsame Basis rückführbar ist, auf der Meinungsverschiedenheit über Methodenfragen auszutragen wäre. Vielmehr hatten die Kontrahenten «gleichsam komplette unterschiedliche Konzeptionen für wissenschaftliche Psychologien, deren jede sich durch Gegenstand und Methodik sui generis auszeichnet» (Brauns 1987, S. 162).

Zur Lage der Philosophie und ihrer Teildisziplinen

Der für das letzte Jahrhundert entscheidende philosophische Epochenschnitt dürfte der mit dem Tod Hegels zusammengesehene ‹Sturz der Systemphilosophie› sein. Dieser wurde häufig als Zusammenbruch der Philosophie überhaupt aufgefaßt, so daß von ‹der› oder ‹einer› Philosophie nicht mehr die Rede sein konnte. Dafür wird allenthalben die ‹Krise der Philosophie› und der Aufstieg der sogenannten Einzelwissenschaften thematisiert (vgl. Schnädelbach 1983, S. 15, 118ff). Wenn den akademischen Festreden, Aufsätzen, Monographien und Fachwörterbüchern Glauben zu schenken ist, war die soziale Stimmung bei einer fortschrittsgläubigen Wissenschaftseuphorie insgesamt metaphysikfeindlich geprägt. Das Klima der Wissenschafts- und Philosophiekultur läßt sich daher als weitgehend antispekulativ beschreiben (Orth 1984, S. 11). Als Synonym für Metaphysik prägte Friedrich Albert Lange den Ausdruck «Begriffsdichtung», der als Schmähwort später noch häufig in den philosophischen Fachzeitschriften auftauchte, obwohl er im Kontext von Langes «Geschichte des Materialismus» nicht pejorativ gemeint war. Einiges deutet darauf hin, daß Philosophie und Wissenschaft(en) zuweilen im Gegensatz gesehen wurden, der sich in der Abgrenzung der Naturwissenschaften gegen die Geisteswissenschaften nur wiederholte. Eine typische Rektoratsrede bringt den Mißerfolg der spekulativen Philosophie mit dem Mißtrauen der Naturwissenschaftler gegenüber geisteswissenschaftlichen Denkoperationen in Verbindung (Lemcke 1873, S. 6). Die Gleichsetzung von Geisteswissenschaft und Philosophie war durchaus ein sich anbietender Bewältigungsversuch der «philosophischen Identitätskrise» (Schnädelbach 1983, S. 119).

Der entscheidende Punkt wird bei Eduard Zeller deutlich: «Nicht allein Gegenstand, auch Verfahren unterscheiden diese Wissenschaften (Geisteswissenschaften) von Naturwissenschaft... namentlich von der Psychologie hat man in neuster Zeit nicht selten verlangt, daß sie als Naturwissenschaft betrieben werden solle, (damit sei aber nichts weiter gesagt, als) daß sie mit derselben wissenschaftlichen Strenge verfahren solle... ebenso wie diese von genau beobachteten und beglaubigten Thatsachen aus durch sichere Schlüsse zur Erkenntnis der Gesetze und Ursachen gelangen solle» (Zeller 1868, S. 14).

Das ging gegen Herbarts einflußreiche Philosophie, die auf Erfahrung, Mathematik und Metaphysik basierte. Zellers Formulierungen charakterisieren aber auch den zeittypischen ‹Tatsachenboom› sowie das zentrale Konzept ihrer positiven Gegebenheit: Wissenschaften werden explizit zu Erfahrungswissenschaften, und diese Entwicklung schafft Bedingungen für die Herauslösung verschiedener Wissenschaften (Psychologie, Soziologie) aus der Philosophie. Psychologie als eine Teildisziplin der Philosophie gewinnt eigene Konturen durch jene Bewegung, die als ‹Externalisierung› mentaler Vorgänge und Begriffe zu bezeichnen ist. Die philosophisch zu traktierenden Bewußtseinsinhalte werden zu Bewußtseinstatsachen, die es nunmehr empirisch, das heißt psychologisch(-physiologisch) zu erforschen galt, um eine erfahrungswissenschaftliche Sicherheit der Ergebnisse zu garantieren und eben jene begriffsdichterische Spekulation abzuweisen.

Die Zeittendenz hieß also Abkehr von der Metaphysik und Hinwendung zur Erfahrungstatsache. Die Konzentration auf die Erfahrungsbasis zeichnete wissenschaftliche und philosophische Bemühungen gleichermaßen aus: ‹Erfahrung› kann geradezu als einer der Modebegriffe des ausgehenden 19. Jahrhunderts gelten. Es geht darum, die «Tatsächlichkeit der Erfahrungsgrundlage für alle Wissenschaften» und den aus der Erfahrung stammenden Problembestand für die Philosophie zu erweisen (Avenarius 1879, S. 472). Gegen Ende des Jahrhunderts mehren sich allerdings die Bemühungen, eine (rehabilitierte) Metaphysik als Erfahrungswissenschaft zu konzipieren (Zeller 1895, S. 6, 9 f; Wundt 1889).

Letztlich ging es um den Nachweis der Wissenschaftlichkeit der Philosophie und um die Frage, wie Philosophie in Bezug zu den expandierenden Erfahrungswissenschaften und der stark veränderten gesellschaftlichen Praxis zu bewerten seien. Der Primat der Erfahrung zählte; induktives Vorgehen sollte vor allem verhindern, daß man «über Tatsachen willkürlich verfügt», schließlich seien diese das Höchste, was erreichbar sei, wurde in der neugegründeten, positivistisch gesonnenen «Vierteljahresschrift für wissenschaftliche Philosophie» verkündet (Göring 1879, S. 7).

Nun war der Begriff ‹Erfahrung› bekanntlich kein philosophisches Neuland, aber die Empirisierung des Psychischen, das heißt, der Ansatz, Erkenntnistheorie in der Forschungsdisziplin Psychologie zu verankern, war tatsächlich ein Novum.*

Was gemäß der typischen Innen-Außen-Spaltung im Bewußtseinsparadigma der mentalistischen Philosophie als ‹innere Erfahrungstatsachen› bezeichnet worden ist, war jetzt das Feld einer neuen Psychologie, die sich als philosophische Teildisziplin zunehmend mit der Wissenschaft Physiologie liierte und somit paradigmatisch für eine Bewegung steht, auf die als «physiologische Umdeutung der Kantischen Vernunftkritik» noch einzugehen sein wird (Schnädelbach 1983, S. 133).

Verstehen als philosophischer Grundbegriff

Obwohl die Auseinandersetzung zwischen Dilthey und Ebbinghaus den Titel «Erklären-Verstehen-Kontroverse» trägt (vgl. Apel 1979, S. 35 ff), ist ‹Verstehen› als systematischer Grundbegriff noch nicht thematisiert worden. Doch selbst im flüchtigen historischen Blick wird deutlich, daß in dieser Phase der wissenschaftstheoretischen Auseinandersetzungen zunächst der Gegensatz von ‹Erklären› und ‹Beschreiben› betont wurde. Vergleichbare Unterscheidungen fanden sich bereits bei positivistisch gesonnenen Philosophen wie auch bei den Herbartianern (Drobisch).

Erst der späte Dilthey der ersten Dekade des 20. Jahrhunderts buch-

* Zum Begriff von ‹Erfahrung› in der mentalistischen Philosophie vgl. Rorty 1981, S. 168 ff.

stabiert den Gegensatz zwischen ‹Erklären› und ‹Verstehen› aus. In «Der Aufbau der geschichtlichen Welt in den Geisteswissenschaften» und anderen Texten aus den Jahren 1907 bis 1910 findet sich der berühmte Dreischritt *Erleben-Ausdruck-Verstehen*, der den produktiven Zirkel des Verstehens benennt, dessen reversible Operation über den Ausdruck das Leben (Bedeutung des Erlebens) verstehbar macht. Denkfigur und Begrifflichkeit werden für die Formierung der geisteswissenschaftlichen/verstehenden Psychologie zentral. Die Gemeinsamkeit der Geisteswissenschaften besteht darin, daß sie alle fundiert sind «im Erleben, in den Ausdrücken für Erlebnisse und in dem Verstehen dieser Ausdrücke» (Dilthey VII, S. 71). Daß Dilthey nicht psychologisch bzw. nicht mehr psychologistisch argumentiert, soll das nachfolgende Zitat belegen: «Und zwar umfaßt dieser Zusammenhang von Leben, Ausdruck und Verstehen nicht nur Gebärden, Mienen und Worte, in denen Menschen sich mitteilen, oder die dauernden geistigen Schöpfungen... oder die beständigen Objektivationen des Geistes in gesellschaftlichen Gebilden, durch welche die Gemeinsamkeit menschlichen Wesens hindurchscheint... und gewiß ist...», sondern der Mensch lerne auf dem Umweg des Verstehens sich selber besser kennen, als dies in introspektiver Selbsterkenntnis möglich ist (VII, S. 86). Die Entäußerung des Geistes durch den Ausdruck führt zur wirklich tiefen Selbstaufklärung, aber nur indem sie (die Entäußerungen) verstehend wieder angeeignet werden. Bemerkenswert ist, daß das elementare, vorwissenschaftliche Verstehen zur Basis für Verstehen als wissenschaftliche Methode gemacht wird. Der geisteswissenschaftliche Erkenntnisweg wurzelt im praktischen Vollzug des Lebens, das heißt dem Verhalten zu sich selbst und zur Welt, und realisiert sich in der verstehenden Reflexion. Diese Figur greift Heidegger später auf, Verstehen erhält die zentrale Rolle als Existential.

Die vorwissenschaftliche Zugangsweise des Verstehens von Mitmenschen und auch ihrer fixierten Entäußerungen – hermeneutisch systematisiert im ‹höheren›, auslegenden Verstehen – beruht auf dem Rückgang ins «Erlebnis», das im Hinblick auf das Ganze der psychophysischen Lebenseinheit und ihrer gesellschaftlich-historischen Bezüge interpretierend gedeutet werden soll: «Das Verstehen setzt ein Erleben voraus, und das Erlebnis wird erst zu einer Lebenserfahrung dadurch, daß das Verstehen aus der Enge und Subjektivität des Erlebens hinausführt in die Region des Ganzen und Allgemeinen» (Dilthey VII, S. 143), welche, so kann hinzugefügt werden, durch die Faktizität des sozialen Lebens in der konkreten historischen Situation gebildet wird, aber auch begrifflich durchdrungen und angeeignet werden muß.

Dilthey trennt in seiner Spätphase relativ deutlich psychische Vorgänge, aristotelisch formuliert als *energeia*, von den objektivierten Ergebnissen (*erga*), die in Kunst, literarischen Werken oder Institutionen vorzufinden sind. Letztere gilt es zwar ‹zurückzuübersetzen› in die volle Lebendigkeit ihrer Schaffensbedingungen, aber nur, um die Tiefe des Verstehens der historischen Situation und des entsprechenden Schöpfers in seiner Zeit zu gewährleisten. Es geht dabei nicht um das Begreifen der psychischen Vorgänge dieser Person – wie Dilthey mit einer an Hegel angelehnten Wendung anhand des Verstehens von «geistigen Objektivationen», zum Beispiel des römischen Rechts, erläutert (vgl. VII, S. 85, 142–143). Das soll nicht heißen, daß Dilthey etwas ausschloß, das wir heute ‹Personenverstehen› nennen würden. Das Verstehen von Personen – bei Dilthey zumeist historische oder literarische Individuen – lag ebenfalls zentral in Diltheys Interessenbereich (vgl. «Die Entstehung der Hermeneutik», Bd. V, bes. S. 318 f). Der entscheidende Unterschied liegt darin, daß das Verstehen der Bedeutung der menschlichen *Werke* (im weitesten Sinn) nicht durch das Verstehen der psychischen Strukturen oder der persönlichen Motive hindurch gehen muß. Ein Kunstwerk, eine Sprache, eine gesellschaftliche oder kulturelle Institution werden nicht als etwas Persönliches oder Individualpsychisches von Dilthey gesehen, eher umgekehrt: Auch die persönlichen Züge in einer Biographie weisen über sich selbst hinaus auf die Zeit, in die eine Person eingebettet ist. Daher liegt in der Analyse oder der kritischen Interpretation einer Biographie die Chance, den Fokus auf eine spezifische Konstellation der Zeittendenzen (im Individuum) zu richten, um die historischen Vorgänge und bis zu einem gewissen Grade («Individuum est ineffabile») das Individuum zu verstehen (Dilthey V, S. 330).

Aber es finden sich weiterhin psychologisch auswertbare Formulierungen und Gedanken, die später den Kern des *v*-Denkstils im psychologischen Denken ausmachen. So gibt es die Rede von der «Fülle eigener Erlebnisse», die qua «Transposition» in fremde Lebensäußerungen zu übertragen ist, um durch «Hineinversetzen» andere Personen verstehen zu können (Dilthey VII, S. 118, 214). Das Hineinversetzen sei aber nicht nur ein Nachfühlen; es als Nachfühlen zu bezeichnen bedeute, es zu eng zu fassen. «Nacherleben» gilt Dilthey als der umfassendere Begriff, der der Komplexität des Fühlens, Wollens und Denkens angemessen und damit die adäquate Zugangsweise ist: Im Nacherleben kann «der ganze psychische Zusammenhang eines fremden Daseins von den Einzelgegebenheiten aus aufgefaßt» werden (VII, S. 47).

Die nachdrückliche Hinwendung zur Hermeneutik aber und nachweisbare Einflüsse hegelschen Denkens präzisieren den Begriff eines philosophischen Verstehens, der gleichwohl psychologische Relevanz besitzt. Verstehen läßt eine Einteilung in Stufen zu und kann als graduelles, interessegeleitetes Verstehen beschrieben werden (z.B. Dilthey V, S. 319). Das Paradigma des zu Verstehenden bilden sprachliche Gebilde, weil «in der Sprache allein das menschliche Innere seinen vollständigen, erschöpfenden und objektiv verständlichen Ausdruck findet» (V, S. 319). Um die Verbindlichkeit oder Objektivität der Auslegung zu sichern, können wir uns in der sogenannten kunstmäßigen oder höheren Form des Verstehens an die Regeln einer kritischen Hermeneutik (nach Schleiermachers Vorbild) halten. Zwar ist im «elementaren Verstehen» des Alltags bereits die ganze Person gefordert; es ist aber auch eine Leistung, die durch eine geläufige Unmittelbarkeit ausgezeichnet und von der jedes hermeneutische (oder «höhere») Verstehen durch seine Methodik zu unterscheiden ist.

Wenn man Diltheys Werk am Leitfaden von Kants «Kritik der Urteilskraft» interpretiert, kann man wie Makkreel zu folgender Deutung gelangen: Das elementare Verstehen wird als «unmittelbares Verstehen» nach dem Vorbild der Anschauung aufgefaßt, und das höhere Verstehen wird als «mittelbares» nach dem Vorbild der Interpretation und Reflexion im Sinne der «reflektierenden Urteilskraft» Kants gedeutet (vgl. Makkreel 1991, S. 292ff). Damit ist Verstehen das philosophische Zentralkonzept Diltheys. Die Phänomenbeschreibungen des Erlebens und Verstehens dienten *philosophischen* und nicht einzelwissenschaftlichen Zwecken: «Dies Verstehen reicht von dem Auffassen kindlichen Lallens bis zu dem des Hamlet oder der Vernunftkritik» (Dilthey V, S. 318). Manfred Riedel (1970, S. 59) spricht in bezug auf Dilthey von der «hermeneutischen Logik», die die Erlebnisstrukturen untersucht und damit von der typischen «psychologischen Ich-Vorstellung» vollständig zu unterscheiden sei. Wenn Verstehen als hermeneutischer Grundbegriff gilt und dadurch zumindest Diltheys Spätphilosophie einen deutlich anderen, nicht-psychologischen Akzent verleiht, dann ist das ein erheblicher struktureller Unterschied: Die Grundlegungsfragen einer «Kritik der historischen Vernunft» liegen mit einer Grundlegung der Psychologie nicht auf der gleichen Ebene, jedenfalls dann nicht, wenn vom Psychologismus Abstand genommen wird oder Psychologie jenen erwähnten phänomenologienahen Status erhält.

Nun ist das Projekt einer philosophischen Grundlegung, als die Diltheys Philosophie wohl gelten muß, immer auch mit dem Problem eines drohenden Zirkels befaßt und hat die Möglichkeiten seines Anfangs/Einstiegs zu lösen. Diltheys bemerkenswerte Verbindung von Transzendentalphilosophie und hermeneutisch-psychologisch/phänomenologisch inspirierten Überlegungen wählt folgenden Weg: Der Kniff liegt darin, daß an den erkenntniskritischen Anfang kein «Satz des Bewußtseins», sondern Sätze des Erlebens (Erlebnissätze) gestellt werden. Die Wahl dieser erkenntnistheoretischen Grundkategorie hat die bereits benannten Vorteile (Aufhebung der Subjekt-Objekt-Dualität, der holistische Blick auf intellektuelle, voluntative und emotionale Anteile in der psychischen Struktur, strukturelle Isomorphie mit Praxis und Gebilden des «verobjektivierten Geistes»). Diese werden allerdings erst wirksam im produktiven, hermeneutischen Zirkel und sind mithin erst im Durchgang des Verstehens realisiert. Durch die Orientierung an der Hermeneutik also als der sprachlich gebundenen Auslegung des intendierten oder impliziten Sinngehalts löst Dilthey nach Manfred Riedels Deutung sein Zirkelproblem in produktiver Weise: «So wenig in der Hermeneutik die Sprache mit sich selbst befaßt ist, so wenig unterliegt sie den Bedingungen einer *vorhergehenden* Wissenschaft, wohl aber der Frage nach den Bedingungen, unter denen Wissenschaft überhaupt möglich ist. In dieser Stellung des hermeneutischen Problems und seiner Auflösung hat Dilthey von Anbeginn an der seit Kant eröffneten Dimension der Erkenntnistheorie festgehalten, wonach die Bedingungen, welche Aussage und Auslegung ermöglichen, im aussagenden und auslegenden Subjekt selber, einem transzendentalen, die Geisteswissenschaften konstituierenden Bewußtsein aufzusuchen wären (Riedel 1970, S. 11; Hervorh. N.D.S.)

Weil aber der rein transzendentalphilosophische Boden nicht die Basis Diltheyscher Philosophie darstellt, sondern eine Reihe bemerkenswerter Verbindungen zu sehen sind, könnte von einer transzendentalphilosophisch belehrten Lebensphilosophie oder einer lebensphilosophisch aufgeklärten Transzendentalphilosophie die Rede sein. Einige Überlegungen zur Aufgabe der Philosophie legen den Schwerpunkt vielleicht auf die erste Variante.

Die Aufgabe von Philosophie: Selbstbesinnung

Bereits im Frühwerk findet sich die Rede von der «Vertiefung des Erlebnisses» (Dilthey I, 1883, S. 67, 89), das später als Schlüssel zum Verstehen gelten kann. Der darin liegende produktive Umgang mit Erleben und seine existentiale Bedeutung wird zum Verstehen als «Selbstbesinnung». Philosophische Selbstbesinnung soll sich auf das Ganze der Wirklichkeit oder – lebensphilosophischer gedeutet – auf das Gewahren der Bedeutung des Lebenszusammenhangs richten, insoweit er sich zum gemeinsamen Bestand des vergegenständlichten und aktuellen Lebens fügt. Philosophische Selbstbesinnung ist aber mehr als das «Gewahren einer Genesis» (durch Analyse), als eine «regressive Verlebendigung früher durchlebter Stadien des Lebens» (durch Nacherleben) oder Deutung ihrer Objektivationen in Geschichte und Kunst (Ströcker 1985, S. 92). Denn die reine Beschreibung des Analysierten verfehlt den «wertmäßigen Bezug zum Ganzen» (Orth 1985, S. 92). Diesen deutend herzustellen, indem eine abschließende Weltanschauung (Weltsicht) herausgearbeitet wird, bleibt bei Dilthey eine Aufgabe der Philosophie (vgl. XIX, S. 40).

Das Ganze (oder Allgemeine) des menschlichen Lebens verstehen wir nach Dilthey an geschichtlichen Verläufen sowie einzelnen Lebensgeschichten. Die individuellen Lebensgeschichten ergeben für sich zunächst ein Ganzes, bezogen auf die entsprechende Person, die im Mittelpunkt steht. Dieses individuelle Ganze ist, bezogen auf die Gemeinschaft der Menschen einer geschichtlichen Epoche, aber nur eine Abstraktion. Trotzdem wird im Erfassen von Lebensverläufen die Bedeutung von «Leben in der geschichtlichen Welt» möglich. Als Erkenntnisgrundlage kann aufgrund einer zugrunde liegenden Gleichförmigkeitsvermutung für alle Individuen die Biographie eines entwickelten Individuums dienen (vgl. Dilthey I, S. 91, und VII, S. 10). Deren kleinste Einheiten, «Erlebnisse», ermöglichen und erweitern als nacherlebbarer Zusammenhang das Selbst- und Fremdverstehen (vgl. Dilthey VII, S. 71–75; Scheler 1913, S. 89). «Das Ganze» hat allerdings ersichtlich nicht die hegelschen Lasten des Begriffs zu tragen. Es wird nicht als «das Wahre» verstanden, sondern als geistig zugängliche Lebenswelt, zu der wir uns wertend zu verhalten haben.

Die wertende und verstehende Bezugnahme auf das Ganze des gemeinsamen Lebens einer Kultur in einer geschichtlichen Epoche betont den normativen Gehalt philosophischer Selbstbesinnung. Er könnte als

Logos-Aspekt des philosophischen Aufgabenbereichs bezeichnet werden. Der klassische Fundort hierfür ist Aristoteles' «Politik». Dort ist vom Logos vor allem in der Hinsicht des geteilten Sprachkosmos die Rede (*echon logon*): «Der Mensch ist das einzige Lebewesen, das Sprache besitzt... die Sprache... dient dazu, das Nützliche und Schädliche mitzuteilen und so auch das Gerechte und Ungerechte. Dies ist nämlich im Gegensatz zu den anderen Lebewesen dem Mensch eigentümlich, daß er allein die Wahrnehmung des Guten und Schlechten... besitzt. Die Gemeinschaft in diesen Dingen schafft das Haus und den Staat» (Aristoteles, Politik I, 1253 a 9–20).

Wichtig ist hier, daß der *Logos* als Rede eben auch die Mitteilung dieser Einsichten umfaßt. Und das Mitteilen stiftet verschiedene Praxisformen bei Aristoteles, etwa die Bereiche des politischen/ethischen Handelns und klugen Überlegens (in der Polis), aber auch das Philosophieren (*theoriein*) als höchste menschliche Praxis. Mag das staunende Schauen der würdigsten und letzten (unveränderlichen) Wahrheiten durchaus in einsamer Praxis zu üben sein, so gibt Aristoteles bei der Frage nach dem ranghöchsten menschlichen Glück (*eudaimonia*) zu bedenken, daß das Philosophieren als höchste, glückverheißende Praxis erst im Kreise guter Freunde die letzte Vollkommenheit erreichen würde (vgl. z.B. Aristoteles, Nikomachische Ethik IX, 1170 b 10 f, 1178 b 1 ff).

Auch bei Dilthey geht es immer um mehr als um die einzelne, individuelle Vernunft; der angedeutete Verweisungszusammenhang von Logos und Praxis in der Philosophie fordert, das Zeitgeschehen in Gedanken zu fassen und die kritische Stellungnahme als philosophische Aufgabe zu begreifen. Damit ist der Zuständigkeitsbereich von Psychologie – auch in Diltheys Sinn – überschritten.

Dilthey und die Folgen

Trigger für *v*-Psychologie

Die Aussagen zum Verstehen hatten eine mächtige Wirkung, was von dem, erhebliche Rekonstruktionsanstrengungen verlangenden, Gesamtwerk nicht in gleicher Weise gesagt werden kann. Verstehen als «Transposition», «Nachbilden» und «Nacherleben» als angemessene Form, wie «Leben (hier Erlebens- und Erkenntnissubjekt) Leben erfassen kann», wird von dem sich formierenden Denkkollektiv als Grundlage zu einer «verstehenden Psychologie» «kreativ mißverstanden» (Steve de Shazer 1990; Diemer in Riedel 1971, S. 102). Entscheidend ist, daß das Denkkollektiv, das eine «verstehende Psychologie» ausbildete, den späten und mittleren Dilthey ineinanderschieben, um ‹Innewerden›, ‹Verstehen› und beschreibende Wissenschaftspraktiken gegen einen naturalistischen Ansatz in der Psychologie zusammen veranschlagen zu können.

Offensichtlich hielt dies derart interpretierte Konzept das Versprechen bereit, daß so etwas wie objektives Verstehen durch entsprechende hermeneutische Verfahren zu sichern wäre und daß dabei dennoch die lebensweltliche Rückbindung an das subjektive Erleben des Individuums nicht verlorenginge (vgl. Dilthey V, S. 320, 330f). Besonders die Ausführungen zum Fremdverstehen schienen der Anlaß zu sein, hierauf eine Psychologie zu gründen, als Dilthey selbst bereits deutlich machte, daß es ein Irrtum sei, für geisteswissenschaftliche Erkenntnisse die Psychologie einzusetzen (vgl. VII, S. 84).

Der zweite Effekt ist in der Arbeit am Begriff des Verstehens zu sehen. In den Formulierungen nicht immer eindeutig, konnten die Aussagen zum Verstehen auch als einfühlungstheoretische Ansätze gelesen werden. Dilthey spricht etwa von der «Übertragung des eigenen Selbst in einen gegebenen Inbegriff von Lebensäußerungen» und davon, daß auf dieser Grundlage der Transposition das Nacherleben als die «höchste Art (entstehe), in welcher die Totalität des Seelenlebens im Verstehen wirksam ist» (VII, S. 214). Und am Beispiel Luthers demonstriert Dilthey seine Annahme, daß das Verstehen das je eigene Erleben überschreiten kann, was eine Interpretation zugunsten des Gelingens von Fremdverstehen des «Fremdpsychischen» nahelegt: «Die Möglichkeit, in meiner eigenen Existenz religiöse Zustände zu erleben, ist für mich wie für die meisten heutigen Menschen eng begrenzt. Aber indem ich die Briefe und Schriften Luthers, die Berichte seiner Zeitgenossen, die Akten der Religionsgespräche und Konzilien wie seines amtlichen Verkehrs durchlaufe, erlebe ich einen religiösen Vorgang von einer solchen eruptiven Gewalt, von einer solchen Energie, in der es um Leben und Tod geht, daß er jenseits jeder Erlebnismöglichkeit für einen Menschen unserer Tage liegt. Aber Nacherleben kann ich ihn» (VII, S. 215/216). Von der Einfühlung, die Verstehen als Verschmelzung zu thematisieren scheint, grenzt sich Dilthey mehrfach deutlich ab; trotzdem wurde von den Verstehensgegnern der *v*-Denkstil später des Irrationalismus verdächtigt. Ein Effekt jener einfühlungsverdächtigen Formulierungen bestand darin, daß versucht wurde, im Gegenzug Verstehen als Methode und Inhalt zu rationalisieren, um eine tragfähige geisteswissenschaftliche Psychologie begründen zu können (Eduard Spranger).

Verschiedene Varianten von ‹Verstehen› waren als Methodenprogramm des ν-Denkkollektivs schließlich akzeptiert, ein konstruierendes Erklären in Belangen des geistig-seelischen Lebens abgelehnt, weil Erleben und die direkte Präsenz des Seelischen zum wissenschaftlich-philosophischen Ausgangspunkt wurde.

Psychologismus

In der Dilthey-Forschung wird überwiegend davon ausgegangen, daß es eine (mittlere) psychologistische Phase Diltheys gegeben hat, deren berühmteste Belegstelle folgendermaßen lautet: «Erkenntnistheorie ist Psychologie in Bewegung» (Dilthey V, S. 151). Die verwirrenden oder nicht immer eindeutigen Bestimmungen zum Verhältnis von Psychologie und Erkenntnistheorie, die immer wieder den Grundlegungsgedanken variieren (obwohl kein Zweifel gelassen wird, daß es um ‹Kritische Philosophie› geht, die durch die Einzelwissenschaft Psychologie fundiert werden muß), rechtfertigen zwar die Rede von einer psychologistischen Phase Diltheys; aber Diltheys Psychologismus ist nicht mit Reduktionismus gleichzusetzen (vgl. Ströcker 1985, S. 86, 117).

Man kann Diltheys Entwicklung darüber hinaus als Paradigma einer Entwicklung sehen, die für weite Teile der Philosophie typisch ist. Zwar weisen Eintragungen zum Stichwort ‹Psychologismus› in Wörterbüchern der Philosophie diesen als eine philosophische Denkrichtung des 19. Jahrhunderts aus, die einer peinlichen Verirrung zu gleichen scheint, welche mit Husserls Veröffentlichung der «Logischen Untersuchungen» glücklich überwunden wurde. Aber diese stets wiederholte stereotype Deutung ist korrekturbedürftig. ‹Psychologismus› muß zunächst als eine einflußreiche Denkbewegung verstanden werden, die fast alle Bereichsdisziplinen der Philosophie (etwa Logik, Ethik, Ästhetik und mit Einschränkungen auch Metaphysik) auf Psychologie gründen will.

Als Standardargument wird die Ansicht geliefert, daß sich alle Inhalte (logische Urteile, moralische Sollensforderungen, ästhetische Urteile) in der Psyche auffinden lassen, das heißt ‹psychisch› und damit vorrangig von der entsprechenden Disziplin zu untersuchen seien.

Auch Dilthey sagte 1883 in seiner «Einleitung in die Geisteswissenschaften» in bezug auf die Logik: Den «logischen Anforderungen an ein Urteil ist erst entsprochen, wenn das Bewußtsein seines logischen Grundes in dem Zusammenhang der Erkenntnis, in welchem es auftritt, die erkenntnistheoretische Klarheit über Gültigkeit und Tragweite des ganzen Zusammenhangs psychischer Akte einschließt, welche diesen *Grund* ausmachen» (I, S. 118; Hervorh. N.D.S.).

Typisch für die paradigmatische Denkbewegung der Philosophie ist eine antipsychologistische (zuweilen antipsychologische) Gegenbewegung. Erstere kennzeichnet als Entpsychologisierung der Geisteswissenschaften und der Philosophie (Logik, Erkenntnislehre, Ethik, Ästhetik) Diltheys Spätwerk.

Dilthey steht also exemplarisch für die breite kollektive Tendenz, große Hoffnungen auf die ‹Wiedergeburt› der Philosophie durch ihre wissenschaftliche Teildisziplin Psychologie zu richten. Diese beginnt etwa mit Herbart (Fries und Beneke) in den 20er Jahren des 19. Jahrhunderts. In der psychologistischen Phase galt es, wesentliche philosophische Aufgaben psychologisch zu fundieren, um später vehement gegen die jüngst ad acta gelegten Irrtümer des Psychologismus zu wettern und das Interesse von der Psychologie wieder abzuziehen. Diltheys geisteswissenschaftlicher Ansatz steht aber auch schon für die philosophische Absetzungsbewegung von der Psychologie, selbst in ihrer intentionalistischen, mit Erlebnisbedeutungen arbeitenden Gestalt: Diltheys Spätphilosophie repräsentiert dabei die ‹Enttäuschung› der Philosophie bezogen auf die Psychologie; Enttäuschung meint hier wörtlich die Einsicht in eine Täuschung, die eine Gegenbewegung erzeugte, die philosophiehistorisch zur Blüte des aufstrebenden Neukantianismus und zu Husserls Phänomenologie führte.

Nun ist der genannte Psychologismus als philosophische Denk- und Forschungshaltung nicht gleichzusetzen mit der Psychologie. Weitere Erkundungen werden nötig sein, um herauszuarbeiten, was jeweils als ‹das Philosophische› im Gegensatz zu ‹dem Psychologischen› gesehen wurde. Zunächst ist aber die These festzuhalten, daß Psychologismus als ein exemplarischer Beleg szientistischer Orientierungen im 19. Jahrhundert interpretiert werden kann und nicht allein als merkwürdige Denkabsonderlichkeit einzelner Verwirrter abzutun ist.

3. Erklären und Exaktheit

Blick zurück – Genese des *e*-Denkstils in der Psychologie

Allgemein geläufig ist die wissenschaftstheoretische Emanzipationsthese, wenn die Trennung von Philosophie und Psychologie thematisiert wird: «Es gilt in der Psychologiegeschichtsschreibung als abgemacht, daß die Entstehung der modernen Psychologie als Prozeß der Emanzipation von der Philosophie zu beschreiben ist. Die Philosophie ist die Mutterwissenschaft der Psychologie» (Pätzolt 1983, S. 361; vgl. auch Meischner/Metge 1983, S. 26; Winrich de Schmidt 1976, S. 11). Nun liegt das Problem der Emanzipationsthese darin, daß sie ein einseitiges und unvollständiges Bild des Trennungsprozesses zeichnet.

Diesem verzerrten Bild widerspricht die (geschilderte) philosophische Denkbewegung, die zunächst zur Psychologisierung aller Erkenntnisbestände führt, sich dann von einer derartigen Szientivierung durch das psychologische (bzw. psychologistische) Vorgehen abkehrt, was zur Abstoßung der Disziplin Psychologie führt. Die Institutsgründung durch Wilhelm Wundt hat einen prägnanten Stellenwert, ohne daß damit zugleich ein an die Emanzipationsthese gekoppelter Wilhelm-Wundt-Gründungsmythos verknüpft ist: Erkenntnistheorie war im 19. Jahrhundert die philosophische Disziplin par excellence und wurde weithin als Erkenntnis- bzw. Vorstellungsverlaufsgenese aufgefaßt (vgl. Sonntag 1986). In der forschungswissenschaftlichen Umsetzung dieser Ansicht hat diese Entwicklung einer praktischen Empirisierung ihre äußerste Konsequenz erreicht: Durch Wundts Institutsgründung wird sie zum Psychologismus at work. Der Gegenstand Psychologie war auf die Drift gegangen: Was einstmals in der Philosophie Psychologie genannt wurde, hatte sich derart verändert, daß verschiedene Forschungsgegenstände nunmehr als ‹Psychologie› bezeichnet wurden, ohne daß dies den antagonistischen Parteien recht bewußt war.

Wundts Institutsgründung steht hier vor allem als Indiz für die Manifestation einer Position des gedrifteten Gegenstands im Rahmen des *e*-Denkstils, der durch die «Externalisierung» und «Empirisierung» (Schnädelbach 1983, S. 108 ff) den heftigen Anstoß umsetzte, der in einer physiologisierenden Kant-Deutung schon potentiell angelegt war.

Zur physiologisierenden Kant-Deutung

Die Entwicklung einer forschungswissenschaftlichen Psychologie verlief natürlich nicht im luftleeren Raum. Philosophiegeschichtlich war gewiß der bereits erwähnte ‹Zusammenbruch der Systemphilosophie› der Auftakt zu einer Phase, in der die Transformation der Logik in Erkenntnistheorie (seit Friedrich Adolf Trendelenburg) ein wichtiger Ausgangspunkt des Neukantianismus wurde (vgl. Köhnke 1986, S. 23). Durch die Anerkennung von Psychologie, Physiologie und Anthropologie als Disziplinen der Erkenntnistheorie gewinnt zudem das Empirische «philosophische Dignität» (Lessing 1988, S. 273). Damit war zugleich eine psychologistische Argumentationslinie vorbereitet. Der Siegeszug der Psychologie als entscheidende erkenntnistheoretische Disziplin beginnt allerdings durch die Arbeiten des Trendelenburg-Schülers Beneke, dessen folgende Äußerung Dilthey alarmiert: «‹Dringt meine Ansicht durch, so wird die ganze Philosophie zur Naturwissenschaft der menschlichen Seele›» (Beneke in Dilthey V, S. 362). Wenn Wundt später sagt, daß Beneke keine Wirkung auf ‹die› Psychologie (d. h. die forschungswissenschaftliche) gehabt habe, so stimmt das deshalb, weil Benekes Ansatz den Anfang einer philosophischen Tendenz bildet, aus der die eigenständige erfahrungswissenschaftliche Psychologie erst erwächst (vgl. Köhnke 1986, S. 83).

Der Beginn des Neukantianismus ist durch die grundsätzliche Konfundierung von Psychologie und Logik sowie die Auffassung der formalen Logik als einer empirischen Wissenschaft gekennzeichnet (vgl. de Schmidt 1976, S. 40, 41). Nicht nur in Hermann Cohens Frühwerk (Kants Theorie der Erfahrung, 1870) wird eine psychologische Auffindung der Kategorien thematisiert; allenthalben fand die psychologische Erörterung der Anschauungsformen a priori, besonders der Raumanschauung, reges Interesse.

«Erkenntnistheorie in Bewegung» war Diltheys frühe Formulierung für dieses Programm gewesen, das als philosophische Untersuchung der möglichen Genese und Verlaufsformen von Vorstellungen von der breiten Bewegung des entstehenden Neukantianismus bis zu einem bestimmten Zeitpunkt (1878/79) mitgetragen wurde (vgl. III, S. 5). Der bekannte Neukantianer Wilhelm Windelband lobt (im Frühwerk) die Erkenntnisfortschritte, die aus der Annahme einer «unbewußt thätigen Anwendung der Verstandesfunctionen» und der «Intellectualisierung der Anschauungstätigkeit» zusammenhängen (1873, S. 6). Entscheidend dürfte auch die Ansicht des «gläubigen Kantianer(s)» * Helmholtz gewesen sein, der die «grundsätzliche Übereinstimmung der neueren Sinnesphysiologie mit Kants Lehren» betont hatte (vgl. Helmholtz 1879/1887, S. 47f). Helmholtz' empirisierter Kantianismus war durchaus beispielhaft: «Als wesentlichsten Fortschritt der neueren Zeit glaube ich die Auflösung des Begriffs der Anschauung in die elementaren Vorgänge des Denkens betrachten zu müssen, die bei Kant noch fehlt, wodurch dann auch seine Auffassung der Axiome der Geometrie als transzendentaler Sätze bedingt ist. Es sind namentlich die *physiologischen* Untersuchungen über die Sinneswahrnehmungen gewesen, welche uns an die letzten elementaren Vorgänge des Erkennens hingeführt haben, die nicht in Worte faßbar, der Philosophie unbekannt und unzugänglich bleiben mussten, so lange diese nur die in der Sprache ihren Ausdruck findenden Erkenntnisse untersuchte» (Helmholtz 1879/1887, S. 47–48; Hervorh. N.D.S.). Kants formales Subjekt war lange vor Dilthey von Beneke (und Fries) psychologisiert, aber auch von führenden philosophierenden Naturwissenschaftlern physiologisiert worden (vgl. Orth 1984, S. 27).

Als zeitweilig vielleicht einflußreichste philosophierende Naturwissenschaftler vertraten Helmholtz und sein Assistent Wundt die «Theorie der unbewußten Schlüsse», die dem empirisierten Kantianismus zuzurechnen ist. Dieser will klären, wie das apprehendierte, sinnliche Material (Synthesis der Sinneseindrücke) unter die Verstandeskategorien gebracht wird, genauer gesagt, wie Erkenntnis physiologisch-psychologisch möglich ist. Helmholtz' Theorie der unbewußten

---

* «Helmholtz, der später von sich sagen sollte, er sei damals (1855), als er seinen berühmten Vortrag über Kant hielt, ‹ein gläubigerer Kantianer› gewesen, als er jetzt (1894) sei», hatte aber viel früher Abstand vom Kritizismus genommen, als er selbst zugestand (vgl. Köhnke 1986, S. 415).

Schlüsse kann als intellektualistische Fassung von Erkenntnisphysiologie bezeichnet werden: Die Brücke zwischen Apprehension und Apperzeption wird durch die Annahme der unbewußten Schlüsse gebildet; damit wird die Figur des logischen Schlusses auf die subbewußten, introspektiv nicht zugänglichen Erkenntnismechanismen des Verstandes übertragen, was auf eine Physiologisierung des kantischen Schematismus hinausläuft oder (nach Wundt) auf eine Logifizierung der physiologischen Funktionen. Kontrastierend könnte etwa Humes Ansatz als ‹empiristisch-psychologisch› bezeichnet werden, da der entscheidende erkenntnisgewährende Vorgang bzw. die Brückenfunktion bei Hume als ‹Gewöhnung oder innere Nötigung› identifiziert wird. In der intellektualistischen Variante werden die Schlußregeln als a priori inkorporiert und physiologisch materialisiert gedacht und eröffnen daher ein naturwissenschaftliches Untersuchungsfeld für epistemologische Fragen.

In einem Wundt betreffenden Gutachten äußert sich Helmholtz 1873 entsprechend: «Positiver Gehalt ist meines Erachtens für die Philosophie (die sich z. Zt. in Deutschland in Geschichte der Philosophie verflüchtigt hat) nur durch die Untersuchung der tatsächlichen Wege unseres Erkennens von seinen Anfängen in den Sinnesempfindungen an wieder zu gewinnen. Und diesen Weg hat Wundt eingeschlagen» (Helmholtz in Métraux 1985, S. 89). Hermann Cohen (späteres Haupt des Marburger Neukantianismus) unterschied allerdings bereits 1870 zwischen psychisch-immanenter subjektiver und Erfahrung begründender transzendentaler Apriorität. Cohen kritisierte die psychologisierenden Richtungen jener Kant-Interpretationen, die den «Sinn des Transcendentalen zum Psychologischen verflüchtigt» hatten (de Schmidt 1976, S. 52).

Kants Kritik an der Psychologie kann als «Wegweiser und Wegbereiter einer Revolutionierung des psychologischen Denkens im 19. Jahrhundert» angesehen werden (vgl. Meischner/Metge 1983, S. 10). Kant hatte eine wissenschaftliche Seelenlehre als «Physiologie des inneren Sinnes» für undurchführbar gehalten. Vernünfteleien der *Psychologia rationalis* führte Kant auf die menschliche Neigung zurück, Erscheinungen zu Dingen an sich zu hypostasieren und somit einen transzendentalen Dualismus zu produzieren (KrV A 381 ff). Einflußreich wurden die Überlegungen Kants, in denen er begründete, daß eine empirische Seelenlehre deshalb niemals Naturwissenschaft werden könne, weil auf die Phänomene des inneren Sinnes die Mathematik nicht anwendbar sei und auch keine systematische Analyse oder Experimentallehre. So bleibe einer empirischen Psychologie nur, die «Seele an dem Leitfaden der Erfahrung zu studieren» und ein naturhistorischem Vorgehen analoges klassifizierendes Beschreibungssystem auszuarbeiten (KrV A 382/383; vgl. Pätzolt 1983, S. 362).

Hier setzte Herbart ein, der die Psychologie gerade durch den Einsatz der Mathematik revolutionieren wollte, um so mit Kant über ihn hinauszugehen. Wenn gezeigt wird, daß im Bereich des nicht-beharrenden, inneren Sinns genau wie im äußeren Raum Messungen vorgenommen werden können und damit eben doch der Einsatz von Mathematik möglich ist, dann ist auch wissenschaftliche Psychologie «gegründet auf Erfahrung, Metaphysik und Mathematik» möglich (Herbart 1824).

Metaphysik als Bestandteil einer wissenschaftlichen Psychologie war in der zweiten Hälfte des 19. Jahrhunderts nicht mehr akzeptabel. Das galt vornehmlich für die erstarkenden materialistischen Philosophien, aber auch für die Vielzahl positivistischer, früher neukantianischer u. a. Ansätze. Einflußreich wurde Herbarts Philosophie allerdings erst, als in Ausklammerung der Metaphysik eine umfangreiche Mathematisierung der «Vorstellungsverläufe» von dem Mathematiker und Philosophen Moritz Wilhelm Drobisch (Leipzig) vorgelegt wurde.* Während Helmholtz der Psychologie eher den physiologischen Weg ebnete, bereitete die Herbart-Schule mit der Bühnentheorie der «auf/abtretenden und gehemmten Vorstellungen» den spekulativen wie auch mathematischen Boden: Experimentell-psychologische Erfahrung thematisierten beide Ansätze nicht.

Die experimentelle Erforschung des Psychischen

In Leipzig kam es zur Teilung einer neu zu besetzenden philosophischen Professur, um «dem Einfluß der Naturwissenschaften auf die Philosophie Geltung zu verschaffen» (Wundt 1920, S. 286). Die ersten Forschungsergebnisse liefert 1879 der Wundt-Schüler Max Friedrich mit seiner Arbeit zur «Apperzeptionsdauer von einfachen und zu-

* Pers. comment Horst Gundlach, Institut für Geschichte der Neueren Psychologie, Passau 1990.

sammengesetzten Vorstellungen» (Meischner/Eschler 1979, S. 62; Bringmann et al. 1980). Ausschlaggebend für das Wundtsche Programm der ersten Leipziger Zeit war die Absicht, das Psychische als eigenen Gegenstandsbereich von Physiologie und Philosophie abzugrenzen. Die anfangs vorgestellten Untersuchungseinheiten dienen dazu, jenen Begründungsweg nachzuzeichnen und die Gegenstandsbestimmung der experimentell-erklärenden Psychologie herauszuarbeiten. Dazu muß deutlich werden, welche ‹Untersuchungseinheiten› (etwa Empfindungen, Vorstellungen, Erlebnisse etc.) ausgewählt wurden. Der Fokus wird auch auf die angestrebte Erkenntnisweise bzw. Methodenpräferenz, die zu erwartende Ergebnisart und die Forschungshaltung gerichtet. Um die Stilelemente für den erklärenden Ansatz (*e*-Denkstil) zu vervollständigen, müssen mindestens ansatzweise die Implikationen zugrundeliegender ontologischer Basisannahmen und der Vorschläge für eine Wissenschaftsaufteilung (Verhältnis von Wissenschaften und Philosophie) hinsichtlich ihrer Aufgaben und Leistungen analysiert werden. Dies wird an Wundts Werk und Wirken deshalb exemplarisch vorgeführt, weil es außerordentlich denkstilbildend, international vorbildlich und praktisch von großem Einfluß war.

«Radicalreform» * der Psychologie

Als grundlegende Aufgabe der experimentellen Psychologie gilt Wundt die Zerlegung des Inhalts unseres Bewußtseins in seine Elemente. Diese Bewußtseinselemente sind hinsichtlich ihrer qualitativen und quantitativen Eigenschaften zu erforschen, ebenso die Verhältnisse ihrer Koexistenz bzw. Aufeinanderfolge (Wundt 1883 d, S. 2). Entscheidend für den Einsatz quantitativer Methoden, der erlaube, Bewußtseinsvorkommnisse und ihre zeitlichen Verläufe zu messen, ist die Unterscheidung zwischen «unmittelbarer» und «experimenteller Erfahrung» (ebd., S. 2–3). Allein die experimentelle Erfahrung garantiere meßbare Veränderungen im Bewußtsein (ebd., S. 3). Durch die Wahl der experi-

* Diesen Ausdruck verwendet Wilhelm Drobisch bereits 1864, um Wundts Einwirkung auf die Psychologie zu charakterisieren, von der man nicht zu sagen weiß, ob sie ein «glücklicher oder nur übereilter und unreifer Versuch zu nennen ist» (ebd., S. 348).

mentellen Methode verändere sich die Erkenntnisweise bzw. der Erkenntniszugang entscheidend.

Der forschungswissenschaftliche Zugang führte zu der Frage, welche Elemente genau das vorliegende Erfahrungsmaterial einer empirischen Psychologie bilden können. Für Wundt und die gesamte erste Generation von Experimentalpsychologen ist der Gegenstand der Psychologie der Bereich der Empfindungen, wobei Empfindungen definiert werden als diejenigen Bewußtseinszustände, «welche sich nicht in einfachere Bestandtheile zerlegen lassen» (Wundt I, 1887, S. 289). Allerdings sind «Empfindungen» bereits die *analytischen* Einheiten (Elemente) einer psychologischen Zergliederung; die einfache Empfindung gilt nicht als isoliert gegeben, sondern lediglich als ein Bestandteil des komplexeren Gebildes «Vorstellung» (I, S. 289 und II, S. 226). «Vorstellungen» sind die Entitäten, «zu denen sich stets die Empfindungen in unserem Bewußtsein verbinden» und die als Anschauungsvorstellung (bzw. Wahrnehmung) das Bild der Außenwelt erzeugen (I, S. 289). Als «Erinnerungsbild» bzw. «Einbildungsvorstellung» werden diejenigen psychischen Tatbestände bezeichnet, die nicht aufgrund aktueller peripherer Reize auf die Sinnesorgane gebildet werden (II, 1887, S. 2).

Schon Herbarts, Webers und Fechners Bemühungen lassen sich so lesen, daß sie die inneren Erfahrungen irgendwie dingfest machen wollten, um dem kantischen Bedenken den Boden zu entziehen. Eine Form der Fixierung jener «inneren Vorgänge» war gesucht, um das gewünschte Ziel, die Feststellung psychologischer Gesetze analog zu Naturgesetzen erreichen zu können (Wundt 1883 c, S. 256; II, S. 262). Daß die Naturwissenschaften der Anwendung des Experiments wesentliche Fortschritte verdankten, war hierbei der inspirierende Grundgedanke. Das psychologische Experimentaldesign setzt gleichsam die mentalistische Innen-Außen-Metapher direkt um, indem die Verbindung aktiver und passiver Koppelung von Bewußtseinsvorgängen forschungspraktisch auseinandergezogen wird: Das naturwissenschaftliche Vorbild wird in einer Externalisierung der inneren Vorgänge realisiert, das heißt durch eine im wörtlichen Sinn hergestellte *Vergegenständlichung* bzw. *Materialisierung* der Bewußtseinszustände, die jene fließenden ‹inneren› zu äußerlich beobachtbaren Vorgängen verändert. Die experimentelle Bearbeitung der «Bewußtseinstatsachen» diente der Sicherstellung der Ergebnisse, indem ihr Auffinden nach außen verlegt wurde. Folgende Überlegung bildet das Leitmotiv: «Die Empfindungen sind Thatsachen, an denen wir nichts ändern können und denen wir deshalb weit objektiver gegenüberstehen, als solchen Vorgängen in uns, die nicht aus *äußeren Einwirkungen* hervorgegangen sind» (Wundt 1885, S. 139; Hervorh. N.D.S.). Das experimentelle Setting naturwissenschaftlicher Forschung hatte den Vorteil der konkreten Gegebenheit von Apparaten, abzulesender Maßskalen und planbarer Versuchsveränderungen. Dieser Vorteil einer materialen Konkretheit sollte auch für die Erforschung des Psychischen genutzt werden.

Allerdings ergibt sich für die Psychologie eine wesentliche Einschränkung, die darin besteht, daß an der Seele selbst nicht experimentiert werden kann, «sondern nur an ihren Außenwerken, an den Sinnes- und Bewegungsorganen, deren Funktionen zu den seelischen Vorgängen in Beziehung stehen» (Wundt 1892, S. 11). Insofern ist zunächst jedes psychologische Experiment zugleich ein physiologisches Experiment, «ganz so wie den psychischen Prozessen des Empfindens, Vorstellens, Wollens zugleich physische Prozesse entsprechen» (ebd., S. 12).

Die folgende exemplarische Darstellung einer Versuchsanordnung wird den Begriff Externalisierung in seiner Bedeutung für den Beginn der experimentellen Psychologie und die *e*-Denkstilbildung klären. Als eine der Grundfragen in der Frühphase psychologischen Forschens galt die nach der Menge der Vorstellungen in einem Bewußtsein zu einem gegebenen Moment. Zur Beantwortung schlägt Wundt vor, zunächst einmal als eine selbständige Einzelvorstellung eine solche anzusehen, «die nicht durch gewohnheitsmäßige Assoziation»* mit anderen Vorstellungen verbunden sei (Wundt 1892, S. 256). Das experimentelle Setting war auf die Stimulierung der «seelischen Außenwerke», das heißt der Sinnesorgane ausgerichtet und bestand in dieser schulemachenden Versuchsanordnung darin, die Apperzeptionsvorgänge durch eine optische Stimulation zu untersuchen: «Bieten wir z. B. dem Auge eine Anzahl beliebig aneinandergereihter Buchstaben wie X, V, R, T, so bildet, obgleich sie alle räumlich miteinander verbunden sind, doch jeder eine selbständige Vorstellung für sich, denn sie sind als Ganzes betrachtet keine neue zusammengesetzte Vorstellung... Bieten wir dagegen dem Auge die vier anderen Buchstaben WALD dar, so sind

* Wundt spricht 1892 von den «sogenannten Associationsgesetzten», die lediglich Klassenbegriffe seien, mit denen die fertigen Assoziationsprodukte subsumiert werden, die hingegen nicht «allgemeingültige Bedingungen ihrer Entstehung» beschreiben (ebd., S. 319).

diese nicht mehr für sich bestehende Vorstellungen, wenigstens nicht für den, der sie als Wort liest, sondern sie sind zu einer einzigen zusammengesetzten Vorstellung verbunden» (Wundt 1892, S. 257). (Daß die Buchstaben der zweiten Buchstabenreihe nicht ebenfalls durch Kommata abgetrennt sind, erwähnt Wundt nicht.)

Als vorbildlich präzisiert galt eine ähnliche Versuchsanordnung mit dem Falltachistoskop: Versuchspersonen wurde für einen genau bestimmten Zeitraum der Blick auf ein Feld mit willkürlich gewählten Buchstaben gestattet; sie hatten dann Auskunft zu geben, welche Buchstaben sie wahrgenommen hatten. Völlig sicher war es nicht, daß der Eindruck nicht durch Erinnerungsbilder ergänzt werde, aber der «momentane Bewußtseinszustand» ist klar von dem zu unterscheiden, was «durch Erinnerung rekonstruiert (worden) sei» (Wundt 1892, S. 258). Die Falltachistoskop-Versuche ergaben, daß Personen vier oder fünf unverbundene Eindrücke deutlich wahrnehmen können: «Die Versuche ergeben also das Resultat, daß auf dem hier betretenen Wege nur über die Anzahl der klar und deutlich in unserem Bewußtsein anwesenden Vorstellungen, aber nicht über die Gesamtzahl der überhaupt anwesenden Aufschluß gewonnen werden kann» (Wundt 1892, S. 261).

Diese optische Stimulation kann als Paradigma der Experimentalistik der *e*-Psychologie (zumindest in ihren Anfängen) gelten. Nicht nur mit optischen Mitteln, sondern auch durch alle anderen Sinnesorgane wurde versucht, *Vorstellungen* in der Psyche auszulösen. Die Sinnesempfindungen waren das Eingangstor, um planmäßig und kontrolliert Vorstellungen zu induzieren, die dann wieder in ihrer Anzahl, zu einem bestimmten Zeitpunkt, in ihrer Dauer, in ihrer Tendenz, sich mit anderen Vorstellungen zu verbinden, vermengen etc., untersuchbar waren. Erst in dieser Verbindung von psychischem ‹Innenleben› und ‹außen› kontrollierten Eingriffen war eine wissenschaftliche Seelenforschung in den Augen des *e*-Kollektivs gewährleistet, die nicht an fragwürdigen Selbstbeobachtungen scheitern würde.

Der maßgeblichen Aussage Wundts, nach der das psychologische Experiment immer auch ein physiologisches sei, wurde bereits während der 80er Jahre durch Hermann Ebbinghaus und Oswald Külpe widersprochen, wodurch sich eine umstrittene, letztlich aber prägende Erweiterung des *e*-Denkstils ergab. Hermann Ebbinghaus' «Gedächtnisforschung» gilt in der Psychologiegeschichte als bahnbrechende Leistung, weil er als erster eine Versuchsanordnung entwarf und realisierte, die der Erforschung der ‹höheren› psychischen Vorgänge (eben dem ‹Gedächtnis›) galt. Durch den Wundt-Schüler Oswald Külpe beginnt die Erforschung der Denkvorgänge. Dabei ist die Idee der Externalisierung auch hier das Grundmuster; denn ob über die sinnliche Wahrnehmung, in kinästhetischen, akustischen und visuellen Experimenten Vorstellungen ausgelöst werden oder ob dies über wortassoziative Methoden geschieht, ist nicht prinzipiell verschieden. Grundsätzlich war die Methode davon gelenkt, daß Personen in einem streng kontrollierten Setting spezifischen Einflüssen ausgesetzt wurden, die in ihrem Vorstellungsverlauf, das heißt Denk- oder Erinnerungsvorgängen, etwas bewirken sollten, was dann abgefragt oder gemessen werden konnte.

Denkstilbildend war die Annahme, daß ein wahrhaft wissenschaftlicher Standpunkt nur in der Objektivierung der intrapsychischen Vorgänge durch eine experimentelle Erfahrung bestehen konnte. Darauf ließen sich Fundierungsansprüche stellen, die für die Einteilung der Wissenschaften im Verhältnis zur Philosophie maßgeblich wurden; weithin wurde Wundts Überlegung geteilt, die eine psychologistische Grundlegung vorsieht, der die Philosophie dann als ‹Wissenschaftssynthese› aufruht.

Psychologistischer Positivismus

Grundlegend für die Dynamik des Aufbruchs, einer durch den wissenschaftlichen Duktus kaum verdeckten Begeisterung, war die erwähnte zeittypische Fiktion reiner Gegebenheit mentaler Fakten. Die metaphysische Neutralitätsbehauptung des *e*-Denkstils, die die Gegebenheitsannahme stets begleitete, besagt, daß ein strikt wissenschaftlicher Zugriff metaphysik- und theoriefrei möglich sei. So wird von der ersten Psychologengeneration stets betont, daß begriffliche Reflexionen oder gar Spekulationen dem psychologischen Zugriff nicht vorausgehen dürfen, sondern daß umgekehrt erst das induktiv-experimentelle Vorgehen die unverfälschten Gegebenheiten der Psyche zugänglich macht. Diese experimentellen Erfahrungen führen zur «exacte(n) Beschreibung der Thatsachen des Bewußtseins» (Wundt 1883 d, S. 3) und zur Formulierung psychischer Gesetze. «Die introspektionistische Gegenstandsabstimmung – ‹unmittelbare Erfahrung› als Gegenstand der Psychologie – korreliert also nicht mit einem reinen Introspektionismus in der Methode» (Eckardt 1980 b, S. 97).

Die eben skizzierte Forschungshaltung könnte mit dem Ausdruck des Psychologen August Messer als «objektivierende Einstellung» (Messer 1926, S. 28) oder als *kontrollierende* Forschungseinstellung bezeichnet werden, die durch jene Externalisierung eine intersubjektive Kontrolle der Beobachtung gewährleisten wollte. Wundts Leipziger Antrittsrede (1876) bezieht deshalb Stellung gegen die sogenannte subjektivierende und reflektierende Einstellung der zeitgenössischen Logiker *, weil sie nur als Selbstbeobachter auf psychische Inhalte zugreifen. Entscheidend für ‹gute Beobachtungen› ist der Abschied von der alten Introspektionsmethode. Die methodische, räumliche Trennung von aktiver und passiver Kopplung im Forschungsgang stellt sicher, daß Beobachtungen, als fremdpsychische, unabhängig vom Bewußtsein des wissenschaftlichen Beobachters realisiert werden konnten (vgl. Wundt 1883 d, S. 3).

Die Trennung von Forschungssubjekt und beforschter Person wurde durch eine gewissenhafte Einübung in eine ‹objektive› bzw. experimentelle Selbstbeobachtung erleichtert: Um klare und unverfälschte Aussagen über das gehabte, experimentell induzierte Bewußtseinserlebnis, zum Beispiel eine bestimmte Vorstellung ‹x› zu einem Zeitpunkt t, formulieren zu können, mußten die beteiligten Versuchspersonen sich in die Haltung der experimentell verwertbaren Selbstbeobachtung ‹einüben›, so daß sie gewissermaßen meßgerätsanalog in der Versuchsanordnung funktionierten (vgl. auch Külpe 1893, S. 5).

Ein anderes Hindernis war der durch Kant in die Debatte geworfene Einwand, daß die Bewußtseinserscheinungen durch die Beobachtungsintention verändert würden. Die Gefahr, daß Reproduktionen oder Erinnerungen mit Selbstbeobachtungen verwechselt werden, sollte durch eine Verschärfung der Bedingungen ausgeschaltet werden. Die Kopplung von Experimentalapparatur und psychischen Vorgängen galt als hinreichende Verschärfung, genügte sie doch den klassischen Experimentalanforderungen, die Variation und Wiederholbarkeit verlangten.

Durch die Externalisierungsschritte konnte auch dem Streit um das

* Es ging der Sache nach um eine Absage an das Theorem der unbewußten Schlüsse, in dem nach Wundts Meinung zahlreiche Physiologen einer Logifizierung erliegen, also Reflexionen über den Gegenstand auf ihn selbst zu projizieren. Hier steht allerdings die zugrunde liegende Forschungshaltung des *e*-Denkstils im Zentrum der Überlegungen.

Verschwinden der beobachteten Bewußtseinsvorgänge begegnet werden; denn im experimentellen Setting wurden gar keine inneren Vorgänge beobachtet, sondern der Schritt zur *Veranschaulichung* dieser Vorgänge hatte sie einer echten Beobachtung erst zugänglich gemacht: «Man bringt das Experiment in einen Gegensatz zur Selbstbeobachtung, während es eigentlich nur eine durch objektive Hülfsmittel verschärfte und streng genommen sogar erst ermöglichte Methode der Selbstbeobachtung ist» (Wundt 1888a, S. 307; vgl. Metge 1980, S. 187).

Gewisse Ambivalenzen hält die Annahme der (inneren) Unmittelbarkeit mentaler Vorgänge bereit; denn das singuläre Gewißheits*erlebnis* kann nicht die Basis wissenschaftlicher Aussagensysteme sein, sonst könnte man Diltheys Methode akzeptieren. Anders als bei einer empathischen verläuft bei der kontrollierenden (objektivierenden) Forschungshaltung die Schleife zwischen der Gewißheit primärer innerer Erfahrung und der Sicherheit einer Kontrolle durch äußere, sinnlich wahrnehmbare, wiederholbare Versuche, so daß gesagt werden kann: Die innere Gewißheit wurde erst durch die experimentelle Erfahrung zum wissenschaftlich-objektiven Wissen. Die Ambivalenzproblematik löst das *e*-Denkkollektiv später, indem gerade nicht wie bei Wundt vom unmittelbaren Erfahrungszugang, sondern von nur mittelbaren Erfahrungen des Psychischen ausgegangen wird. Jenen psychischen Erfahrungen muß ebenso wie den physischen hypothetisch ein kausalgesetzlicher Zusammenhang unterstellt werden.

Die Annahme einer metaphysischen bzw. ontologischen Neutralität enthüllt die Prägung des *e*-Denkstils durch das Methodenideal des Positivismus des 19. Jahrhunderts. Die Annahme der direkten Zugriffsmöglichkeit auf sinnliche ‹Daten›, die die Wirklichkeit in den ‹Empfindungen› repräsentieren, wird nicht mit einer tatsächlich zugrunde liegenden impliziten Ontologie in Verbindung gebracht, auch nicht mit der einer empiristisch-positivistischen Gegebenheitskonzeption, die in materialistischer oder idealistischer Variante vertreten wurde.

Ontologische Implikationen – Parallelismusprobleme

Zunächst dürfte die weithin akzeptierte These vom psycho-physischen Parallelismus der Schlüssel für die Forschungsheuristik des *e*-Denkstils gewesen sein. Neben Wundt vertraten vorher schon Fechner und Spencer, dann Ebbinghaus, Külpe und viele andere diese Variante des Leib-Seele-Zusammenhangs. «Der Parallelismus stellte eine Doktrin dar, die den Weg zur ‹friedlichen Koexistenz› von Naturwissenschaft und Psychologie wies..., und sie gestand der Psychologie das Recht auf Selbständigkeit zu, da der Bereich des Psychischen gleichberechtigt neben dem der körperlichen Erscheinungen stand und nicht als deren *unnützer* Rest erschien» (Jaroschewski in Meischner/Eschler 1979, S. 71).

Die Parallelismusannahme bei Wundt stattet die Welt gewissermaßen mit einer Vor- und Rückseite aus, wobei die Vorderseite die Welt des Geistigen ist, die unmittelbar erfahren wird. Die einzelnen Elemente der konstatierten psychischen Kausalkette sind forschungswissenschaftlich zu ermitteln, um die Verbindung der Einzelereignisse sowie ihr Auseinanderhervorgehen analytisch aufweisen und ‹psychische Gesetze› formulieren zu können. Die Rückseite der Welt wird beschreibbar als ‹Natur› mit Hilfe des physischen Kausalnexus. In der Abstraktion vom erkennenden Subjekt bestimmt sich die Erforschung dessen, was als lediglich mittelbar gegeben gilt. Spielt jedoch alles Erkennen sich nach Wundt in der Psyche des Subjekts ab und formuliert es aufgrund von psychisch bearbeiteten Perzeptionen «apperzeptive Urteile», die als naturwissenschaftliche Aussagen formulierbar sind, dann fällt Erkenntnistheorie als Grunddisziplin in das Gebiet der Psychologie.

Nun betont Wundt (nicht zuletzt gegen kritische Einwände), daß die Parallelismus-Annahme lediglich eine forschungsheuristische und keine metaphysische Hypothese sei. Allerdings bekommt die schlichte Heuristik eine forschungsrelevante Funktion: Mit Hilfe der Parallelismus-Annahme wurden psychologische Forschungslücken ‹nachgebessert›, weil von einer Substituierbarkeit psychologischer Elementarvorgänge durch physiologische ausgegangen wurde, sofern psychische Ereignisse unterhalb der Schwelle des Bewußtseins liegen (Wundt 1892, S. 490). Stehen die Kausalketten im Verhältnis einer strikten Parallelität, so daß jedem psychischen Vorkommnis genau ein physisches entsprach, dann war es legitim, die physische Kausalität dort zur Hilfe zu nehmen, wo sie brauchbare physiologische Ergebnisse hinsichtlich Verursachung und Wirkung eines psychischen Sachverhalts präsentieren konnte. In den 90er Jahren setzte das *e*-Kollektiv eher auf den physiologischen, Wundt und einige Getreue hingegen auf den psychologischen Nexus; der hieraus abgeleitete Begriff «psychische Kausalität» (Wundt) war stark umstritten.

«Mekka Leipzig» * und die halbierte Wundt-Akzeptanz

Wilhelm Wundt wird selbst von seiten der kritischen Wundt-Forschung eine «wahrhaft weltweite Wirksamkeit» zugestanden, die sonst eher den verbreiteten «Wundt-Gründungsmythos» kritisiert (vgl. Meischner 1977, S. 13; Meischner/Metge 1980).

Wundts maßgebliche Wirksamkeit verdankt sich vor allem seiner Leistung als *experimentierender* Psychologe. Denn obwohl Wundt «aus der Enge des Labors heraustritt», folgten die Schüler diesem Beispiel nicht (Jüttemann 1988, S. 512). Das heißt, von der unten zu schildernden, dualen Psychologie-Konzeption wurde vom expandierenden *e*-Kollektiv nur ein Teilbereich wirklich akzeptiert; dem Wundtschen Diktum, daß die ‹höheren› psychischen Vorgänge nicht experimentelle, sondern andere Methoden fordern, wurde bereits seit Ebbinghaus' Gedächtnisuntersuchungen vom Großteil der experimentierenden Community widersprochen.

Die Zweiteilung der Wundtschen Psychologie kann als Zweistufigkeit bezeichnet werden, um die hierarchische Anordnung anzudeuten; denn die Erkenntnis der höheren psychischen Vorgänge war als die «eigentliche Aufgabe der Psychologie» von Wilhelm Wundt betrachtet worden (Helga u. Lothar Sprung 1980, S. 291). Die experimentelle Psychologie gerät ins Abseits einer flankierenden Ergänzungsdisziplin (Wundt 1883 d, S. 26; 1883 c, S. 254). Die aufzubauende Psychologie der höheren psychischen Vorgänge nennt Wundt «Völkerpsychologie».

Die völkerpsychologischen Methoden richten sich auf Phänomene, die das Gebiet der individuellen Erfahrung überschreiten und als Kollektivphänomene historisch zu erforschen sind (Wundt 1883 a, S. 498, 500). Sie gliedern sich in die Bereiche «Sprache, Mythus, Sitte (als) gleichsam *objectiv* gewordene *Erzeugnisse* menschlichen Bewusstseins» (Wundt 1883 a, S. 498; Hervorh. N.D.S.). Von diesen «Geistesobjektivationen» her soll im Rückschlußverfahren eine Erfor-

* Den Ausdruck vom «Mekka Leipzig», gebildet durch das erste experimentalpsychologische Institut Wundts, hat M. Jaroschewski geprägt, um auszudrücken, daß weltweit Interesse an der experimentellen Forschungspraxis bestand und der an der neuen Psychologie interessierte Besucherkreis aus allen Ländern anreiste (vgl. Meischner/Eschler 1979, S. 61).

schung der «eigentlichen Denkprozesse, sowie der höheren Gefühls- und Triebformen» vorgenommen werden (Wundt 1885, S. 145; 1883 a, S. 514).

Forschungslogisch betrachtet ist also die experimentelle Erkundung der jeweiligen elementaren Bewußtseinsakte komplementär zu den sozialpsychologisch-historischen Untersuchungen angelegt; geltungslogisch allerdings ist das Verhältnis hierarchisch, da kollektivpsychische Entwicklungsverläufe «geistigen Gesetzmäßigkeiten» gehorchen, die in den Gesetzen, die das individuelle Bewußtsein steuern, nicht enthalten sein können. Die hierarchische Bewertung wird in der methodologischen Einschätzung noch deutlicher. Wundt betont, daß die Geisteserzeugnisse ihre Erforschung besser zuließen als die «schwankende innere Wahrnehmung» (der individualpsychologische Forschungsgegenstand), weil sie den Vorteil der Objektivierung genießen, daher der «Zergliederung sicherer standhalten» können (1883 a, S. 498; 1892). Forschungslogisch ergibt sich folgende Rekonstruktion: Die eigenartige Qualität geistiger Prozesse und ihrer Ergebnisse, die als Gestaltungskräfte von Gesellschaft und Geschichte ständiger, emergenter Veränderung unterliegen, haben ihren Externalisierungsprozeß quasi entwicklungsdynamisch selbst produziert. Die Geistesprodukte liegen als vergegenständlichte bereits vor, und daher ersetzen hier echte Beobachtungen, wie im strengen psychologischen Experiment, die ehemals vagen inneren Selbstbeobachtungen. Dieses geisteswissenschaftliche oder historische Grundmotiv verbindet den völkerpsychologischen Ansatz Wundts mit dem von Dilthey und dem des Dilthey-Schülers Eduard Spranger, der seine Theorie konsequenterweise «geisteswissenschaftliche Psychologie» nennt. Dilthey und Wundt stimmen in einer zentralen Annahme überein: Die Ganzheitlichkeit der menschlichen Psyche und deren unmittelbare Gegebenheit als Strukturzusammenhang werden in angemessener Weise nur durch eine zergliedernde Analyse untersuchbar. Im Rahmen seiner Wundt-Forschung formuliert Rappard gegen kritische Stimmen, die Wundt Eklektizismus vorwerfen, «I wish to maintain that... a central theme can indeed be found in Wundt, namely in the concept of structure (Zusammenhang)» (Rappard 1980, S. 121; vgl. Wundt II, 1887, S. 245/246).

Gewiß hat Wundt hier den engsten Berührungspunkt zu Dilthey, denn auch Wundt formuliert in seiner Logik: «Die Natur wollen wir erklären... (d)ie geistigen Vorgänge... oder was wir nach bestimmten objektiven Merkmalen auf solche beziehen, wollen wir nicht bloß erklären, sondern auch verstehen» (Wundt III, 1908, S. 79). Damit ändert sich der Schwerpunkt in Wundts Forschungshaltung, als duale ist sie verstehend *und* objektivierend. Die steuernden Basisannahmen für jene Zweistufigkeit liegen in jener Hypothese, die den überindividuellen Gebilden des Geistes «wirkliche Realität» zuerkennt, weil sich in diesen die gesellschaftlich-historisch wirksamen geistigen Kräfte manifestieren, in die alle Individuen eingebettet sind (vgl. Wundt 1883a, S. 481). Wichtig ist hier nicht nur der Primat des Sozialen vor dem Individuellen, sondern vor allem die Idee des «sich entwickelnden Geistes». Da die menschliche Gemeinschaft als geistige angesehen wird, kommt Wundt Dilthey bemerkenswert nahe: «Indem man die Mechanik und abstrakte Physik als die Urbilder betrachtet, denen jede erklärende Wissenschaft nacheifern müsse, läßt man die Verschiedenheit der Bedingungen, unter denen die Gebiete stehen, außer Acht» (1888b, S. 13f). Die psychologische Erforschung der geistigen Wechselbeziehungen in ihrer historischen Entwicklung in der Völkergemeinschaft verlange nach Entwicklungsgesetzen, nicht anders als in jeder Geisteswissenschaft (vgl. Wundt 1888b, S. 2, 14). Hier schieden sich, wie gesagt, die Geister schon in der ersten Psychologengeneration.

Daß der implizite cartesische Dualismus, der in Gestalt einer Zwei-Welten-Theorie (innen/unmittelbar/Geist; außen/mittelbar/Materie) auftrat, die trotz aller gegenteiliger Bezeugungen, es ginge um eine einzige Welterfahrung, in seiner Psychologie und Philosophie wirksam war, wurde ihm nicht vorgeworfen. Einmal verdankt sich das mentalistische Paradigma grundsätzlich diesem Dualismus, zum anderen bleibt das Selbstverständlichste eines Paradigmas so lange verdeckt, bis Krisen einen Perspektivenwechsel auslösen. Daher forderte erst die forschungsrelevante Dominanz des Geistigen, die als «wichtigere Aufgabe der Psychologie» den experimentalpsychologischen Bereich rangmäßig überbietet, den Widerspruch des *e*-Denkkollektivs heraus – zumal ausschließlich geisteswissenschaftliche Methoden als angemessen gelten sollten. Die spezifische Forschungsorientierung im *e*-Denkstil galt dem Bestreben, die gesamte Psychologie zur experimentellen Psychologie zu machen, und damit vertrug sich Wundts Methodendualität nicht.

Die Philosophie Wundts rehabilitierte zudem den Begriff Metaphysik und stellte Philosophie als wissenschaftlich fundierte «Weltanschauungssynthese» hierarchisch wieder über die Einzelwissenschaften. In dieser Form widersprach Wundts System nicht nur dem weithin herrschenden Zeitgeist, sondern lag auch den Problemen fern, die die neue psychologische Zunft umtrieben. Hatte das «unmittelbare Haben und Gewahrwerden» der ganzheitlich gedachten Seelenstruktur den Kern der Auseinandersetzung Dilthey/Ebbinghaus dargestellt, so ist für den Wundt des Zweistufenkonzepts deutlich, daß seine und Diltheys Position eher vereinbar sind als Wundts im Verhältnis zu seinem fachpsychologischen Kollegenkreis. Das gilt allerdings nur für einige Grundzüge der Programmatik der Konzepte, nicht für die Durchführung.

Die Bifurkation der Psychologie in ihrer Entstehungsphase zeigt den noch heute aktuellen Problembestand in nuce. Die Modelle einer nomothetisch-erklärenden und verstehend-geisteswissenschaftlichen Psychologie produzierten eigene, jeweils unterschiedliche Entwicklungsdynamiken, deren Steuerung u. a. mit dem jeweils behaupteten Fundierungsanspruch zusammenhängen dürfte. Denn die grundsätzlichen Komplementaritätsangebote wurden durch die Dominanzansprüche eines Teilbereichs untergraben, der den jeweils anderen höchstens als flankierende Ergänzungsdisziplin akzeptieren wollte. Beide Modelle kombinieren indes eine mentalistische Ontologie mit einer strikt forschungswissenschaftlichen Methodologie. (Die forschungslenkende Funktion der als Heuristik entschärften Ontologie der geistigen Unmittelbarkeit mag Wundt entgangen sein). Aber die Ausweitung der Externalisierungsstrategie auf die gesamte Psychologie begründete erst, was als erklärender Denkstil für die Psychologie bezeichnet werden kann. Das war aber nicht mehr Wundts Programm: «Im übrigen wurde gerade das, was Wundt nicht wollte, als seine große Leistung verkauft, nämlich die Trennung der Psychologie von der Philosophie und die Ausdehnung des experimentellen Zugangs auf alle psychischen Phänomene» (Sonntag 1986, S. 134).

Nicht vorwiegend Wundts Werk und Wirken, sondern die halbierte Wundt-Rezeption und -Akzeptanz ist also als paradigmatisch für die Wissenschaftsentwicklung dieser Phase anzusehen. Wundt galt in der Psychologie als vorbildliche Gründungsfigur der neuen Experimentalpsychologie; vorwiegend philosophisch Interessierte verstanden ihn hingegen eher als Philosophen, der auch seinen naturwissenschaftlichen Neigungen nachging. Weite Teile der philosophischen Community ziehen ihre Interessen von experimentalpsychologischer Detailforschung ab und rezipieren eher den geisteswissenschaftlich-philosophischen Wundt. Die junge Erfahrungswissenschaft eifert hingegen dem forschenden Experimentator Wundt nach, die innerfachliche Kritik orientiert sich an historisch-hermeneutischen Überlegungen. Heute läßt sich feststellen, daß der völkerpsychologische Ansatz, Sozialität und Historizität der Psyche zu würdigen, durch eine «Vereinseitigung der Psychologie» lange verdrängt war. Ein potentieller (echter) Methodenpluralismus wurde zugunsten eines nomothetischen «richtungslosen Forschungsaktionismus» ausgeblendet (Jüttemann 1988, S. 5; Holzkamp 1980).

Rückkehr zur Philosophie

Während Wundt vehement für seine Form von Komplementarität einer fundierenden Psychologie und einer synthetisierenden (‹induktiven›) Philosophie eintrat, wendete sich der breite Strom des sich ausdifferenzierenden Neukantianismus von der Psychologie oder, genauer gesagt, von den psychologisierenden Erkenntnistheorien ab; der empirische Weg experimenteller Untersuchungen des Vorstellungsverlaufs entspricht nicht mehr dem kritischen Weg, auf dem der Neukantianismus weitergehen wollte.

Das Jahr 1878/79 könnte als «Epocheneinschnitt in der philosophischen Entwicklung» angesehen werden, der durch die politischen Krisenerscheinungen des jungen Deutschen Reichs ausgelöst wurde (vgl. Köhnke 1986, S. 404–433). Was Klaus Christian Köhnke als «idealistische Wende» bezeichnet, meint die Distanzierung von Erkenntnispsychologie und eine Neuformierung der Philosophie als Wertwissenschaft, praktischer Philosophie und dezidiert kritizistischer Erkenntnistheorie. «Nach Fischer, Liebmann und Cohen – nach Meyer, Helmholtz, Windelband und Erdmann – bekennt sich auch Volkelt zu der Überzeugung einer ‹von allem Natürlichen verschiedenen Welt der Werthe›, zu einer neuen Metaphysik der Werte, Pflichten, Normen und Grundsätze, die durch einen unüberbrückbaren Graben von der Welt der Natur, dem natürlichen, trieb- und bedürfnisbestimmten, dem egoistischen und eigenwilligen Individuum geschieden – und gegen diese geschützt werden» (Köhnke 1986, S. 430). Wer immer den «Graben zwischen der Welt der Ideale und der natürlichen Welt überwinden oder selbst nur verstehen wollte», war aus der Sicht der Neukantianismen der beginnenden 80er Jahre ein zu bekämpfender Gegner.*

Die zugrunde liegende national-liberalistische Überzeugung der meisten Neukantianer teilen Wundt und Dilthey ebenfalls, wenngleich diese durchaus zu unterschiedlichen philosophischen Konzeptionen führte. Typisch war Diltheys Hinweis auf die «zersetzende(n) Tendenzen innerhalb der naturwissenschaftlichen und antireligiösen Bewegungen» und auf die Gefahren eines proletarischen und sozialdemokratischen Weltbilds (vgl. Thomas 1984, S. 50). Mindestens sein lebensphilosophisch angereichertes Konzept allerdings unterscheidet ihn von wertphilosophischen Ansätzen oder dem logischen Kritizismus der Neukantianer. Wenn nun Philosophie im Bismarckreich als «Selbstbesinnung» und auch als «Lebensführungspädagogik» (Thomas 1984) zu sehen wäre oder andererseits als «kritische Wissenschaft von den allgemeingültigen Werten» (Windelband 1884, S. 28) bzw. transzendentale Erkenntniskritik (Cohen), so wären damit genuin philosophische Inhalte und Zugangsweisen zurückgewonnen. Die Psychologie als experimentell-induktive Teildisziplin der Philosophie ist zwar vollständig verändert aus dem 19. Jahrhundert hervorgegangen, aber verharrt vorerst in unsicherer Stellung als philosophisches Fach, das sich mit wachsenden Konkurrenzunternehmungen ganz anders gearteter Psychologien auseinanderzusetzen und sich gegen sie zu behaupten hatte.

Große Einigkeit herrschte in der Einschätzung, in den 80er Jahren habe der Wiederaufstieg der Philosophie bzw. die «Wiedergeburt des philosophischen Denkens» begonnen (Oesterreich 1923, S. 277f). Der neue Aufstieg beginnt mit der Abkehr vom Psychologismus, der aber keineswegs schlagartig überwunden war. So ist die verbreitete Einschätzung, daß mit Freges Unterscheidung von «Wissen» und «Gewißheit» (1874) der Psychologismus vom Tisch war, historisch gesehen einfach unzutreffend (vgl. Metzlers Philosophenlexikon 1989, Stichwort: Frege).

Die Distanzierung der verschiedenen Spielarten des erstarkenden Neukantianismus kann als antipsychologischer Rückzug gelten, der

* Als «positivistische und relativistische Sophisten» bezeichnet Windelband diejenigen, die sich von dem Programm der «Vierteljahresschrift» nicht ebenfalls – so wie er und andere Neukantianer – abgewandt hatten (vgl. Köhnke 1986, S. 406f).

deshalb kein reiner Antipsychologismus war, weil er ganz allgemein antiszientistischen Tendenzen folgte: Ein Nebeneinander von Philosophie und Psychologie galt durchaus als denkmöglich; die Südwestdeutsche Schule (Windelband/Rickert) klassifizierte Psychologie schlichtweg als Naturwissenschaft, der andere Aufgaben zufallen als einer kritizistischen Philosophie. Während die Philosophie etwa den Wahrheitswert von Vorstellungen untersucht, erforscht die Psychologie die Entwicklung und Entstehung der Relationen zwischen jenen Vorstellungen, die in der Logik als Urteile aufgefaßt werden. Die Zugriffsarten des Bewußtseins selber hingegen, das heißt die Erkenntniskonstitution in ihrer Werthaftigkeit, war als Thema der Philosophie für diese reserviert (vgl. Köhnke 1986, S. 416f).

Windelband hatte in seiner bekannt gewordenen Rektoratsrede neben der folgenreichen Unterscheidung «nomothetisch/idiographisch» auch die griffige Unterscheidung zwischen «Urteilen» und «Beurteilung» eingeführt, wobei die ‹Beurteilung› als transzendental-philosophische Aufgabe von Windelband konzipiert war. «Nach Windelband beziehen *Urteile* Prädikate auf ein Subjekt (im *logischen* Sinne), und das Bewußtsein nimmt darum zu dem so aufeinander Bezogenen eine rein theoretische, d.h. betrachtende Haltung ein. *Beurteilungen* hingegen bringen das Bewußtsein – das *erkenntnistheoretische* Subjekt – als ein *wertend* Stellung nehmendes ins Spiel, wobei nicht nur kognitive, sondern auch emotionale und voluntative Aspekte bedeutsam sind...» (Schnädelbach 1983, S. 220). Schnädelbach kann zeigen, daß der Südwestdeutsche Neukantianismus nicht vorwiegend eine Wertphilosophie in dem Sinn war, daß einzelne Werte durch die Philosophie positiv ausgezeichnet wurden, sondern es ging um geltungstheoretische Fragen (vgl. hingegen Eckhard 1980b, S. 95ff). «Die Wertfrage ist eine *Kriterien*frage, die auch nicht durch den Hinweis auf faktische Anerkennung von Kriterien gelöst werden kann» (Schnädelbach 1983, S. 221). Der Ausweg war folgerichtig die Wendung der Thematik als «*transzendentale Konstitutions*beziehung des Werts auf ein Werten», und die philosophische Untersuchung galt der Fragestellung nach der Möglichkeit eines objektiven Wertens (Schnädelbach 1983, S. 221f). Da auch die Wahrheit (in wahren Urteilen) als Wert zu gelten hat, kann die Faktizität der Wissenschaftsresultate nie das letzte Wort haben.

Für die philosophische Abkehr von der Psychologie bzw. dem psychologisierenden Vorgehen traf Hönigswalds Charakterisierung den entscheidenden Punkt: «(D)ie ruhmreiche Geschichte der Rückkehr zu Kant ist zum guten Teil die Geschichte des Prozesses der Abgrenzung des kritischen Problemgebietes von dem psychologischen» (Hönigswald 1913 in de Schmidt 1976, S. 65). Zum Anti-Psychologismus wurde die neukantianische Haltung erst, als die sich erneuernde Philosophie ihr Aufgabengebiet durch grenzüberschreitende, psychologische Übergriffe eingeschränkt sah. Bei Hermann Cohen etwa, aber auch bei Johannes Volkelt (1886) kam es zu einer deutlichen Vertikalanordnung der Disziplinen; Psychologie ist in ihrer Sicht stets abhängig vom erkenntniskritischen Geschäft, das heißt, Philosophie läuft ihr grundsätzlich voraus. Psychologisch unanalysierbare, letzte Elemente des Bewußtseins werden als apriorische ausgezeichnet, so daß die psychologische «Grenzüberschreitung» darin bestand, daß sie meinte, die Domäne des Apriori, der Anschauungsformen und Kategorien empirisch traktieren zu können (vgl. de Schmidt 1976, S. 72–73). Gewiß durfte sie nach Meinung der kritizistischen Philosophen Bewußtseinsvorgänge analysieren und beschreiben; allerdings die Geltungsgründe für die wissenschaftliche Erkenntnis (als höchste Erkenntnisform) zu ermitteln, bliebe die Aufgabe einer transzendentalen Erkenntniskritik (de Schmidt 1976, S. 85–86).

Das geläufige, populäre Gegensatzpaar ‹metaphysisch/spekulativ› versus ‹empirisch/psychologisch› wurde bei Cohen abgelöst durch eine Dichotomie, die in ähnlicher Form auch bei anderen Neukantianern auftauchte: ‹psychologisch› versus ‹erkenntnistheoretisch/transzendental› galt als aktueller Gegensatz (vgl. de Schmidt 1976, S. 84 ff). Dem rückblickenden Neukantianismus (z. B. Cohen) erschien Erkenntnispsychologie oder Erkenntnisphysiologie als Kardinalfehler des 19. Jahrhunderts. Herbart und Fries wurde nun vorgeworfen, «Seelengemälde von Vorgängen im Erkennen» gezeichnet zu haben. Aber auch Aristoteles, Locke, Hume und Fichte wurden von Cohen 1885 «als Psychologen» kritisiert (Cohen in de Schmidt 1976, S. 87, 90).

Bereits 20 Jahre vor Husserls Psychologismuskritik erwecken zahlreiche Äußerungen den Eindruck, als sei es das Gebot der Stunde, das just zurückeroberte philosophische Terrain gegen Übergriffe der aufblühenden empirischen Psychologie zu verteidigen. Die oft polemisierende Wortwahl erklärt sich vermutlich daraus, daß die vorausgegangenen eigenen Psychologismustendenzen keine unerheblichen Einzelerscheinungen waren und daß man gegen nichts so unnachsichtig ist wie gegen vorangegangene eigene Irrtümer, wie Husserl in seiner Einleitung zu den «Logischen Untersuchungen» (1900) bemerkte. Allerdings bewirkte erst Husserls Veröffentlichung der «Logischen Untersuchungen» (1900), deren erster Band «Prolegomena zur reinen Logik» heißt, eine tiefgreifendere Veränderung in der psychologistischen Landschaft. Gegen die von seiten der *e*-Psychologie favorisierte Einschätzung, daß die Psychologie hinsichtlich ihrer Begriffsbildung als Naturwissenschaft anzusehen sei, mindestens aber als naturwissenschaftsanalog, wendeten sich nach Diltheys Vorbild alle, die einen Denkstil des Verstehens ausbildeten.

Zwischenbilanz

Anknüpfend an die systemtheoretisch inspirierten Unterscheidungen zwischen Forschungs- und Wissenschaftshandeln im System Wissenschaft kann folgende Einschätzung vorgenommen werden: Wird der Fokus auf Wundt als handelnde Person gerichtet, zeigt sich ein bestimmter Ausschnitt des wissenschaftlichen Systems. Weil Wissenschafts- und Forschungshandeln als soziale Handlungen voneinander unterschieden werden, läßt sich zumindest jene These des Externalismus in der Wissenschaftstheorie halten, die besagt, «daß alle sozialen Interaktionen der Wissenschaftler Rückwirkungen auf die Art haben, sich wissenschaftlich mit einer Sache zu befassen» (Krohn/Küppers 1987, S. 40). Die soziale Stimmung der Zeit vor der Reichsgründung mit ihrer «Socialistenangst» (Hildebrandt) und Materialismusabwehr fand, systemtheoretisch gesprochen, über die Umweltschleifen Eingang in das System Wissenschaft (vgl. Hildebrandt 1990). Das gleiche gilt für die rasante Entwicklung des Industriekapitalismus mit dem Klima einer Forschungs- und Fortschrittseuphorie, das gleichwohl von Verunsicherung durchsetzt war. Weil aber wissenschaftstreibende Personen die gesellschaftlichen Einflüsse nicht derart kanalisieren, daß ihre Persönlichkeit in Berufs- und Alltagsweltrolle aufgespalten wird, muß die Annahme der externen politischen Einflüsse als verfälschende Trennung disqualifiziert werden.

Die Wissenschaftshandlungen Wundts können so gedeutet werden, daß sie dem driftenden Gegenstand Psychologie eine markante Richtung gegeben haben, die sich in der Leipziger Institutsgründung festmachen läßt. Entscheidende Systemkomponenten können in den wissenschaftspolitischen Entscheidungen Wundts gesehen werden, so in erfolgreichen hochschulpolitischen Verhandlungen, der Offenheit für ein internationales Forschungspublikum und einer gut lancierten, reichen Publikationstätigkeit.

Forschungspraktisch spiegelt Wundts duale Konzeption in der Theorieproduktion nur die Bifurkation der Psychologie, der weitere Gabelungen folgten: Die «experimentelle oder induktive Psychologie» entsteht als eigener Gegenstandsbereich innerhalb der philosophischen Fakultät, die die ‹neue› (naturwissenschaftliche) Psychologie von sich absondern will. Als Anstoß für die Gegenbewegung durch die Philosophie kann die Externalisierung des Psychischen gesehen werden, die die Gegenstandsdrift auslöste. Denn die Externalisierung psychischer Inhalte und die Herstellung von experimenteller Erfahrung stehen in einem deutlichen Kontrast zur Untersuchung von «Erlebnissen», der sie interpretierenden Artikulation von Bedeutungszusammenhängen, aber auch zu transzendentalphilosophischen Konstitutionsfragen.

In dem letzten Heft der «Philosophischen Studien» (103) gibt Wundt einen Rückblick auf sein Programm einer *Komplementarität* von Philosophie und Wissenschaften:

> «Als der Herausgeber diese Hefte, trotz des von Anfang an ausgesprochenen psychologischen Programms, ‹Philosophische Studien› nannte, da war darum dieser dem Inhalt vielleicht nicht ganz adäquate Titel in doppeltem Sinne ein Kampfestitel. Den Naturforschern und vornehmlich den Physiologen, die noch immer mit skeptischer Geringschätzung auf alles herabsahen, was Philosophie hieß, sollte es andeuten, dass die Philosophie so gut wie irgend ein Gebiet der Naturforschung eine ernst zu nehmende Wissenschaft sei, deren vor allem die Physiologie in ihren der Psychologie und durch diese der Erkenntnistheorie zugewandten Grenzgebieten nicht wohl entrathen könne, wenn sie nicht selbst auf völlig unwissenschaftliche Irrwege gerathen wollte. Den Philosophen aber sollte dieser Titel zu Gemüthe führen, dass die Psychologie – mag man sie nun zur Philosophie rechnen oder nicht – jedenfalls für den Philosophen eine nicht zu entbehrende Vorschule sei, und dass sie das nur sein könne, wenn sie mit den Hülfsmitteln und in dem Geiste exacter Methode betrieben werde» (Wundt 1903, S. 793–794).

Das Ringen um die Eigenständigkeit einer akademischen Psychologie sowie die Integration von Psychologie und Philosophie sind gleichermaßen Motive, die theoretisch sowie forschungs- und wissenschaftspraktisch durchgängig von Wundt verfolgt wurden. Sie brachten ihn dazu, an die Adresse der Philosophen Mahnungen auszusprechen, «die Psychologie überhaupt aus der Philosophie hinauszuweisen» (1903, S. 794).

4. Kontroverse II

Die Psychologismuskritik Husserls und ihre Wirkungen

Die Kontroverse II brachte Konflikte zum Ausbruch, die in den ausgehenden 90er Jahren bereits als ‹Krise der Psychologie› thematisiert wurden. Gerade die weitgehende Akzeptanz der neukantianischen Unterscheidung von Transzendentalphilosophie und naturwissenschaftlich-empirischer Psychologie als Einzelwissenschaft durch das psychologische *e*-Kollektiv wurde von verschiedenen Seiten attackiert (vgl. Gutberlet 1888; Willy 1899). Die aufstrebende Disziplin identifizierte sich nicht mit der Rede von der Krise. Weder war die in Constantin Gutberlets programmatischem Aufsatz «Psychologie ohne Seele» präsentierte konfessionell orientierte Gegenstandsbestimmung – es ginge doch um die Frage nach der Unsterblichkeit der Seele – konsensfähig, noch wurde Rudolf Willys empiriokritizistische Kritik akzeptiert, Psychologie sei überhaupt noch nicht auf dem Boden der Erfahrung angekommen (Gutberlet 1888, S. 174; Willy 1899, S. 1, 60f).

Den Auftakt zur Kontroverse II bilden Edmund Husserls 1900 erschienene «Prolegomena zur reinen Logik» (so der Untertitel des ersten Bandes der «Logischen Untersuchungen»). Diese hatten mindestens als «Generalabrechnung mit dem Psychologismus» (Rath) jene durchschlagende Wirkung, die die weitgehende Abstoßung der Psychologie zur Folge hat und damit den neukantischen Rückzug vollendet (vgl. Rath 1990, S. 120). Die durch Husserls «Logische Untersuchungen» (nachfolgend *LU*) ausgelöste Kontroverse II zeigt, wie wirkungslos Freges Unterscheidung zwischen Wahrheit und Für-wahr-halten (als Gewißheitsgefühl interpretiert) gewesen und wie tief die psychologistische Gegenstandsdefinition in der deutschsprachigen Philosophie verankert war (Frege 1884, Einleitung).

Mit den *LU* schaltet sich Husserl in eine Debatte ein, die in philosophischen Fachzeitschriften breiten Raum eingenommen hat und die

die Frage thematisiert, ob oder in welcher Weise Psychologie und Logik zusammengehören. Dabei wird Logik in der erwähnten, weiten Bedeutung genommen, die Erkenntnistheorie und Methodenlehre einschließt. Eine der streitenden Parteien, die Husserl «Psychologisten» nennt, will die Logik als Teilgebiet der Psychologie verstanden wissen; die andere Partei («Anti-Psychologisten») beharrt auf einer Trennung von empirischer Disziplin, der Psychologie, und normativer Disziplin, der Logik.

Die Empirizität der Wissenschaft Psychologie war unstrittig, daher war der wesentliche Einwand gegen den Psychologismus eine Variante des Zirkularitätseinwandes: Die Ableitung der wissenschaftskonstituierenden Sätze, die die «begriffliche Form des systematischen Inhalts der Wissenschaft» bilden, aus den zufälligen Inhalten einer empirischen Tatsachenwissenschaft führt in einen schlechten, «reflexiven Zirkel» (*LU* I, S. 156, 166). Dieser Überlegung liegt eine Annahme Husserls zugrunde, die induktiv ermittelten empirischen Wahrheiten immer nur Wahrscheinlichkeitscharakter zuschreibt und sie daher von mathematischen oder logischen Einsichten als theoretischen Wahrheiten strikt unterscheidet. Die Psychologisierung der Logik behandelt logische Operationen vorwiegend als psychische Phänomene und hält logische Begriffe wie ‹Wahrscheinlichkeit›, ‹Notwendigkeit›, ‹Grund›, ‹Folge› sowie ‹Wahrheit› für psychologische Sachverhalte.

Husserl bezieht sich in diesem Punkt auf Kants Unterscheidung von notwendigen und zufälligen logischen Regeln: «Wir wollen in der Logik nicht wissen: wie der Verstand ist und denkt, und wie er bisher im Denken verfahren ist, sondern: wie er im Denken verfahren sollte» (*LU* I, S. 53). Die psychologische Interpretation rein logischer Gesetze ist als unzulässige Sinnverschiebung zu werten, da jene keinerlei empirische Extension aufweisen (*LU* I, S. 173). Husserl weist auf eine Äquivokation des Begriffs «Gesetz» hin, denn psychologische und logische Gesetze haben verschiedene Geltungsbereiche: «Sie aber (die logischen Gesetze; N. D. S.) sind rein theoretische Wahrheiten idealer Art, rein in ihrem Bedeutungsgehalt wurzelnd und nie über ihn hinausgehend. Sie können also durch keine wirkliche oder fiktive Änderung in der Welt des *matter of fact* berührt werden» (*LU* I, S. 149).

Hier wird nun nicht behauptet, daß kein psychisches Geschehen vorliegt, wenn eine Person einen logischen Schluß zieht, aber kritikwürdig ist der zugrunde liegende kardinale Denkfehler. Husserl bezeichnet ihn als «reflexiven Zirkel» und nicht als (unmittelbare) *petitio principii*;

denn in der psychologistischen Argumentation gehen die Sätze, die als Konklusionen aufzufassen wären, nicht direkt in die Prämissen ein oder fungieren als solche, um dann als Schlußfolgerungen unten wieder aufzutauchen. Ein «reflexiver Zirkel» im Sinne Husserls liegt vor, weil die Klasse von Sätzen, in denen wissenschaftliche Aussagen Erkenntnisse über Psychisches formulieren, selber die Logik bereits voraussetzen, das heißt in Anspruch nehmen müssen. Das bedeutet, daß beim Aufbau eines psychologischen Theoriengerüsts bereits fundamentale logische Prinzipien (Regeln, Gesetze, Schlußfiguren) in Anspruch genommen werden, die ein (jedes) wissenschaftliches Aussagensystem erst als solches qualifizieren.

Logische Prinzipien müssen aber in einer reinen (formalen) Logik zunächst einmal selbst begründet werden. Der Einwand des ‹reflexiven Zirkels› gilt für alle Formen von Szientismus (Soziologismus, Biologismus, Physikalismus etc.), weil jede empirische Wissenschaft sich der Strukturen des Logischen bedienen muß. Logik und Empirie werden als getrennte Begründungssphären behandelt, und entsprechend kann der zentrale Kritikpunkt als Kategorienfehler bezeichnet werden. Die kategoriale Trennung unterscheidet strikt die Domänen des Logischen bzw. Mathematischen (Sphäre von Idealität) und die Domänen des Faktischen (Sphäre von Realität). Der Hinweis auf die Kategorienangemessenheit, der im nachfolgenden Beispiel Husserls implizit steckt, wird für die Diskussion des modernen Psychologismus (im Schlußkapitel) wichtiger sein als der wirkungsgeschichtlich ausgesprochen mächtige Zirkeleinwand. Am Beispiel einer Rechenmaschine verdeutlicht Husserl die analog zu sehenden Konsequenzen der typischen psychologistischen Kategorienvermengung: Ebenso wie arithmetische Gesetze die Funktion der Maschine physikalisch nicht erklären können, kann auch die Differenz von funktionalen Gesetzen unserer «Denkmaschine» und logischen Gesetzen, die zu formal richtigen Schlüssen führen, nicht einbezogen werden (vgl. *LU* I, S. 68). Wer diese kategorialen Differenzen nicht beachtet, argumentiert in Husserls Augen gewissermaßen im falschen Register.

Für den Fortgang der Philosophie war diese Unterscheidung ein entscheidender Schritt, denn Husserl reetablierte damit die Grenze zwischen den logisch-begrifflichen und den faktisch-empirischen Wahrheiten. Haben die in der Sphäre der *verités de fait* erforschten ‹Wahrheiten›, Theorien oder Gesetze nur Wahrscheinlichkeitscharakter und müssen somit als prinzipiell fallibel gedacht werden, sind im philosophischen Bereich der *vérités de raison* nach Husserl apodiktische Wahrheitseinsichten möglich. Die Bereichs- oder Sphärentrennung ging zudem mit einer unterschiedlichen Bewertung einher: Der deutlichen Aufwertung des Bereichs der Bedeutungswahrheiten (und der idealen Gesetze) entsprach eine merkliche Deklassierung des Tatsachenbereichs, von dem Husserl zuweilen den Eindruck vermittelte, als fehle dort die Logizität vollständig. Auch wenn der Gegenstandsbereich von «Realwissenschaften» im Sinne Husserls von Empirischem gebildet wird, so arbeiten sie in ihren Beweisgängen und Explanationen doch eben nicht nur empirisch (vgl. Moog 1919, S. 14f).

Verglichen mit dem neukantianischen Rückzug vom Psychologismus bestätigte auch Husserl die Domäne der Philosophie im konstitutionstheoretischen Bereich und ist insofern in seiner Leistung für den ‹Wiederaufstieg der Philosophie› dem Neukantianismus vergleichbar. Allerdings wählt er als ‹Gegenstandstheoretiker› mit seiner Fassung von Intentionalität einen anders gearteten philosophischen Erkenntnisweg. Immerhin eröffnet die geltungstheoretische Grundlegung, die als genuin philosophische Aufgabe angesehen wird, einen transzendental-philosophischen Fragehorizont: Es geht um die «Frage nach den Bedingungen der Möglichkeit *theoretischer Erkenntnis* überhaupt, allgemeiner von Schlußfolgerung überhaupt und von Erkenntnis überhaupt, und zwar der Möglichkeit nach für ein beliebiges menschliches Wesen. Diese Bedingungen sind teils *reale*, teils *ideale*» (*LU* I, S. 237).

Die Erforschung der realen Erkenntnisbedingungen fällt in das Gebiet der Psychologie, die kausale Relationen ermittelt und entsprechend Gesetze des Empirischen zu formulieren sucht. In der Sphäre der Idealität hingegen sind – wie im Zitat deutlich – zwei philosophische Arbeitsfelder angelegt. Es geht um Erkenntnisbedingungen a priori, «ohne jede Rücksicht auf die empirische Besonderheit des menschlichen Erkennens in seinen psychologischen Bedingtheiten», *und* um die Möglichkeit und Form reiner Logik (*LU* I, S. 238). Husserl unterscheidet analog zu Freges Differenzierung zwischen Wissen und Gewißheit zwei Bedeutungen von Evidenz, eine logische Evidenz und das Erleben von Evidenz als Evidenzgefühl. Daher kann er behaupten, daß der Wahrheitswert logischer Sätze nicht durch Evidenzgefühle produziert wird, sondern allein durch mit Evidenz erkannte, das heißt geschaute logische Zusammenhänge. Sollte die Psychologie also Evidenzgefühle als subjektive Gewißheitserlebnisse untersuchen, trägt sie damit zur Begründung der «reinen Logik» nichts bei (vgl. *LU* I, S. 182f).

Husserls Kritik der Verkennung der Unterscheidung zwischen «Real-» und «Idealgesetz», «normierender» und «kausaler Regelung» bzw. «logischer» und «realer Notwendigkeit» ist als Hauptargument gegen den Psychologismus aufgefaßt worden (vgl. Rath 1990, S. 120; *LU* I, S. 149, 165, 56, 62, 79f). Husserls Behauptung, daß logische Gesetze a priori gültig sein müssen und nicht nur den Rang induktiver, daher immer nur wahrscheinlicher Gesetze haben dürften, um überhaupt Wissenschaft fundieren zu können, dürfte der ausschlaggebende Grund für die zahlreichen heftigen Reaktionen gewesen sein. Denn den Fundierungsanspruch hegte die Psychologie ja ebenfalls, ohne ihn im Apriorischen verankern zu wollen.

Was die Gruppe der Psychologen und Psychologinnen, neben der untergeordneten Stellung empirischer Gesetze in Husserls System, gewiß nicht einfach akzeptieren konnte, war seine Ansicht, daß es «ein Fehler» gewesen sei, die «beste wissenschaftliche Energie der Psychologie zugewendet (zu haben) – der Psychologie als einer erklärenden Naturwissenschaft, an welcher die Philosophie nicht mehr und nicht anders interessiert ist, als an den Wissenschaften von den physischen Vorgängen» (*LU* I, S. 212). Mit umgekehrter Wertung dürfte dies genau das Leitmotiv für eine Trennung von Psychologie und Philosophie gewesen sein: Vor allem die im *e*-Denkstil operierende Community, die sich überwiegend auf den Ausbau der empirischen Erfahrungswissenschaft Psychologie konzentrierte, wollte mit apriorischer Idealwissenschaft oder phänomenologischer Wesensschau nichts zu tun haben. Daher gab es eine Reihe abwehrender, von verschiedensten theoretischen Motiven getragene Reaktionen auf die *LU*, die zwar alle grundsätzlich dem Antipsychologismus-Argument zustimmen, es für das eigene Werk aber nicht gelten lassen wollen oder bei anderen, oft bei Husserl selbst, nach psychologistischer Infiziertheit suchen.

Die Reaktionen Theodor Lipps' und Wilhelm Wundts auf die «Logischen Untersuchungen» gestatten einen klärenden Blick auf das Schicksal der philosophischen Strömung ‹Psychologismus› und den Ausgang der Fundierungsstreitigkeiten zwischen Psychologie und Philosophie.

Begriffsbestimmung ‹Psychologismus›

Standardnachschlagewerke der Psychologie teilen zum Stichwort ‹Psychologismus› etwa mit, daß darunter «die Überbewertung des Psychologischen (zu verstehen sei)... eine schon von Kant bekämpfte Auffassung, die Geltung, Werte, Normen auf Tatsachen der ‹inneren Erfahrung› oder Bewußtseinszustände zurückführen wolle oder die die Psychologie als Grundlage aller Wissenschaften betrachte» (Hehlmann 1963). Auch Handwörterbücher der Philosophie vermerken in der Regel in ihrem Eintrag zum Stichwort ‹Psychologismus›, daß von mindestens zwei Psychologismus-Varianten ausgegangen werden könne, und nennen zumeist Theodor Lipps als den Vertreter der einen, Wilhelm Wundt als Vertreter der anderen Richtung.

Psychologistische Ansätze gehören zu einem Begründungstyp, der gewöhnlich die These enthält, logische Schlüsse oder Urteile (wie auch ästhetische oder ethische) seien psychische Phänomene. Der erkenntnistheoretische Psychologismus hält logische Fragen im Kern für psychologische Fragen und schlägt sie dem Arbeitsgebiet der Psychologie zu. Die vielen Psychologismen lassen sich auf zwei Grundtypen zurückführen, einen *reduktionistischen* und einen *führungswissenschaftlichen* Psychologismus: Der reduktionistische Psychologismus löst alle mentalen Zustände und Vorkommnisse so in Psychisches auf, daß zum Beispiel die Verbindung von ‹Vorstellungen› in logischen Schlüssen durch ihre Untersuchung als psychologische Vorgänge geltungslogische Erklärungen gestatten sollen. Husserl und der Neukantianer Natorp bezeichnen diese Position auch als «Naturalismus» oder «Anthropologismus». Bekanntester Vertreter dieser Variante ist Theodor Lipps, der zudem alle philosophischen Disziplinen für (spezielle oder angewandte) Psychologien hält: «Die Logik ist eine psychologische Disziplin, so gewiß das Erkennen nur in der Psyche vorkommt und das Denken, das sich in ihm vollendet, ein psychisches Geschehen ist» (1893, S. 1–2).

Der führungswissenschaftliche Psychologismus läßt eigenständige philosophische Disziplinen bestehen, so daß nicht alles ‹nur› noch Psychologie ist. Aber weil der Psychologismus auch positivistische Züge trägt, wird u. a. bei Wilhelm Wundt «Psychologie» zur Grundwissenschaft, die das Tatsachenmaterial erschließt. Während aber Lipps kurzerhand die logischen Gesetze mit Naturgesetzen gleichsetzt und konsequenterweise Logik als die Physik des Denkens bezeichnet, geht Wundts führungswissenschaftlicher Psychologismus anders zu Werke. Felix Krueger, ein späterer Leipziger Nachfolger, sagt in seiner Würdigung Wundts: «Wie kaum ein anderer wirklicher Psychologe hat er jederzeit von sich gewiesen, was man heute ‹Psychologismus› nennt, d. h. die Auflösung normativer Bestimmungen, des Geltens, in bloße Feststellungen oder Erklärungen des psychisch tatsächlichen Geschehens...» (1922, S. 6).

Wundt zählt zur Gruppe von Philosophen, die jene Überlegungen Kants zur Logik anders als Husserl interpretieren und die Logik als «Normlehre des Denkens» bezeichnen: Die Logik lehre uns, wie wir denken sollen, wenn die Erkenntnisse richtig sein sollen (vgl. Wundt I, 1893, S. 200). Allerdings betrachtet Wundt als eine wissenschaftlich fundierte Logik nur diejenige, welche die Gesetze des logischen Denkens «vor allem bei ihrem Ursprung in der innern Erfahrung» aufsucht. Den formalen Logikern wirft er vor, daß diese Gesetze bei ihnen als «unerklärliche Thatsachen» verbleiben (I, S. 5–7).

Theodor Lipps' Reaktion auf die Psychologismusangriffe

Auf die aktive Gruppe von Psychologen um den damals prominenten Theodor Lipps (München) hatten die «Logischen Unterschungen» eine bemerkenswerte Wirkung. Lipps verabschiedet seinen reduktionistischen Psychologismus. Nach intensiven Studien der *LU* entwickelt sich der Lipps-Kreis zu einem wichtigen Teil der deutschen phänomenologischen Bewegung (vgl. Spiegelberg 1960, S. 171 ff).

Doch zunächst gilt Lipps' Auffassung als Paradebeispiel für Psychologismus: «(D)ie Philosophie als Wissenschaft, das ist – die Psychologie» (Lipps 1901 b, S. 26). Gegen antipsychologistische Argumente, die die ‹Normwissenschaften› (Logik, Ästhetik, Ethik) aus der Psychologie entfernen wollen, wendet Lipps ein, deren Normen gelten «vermöge der Gesetzmässigkeit des menschlichen Geistes, der sie entstammen» (ebd., S. 5). In seiner durch die Psychologismuskritik beeinflußten Logik entwickelte er eine extreme, völlig veränderte Logikdefinition: Logik als «Urteilslehre» wird als «apriorische Wissenschaft vom überindividuellen Ich» bezeichnet, die den Hauptfehler des Psychologismus, der Verwechslung von Inhalten und Gegenständen, vermeidet (1905 a, S. 629). Nur die Untersuchung unserer psychischen Inhalte gehört nunmehr in den Bereich von Psychologie, gegenstandstheoretische Aussagen verbleiben in der (phänomenologisch-)philosophischen Domäne. Vom Urteilsakt als psychologisch zu traktierende Entität wird jetzt der Urteilsgegenstand («wirkliche oder vermeintliche Tatsache») unterschieden und davon als Gegenstand der Logik «das Urteil» abgetrennt (1912/13, S. 8–9). Bemerkenswerterweise macht auch die Psychologie Aussagen über gültige Urteile. Sie bekommt daher eine zentrale Funktion in einem gleichfalls neu gefaßten Psychologiebegriff: Das gültige Urteil gilt als «die Norm des Urteilens. Von solchen Normen aus aber verstehen wir erst das Wirkliche... Von der Erkenntnis aus, dem *reinen Bestimmtsein durch die Gegenstände*, verstehen wir erst das Denken des Individuums, das Schwanken ist zwischen den Gegenständen und unserer individuellen Natur. So erweist sich auch hier wiederum die Logik als in der Psychologie eingeschlossen» (ebd., S. 22; Hervorh. N. D. S.).

Theodor Lipps arbeitet nach seiner Husserl-Lektüre mit zwei nicht ausgewiesenen Begriffen von Psychologie, was merkliche philologische Probleme bereitet (vgl. N. D. Schmidt 1994b, S. 175ff). Der Begriff ‹empirische Psychologie› ist aus allen erkenntnistheoretischen oder logischen Erwägungen Lipps' prinzipiell ausgeklammert und auch im obigen Zitat nicht gemeint. Dafür ist ein zweiter Begriff von Psychologie mit verblüffenden Bestimmungen aufgeladen, die eine metaphysisch verstandene Psychologie zur «Wissenschaft vom Bewußtseinswirklichen» machen und diese als Grundwissenschaft fundierend für alle anderen Wissenschaften hält. Denkgesetze bzw. logische Normen werden zugleich als Seinsnormen angesehen, weil «das überindividuelle Ich» (in fichtescher Manier) die Gegenstände – gemäß seiner eigenen gesetzlichen Verfaßtheit – setzt. Das Problem besteht darin, daß Lipps in einem Idealisierungsschritt seinen Psychologismus gleichsam eine Stufe hinaufhebt, indem die wirklichkeitssetzende Instanz, «das überindividuelle Ich», wie eine überindividuelle Psyche oder ein ‹Metasubjekt› konzipiert wird. Die Erkenntnissituation stellt sich folgendermaßen dar: Ein ‹individuelles Ich›, das reine und empirische Komponenten haben muß, erfüllt die Gegenstandsforderung, die jeweils durch die vom *über*individuellen Ich gesetzten Gegenstände aufgestellt werden, und fällt zum Beispiel ein wahres («voll gültiges») Urteil, wenn die Forderung des Schnees, als ‹weiß› gedacht zu werden, als solche anerkannt wird.

Daher ist es ganz im Sinn dieser metaphysischen Psychologie, wenn

Logik, Ästhetik und Ethik nicht, nach dem Vorbild von Wundt, einen autonomen Status erhalten; denn der normative Charakter dominiert als ‹Sollen› logische, ethische und ästhetische Gegenstandsforderungen. Sein und Sollen verbindet erst ein richtiges Erkennen, das die überindividuell gesetzte Gegenstandsforderung, also dem Sollen im Erkennen entspricht und damit zum Sein durch Anerkennung der Sollensforderung geführt wird. In dieser Deutung sind erkenntnistheoretische und im engeren Sinn logische Zusammenhänge mit moralisch-praktischen Geltungsansprüchen vermengt. Daß dem rein Logischen der Forderungscharakter nicht anhafte, weil das «erkenntnismäßige Sollen» nicht als Forderung in der Erkenntnisrelation auftritt, wird von Moog gesehen. Dies sei dem Verhältnis der ethischen Idee zum Willen abgelesen (vgl. Moog 1919, S. 221). Aber auch mit der Beziehung auf ein Sein ist nichts für die logische Geltung oder eine Begründung der Logik überhaupt gewonnen; Logik erhält bei Lipps eine metaphysische Grundlage (Moog 1919, S. 43).

Mit dem Gebrauch der Ausdrücke ‹Sollen› und ‹Forderung›, die vor allem Sinn im Bereich normativer Richtigkeit machen, wird in der Domäne theoretisch-deskriptiver Wahrheitsfragen Verwirrung gestiftet. Im mentalistischen Erkenntnisakt nach Lippsschem Vorbild haben wir geradezu animistisch belebte oder subjektartige Gegenstände vor uns, die Forderungen stellen, welche wir erfüllen müssen, um zur richtigen bzw. wahren Erkenntnis zu gelangen. Sprachanalytisch belehrt, können wir inzwischen sagen, daß die ‹Forderung› des Schnees, als weiß gedacht zu werden, im wesentlichen mit grammatischer Korrektheit und gesellschaftlichen Konventionen der sprachlichen Bezugnahme zu tun hat.

Das nach 1900 beliebte ‹Gesellschaftsspiel deutscher Philosophen›, alles unter Psychologismusverdacht zu stellen, sich selbst aber reinzuwaschen, spielt Lipps nicht mit (vgl. Gutzmann 1983, S. 340). Er ‹konvertiert› nur vom reduktionistischen Psychologismus zum metaphysischen Psychologismus. In der reformierten Gegenstandsdefinition wird Psychologie als Wissenschaft von dem nur Erlebbaren bzw. vom Bewußtseinsleben bezeichnet. Das ‹nur›, in der Bedeutung von ‹lediglich›, verweist auf die Annahme, daß «nichts vom Bewußtseinsleben ... sinnlich wahrgenommen (werden kann), sondern alles dies kann nur innerlich gefunden, verspürt oder, wie ich sage, erlebt» werden (Lipps 1912/13, S. 2). Entsprechend bezeichnet Theodor Lipps Metaphysik als «Wissenschaft unserer Sehnsucht»: «Sie ist die Philosophie an dem

Punkte, wo wir das Wirkliche sozusagen von innen zu sehen vermögen... In diesem Sinne ist die Psychologie auch die Grundwissenschaft der Metaphysik und somit aller philosophischen Disziplinen überhaupt» (1912/13, S. 25, 27).

Weitere Aufgaben einer als dreiteilig gesehenen Psychologie bestehen in der Umarbeitung des erlebten Zusammenhangs in einen Kausalzusammenhang durch Ergänzung des Nicht-Erlebbaren (Gedächtnis, unbewußtes psychisches Geschehen, Anlagen etc.) und in der Zuordnung der Bewußtseinserscheinungen zu den physischen Erscheinungen. Die letzte Aufgabe erfüllten die Sondergebiete Psychophysiologie und Psychophysik. Erst die Bearbeitung dieser drei Aufgabenbereiche mache eine vollständige Psychologie aus.

Theodor Lipps stand mit seiner Position weitgehend allein; aber die Dominanz der «Erlebbarkeit» im Bereich des Psychischen verweist auf jene Drift, die die mentalistische Psychologie zur «Wissenschaft vom menschlichen Erleben» führte. Insofern teilt Lipps die grundlegende Annahmenbasis aller Theorien, die dem *v*-Denkstil zuzurechnen sind, was sich besonders in der zentralen Rolle dokumentiert, die die umstrittene «Einfühlung» in seinem Konzept spielt.

Wundts ‹halbierte Akzeptanz› von Husserls Psychologismuskritik

Das Problem der Terrainkämpfe verweist auf die Frage, ob eher Psychologie oder Philosophie Erkenntnistheorie fundieren kann. Die Reaktion Wilhelm Wundts kann die große Gruppe der ‹Psychologisten› repräsentieren, die einerseits Husserls Psychologismuskritik akzeptierten, andererseits seinen Ansatz selbst attackierten. Das ohnehin nicht sehr gefestigte akademische Selbstbewußtsein der jungen Psychologie war durch Husserls «Logische Untersuchungen» mächtig irritiert worden. Wundt reagiert erst 1910, aber in der Vorgehensweise ähnlich wie zuvor viele Kollegen: Er sucht nach Inkonsistenzen in Husserls Konzept.

Zunächst pflichtet er den Einwänden Husserls gegen den Psychologismus in der Logik bei; aber dann wird Husserl neben Brentano als Vertreter eines «neoscholastischen Logizismus» bezeichnet, der die «Aufgaben der psychologischen Analyse auf das Feld logischer Reflexionen» verlegen will (Wundt 1910, S. 602, 617). Am Beispiel von

Wundts Rezeption der *LU* und seiner Interpretation, die eine «Umwandlung der Psychologie in ein Anwendungsgebiet der reinen Logik» befürchtet, kann gezeigt werden, wie die damals oft geführte Rede von ‹der Gefahr› für die Psychologie zu verstehen ist.

Wundt interpretiert Husserls Prolegomena für eine reine Logik als einen radikalen Logizismus, der die erfahrungswissenschaftlichen Bemühungen und Erfolge der Psychologie zu zerstören droht. Wundt wiederholt, daß die Psychologie zwar eine alte Wissenschaft sei, sich aber, gemessen am Maßstab exakter Methoden, erst in den Anfängen befände (1910, S. 580). In kaum einem programmatischen Text zur Psychologie um die Jahrhundertwende fehlt diese Bitte um Nachsicht. Die stets wiederkehrende Rede von der ‹Gefahr› und die implizite Forderung, der jungen Disziplin Fehler nachzusehen, kann hier im Kontext der Psychologismusdebatte Aufklärung erfahren. Der stete Kampf um den Wissenschaftlichkeitsbeweis erscheint als die Achillesferse der neuen Psychologie.

Logizismus versus Psychologismus

Wundt und Husserl reklamieren für sich einen direkten, nicht durch Interpretationen verstellten Zugang zu den Tatsachen, die allerdings einmal als unmittelbare Bewußtseinserscheinungen (Wundt 1910, S. 604), einmal als die «Sachen selbst» gesehen werden (Husserl, *LU* II, 1901, S. 6). Wundt erinnert in dieser Auseinandersetzung mit Husserl an die Maximen einer ‹selbständigen› Psychologie: «Halte dich ausschließlich an die Bewußtseinsvorgänge selbst, die, um sie gegen die trügerischen Einflüsse einer ungeregelten Selbstbeobachtung sicherzustellen, durch die experimentelle Analyse der Erscheinungen in ihren wechselseitigen Beziehungen fixiert werden müssen! Laß keine Gesetze oder Prinzipien gelten, die nicht unmittelbar aus den Erscheinungen abstrahiert sind... Statt die in der Philosophie ausgebildeten logischen Formen auf das natürliche Bewußtsein zu übertragen, suche vielmehr aus diesem natürlichen Bewußtsein selbst und seinen Erzeugnissen in Ausdrucksbewegungen und Sprache die wirkliche Entwicklung des menschlichen Denkens zu erschließen!» (Wundt 1910, S. 581).

Dieses Zitat zeigt, daß Wundt glaubt, die antispekulativen Ausgrenzungen wiederholen zu müssen, indem er den Wert positiver Erfahrung im Experiment als direkten Zugriff auf menschliches Denken betont. Wundt ordnet aus der Perspektive des *e*-Denkstils Husserls Ansatz einem abzulehnenden Typus von Philosophie zu, der alles sein mochte, nur nicht auf direkte Tatsachendarstellungen ausgerichtet. Daher ist der entscheidende Kritikpunkt, daß Husserls neoscholastischer Schematismus logische Reflexionen in seelische Erscheinungen hineinprojiziert. Die so gewonnenen Verallgemeinerungen werden als empirische Gesetze des Seelenlebens ausgegeben (Wundt 1910, S. 581). Daß es Husserl um empirisch-psychologische Gesetze oder das Denken und Erkennen im psychologischen Sinn gerade nicht gegangen war, sondern um die (idealen) Bedeutungen von Sätzen, überzeugt Wundt nicht.

Aus einer konsequent gedachten mentalistischen Perspektive erscheint genau diese Wendung zur Sprache als Hauptproblem, weil die «Phänomenologie des Denkens... die Denkphänomene nicht so, wie sie unmittelbar im Bewußtsein gegeben sind, sondern in ihren *sprachlichen Formen*... verwertet» (Wundt 1910, S. 603). Hinzu kommt, daß nicht einmal, wie in der Sprachpsychologie, die objektiven Äußerungen des Gedankenverlaufs verwendet werden, sondern daß nach logisch-grammatischen Gesichtspunkten Umgestaltungen und Unterscheidungen vorgenommen und diese mit einer Herausarbeitung der latenten Bedeutungen verbunden werden. Damit werden psychische Inhalte in logische Denkakte aufgelöst (vgl. Wundt 1910, S. 576).

Wundt interpretiert daher die Aussagen zur Phänomenologie als eigenartige «Begriffsverschiebung»: Anstelle einer empirischen Psychologie bereitet die Grammatik Logik und Wissenschaften vor. Jene Methode einer «Wort- und Begriffsdialektik» soll offenbar die deskriptiven Aufgaben der Psychologie übernehmen: «Diese ‹Phänomenologie›, die der Psychologie substituiert wird, ist... überhaupt keine Psychologie, weder im gewöhnlichen noch in irgendeinem sonst gebrauchten oder brauchbaren Sinne, sondern sie ist eine die grammatische, insbesondere die Wortanalyse weiterführende Begriffsanalyse» (1910, S. 603). Damit also arbeitet die Phänomenologie (als Vorbereitung zur reinen Logik) nicht mit hypothesengesäuberten bloßen Erscheinungen, als die die unmittelbaren Bewußtseinsvorgänge des Denkens zu gelten haben, sondern an ihre Stelle tritt die Analyse von Wortbedeutungen (vgl. ebd., S. 604). Dies ist der Kern der drohenden ‹Gefahr› für die junge Psychologie.

Evidenzprobleme und mentalistische Verstrickung

In Wundts «Logik» ist das Erleben von Evidenz das entscheidende Kriterium für die Zuschreibung von Wahrheitswerten und rückt somit in das Zentrum seines Kritikfeldes. «Evidenzerlebnisse» sind im Sinne der *LU* durchaus ein empirischer Forschungsgegenstand für psychologische Untersuchungen; logische Evidenz hingegen setzt Husserl in Beziehung zur *Einsicht* in die Wahrheitsbedingungen logisch-mathematischer Sätze. Wundt greift in seiner Kritik das Problem der zweifachen Evidenz bei Husserl auf: «Evidenz ist... nichts anderes als das ‹Erlebnis› der Wahrheit. Erlebt ist die Wahrheit natürlich in keinem anderen Sinne, als in welchem überhaupt ein Ideales im realen Akt Erlebnis sein kann. Mit andern Worten: Wahrheit ist eine Idee, deren Einzelfall im evidenten Urteil aktuelles Erlebnis ist» (*LU* I, S. 190). Aussagen, die das Erleben («Evidenz- und Wahrheitserlebnis», «aktueller Vollzug des Gesetzesurteils» etc.) thematisierten, waren als legitimes Feld der psychologischen Logiken akzeptiert, und so akzeptierte wohl nur eine sehr wohlwollende Interpretation die anvisierte Differenz zwischen Evidenz und Evidenzgefühl.* Wundt hingegen nutzt in seiner Kritik die Formulierungen, die davon zeugen, daß der frühe Husserl mit seinen psychologistischen Opponenten immer noch einige Voraussetzungen teilt und psychologistische Formulierungen («Evidenzerleben» u. a.) nicht ganz vermeiden kann. Wundts Kritik an den *LU* ist radikal; die «Logischen Untersuchungen» verfälschen in seinen Augen die Aufgabe der Logik. Denn wenn ideale Evidenz an den Wortbedeutungen hängt, «die im aktuellen Vollzug des Gesetzesurteils lebendig waren», fragt sich, was Husserl von den ‹Evidenztheoretikern› unterscheidet (*LU* II/1, S. 5–6). Wundt versteht diese Formulierungen als theoretische Inkonsistenz, die sich mit seiner Empörung darüber verbindet, daß Husserl auf «das Wort oder den Satz als den sprachlichen Ausdruck des Gedankens» und deren Analyse die Wissenschaften gründen will (1910, S. 603). Wundts Konzept von Sprache und Denken kann als Paradigma für den mentalistischen Unmittelbarkeitstopos gesehen werden, den Husserl bereits (weitge-

* In dieser Differenz verortet Stegmüller Husserls impliziten sprachphilosophischen Vorgriff; apodiktische Evidenz ist als grammatikalische Intuition reformulierbar (Stegmüller 1960, S. 85).

hend) preisgibt, wenn er nicht gerade in psychologistische Formulierungen zurückfällt.*

Zwischen ‹bloßen› Worten oder Wortbedeutungen und psychischen Bewußtseinsvorgängen wird ein Graben gezogen, der ‹innen› und ‹außen› trennt. Dieser ist zwar überbrückbar, weil jene Bewußtseinsvorgänge sich durch Wörter ‹ausdrücken› lassen, was die Sprache allerdings nicht zu einem Ausdrucksmittel von philosophischer Dignität macht. Der Zugang zur Logik durch Reflexion auf die Bedeutung von Sätzen war daher für das mentalistische Denken und damit auch für Wundt völlig inakzeptabel.

Kein führungswissenschaftlicher Psychologismus kann eine Vorschaltung logischer Untersuchungen gutheißen, die jene in der Psyche verankerten Evidenzerlebnisse (Innenseite) nicht einbezieht. Weil aber bei Husserl selbst von der *erlebten* Evidenz «im aktuellen Vollzug des Gesetzesurteils» die Rede ist, sehen Wundt und andere Vertreter der antilogizistischen Position seinen Logizismus vollends als selbstwidersprüchlich an und werten ihn außerdem als Verschiebungsversuch, der die Wissenschaft Psychologie bedroht und den psychologischen Gegenstandsbereich seiner Komplexität beraubt (vgl. Wundt 1910, S. 611, 624; *LU* I, S. 190).

Husserl stiftet aber nicht nur Verwirrung durch psychologistisch klingende Aussagen. Gerade auch in solchen Äußerungen, die die Frage der Grundlegung von Wissenschaft betreffen, erhob er hinsichtlich der Phänomenologie konkrete und explizite Fundierungsansprüche, die nicht nur von Wundt als «Verschiebungsversuch» oder gar ‹Rauswurf› interpretiert wurden, derart, daß die Phänomenologie als Basis aller Wissenschaften nunmehr den Platz der Psychologie beanspruchen würde.

Die Formel ‹Externalisierung versus Internalisierung› hilft auch in diesem Fall bei einer Klärung des Problembestandes: Sprache bzw. Versprachlichung kann bei Wundt beispielhaft als (Heraus-)Projektion interpretiert werden; in vergegenständlichter oder externalisierter

* «Die Kosten für die Widerlegung des Idealismus liegen... in einem Mentalismus der Rede und einem Idealismus logischer Sachverhalte» (Gethmann 1989, S. 198). Husserls spätere Logikarbeiten relativieren den Dualismus von realer und idealer Welt und gestalten das Verhältnis von Denken und Reden nicht mehr als inneres Erleben und dessen Ausdruck (vgl. ebd.).

Form bringt sie psychische Inhalte nach außen, die damit als untersuchbare ‹Gegenstände› einer virtuell intersubjektiven Forschung zugänglich sind. Husserl hingegen greift auf die Metapher des inneren Sehens zurück, die unter der Bezeichnung ‹intellektuelle Anschauung› schon einmal im Deutschen Idealismus strittig gewesen war. Sie wird von ihm als *Intuition*, etwa formuliert als «Bedeutungserfüllung», das heißt «illustrierende oder evidentmachende Anschauung» (*LU* II/1, S. 4), für die Belange der Phänomenologie aufgegriffen. Wundt sah hier einen eklatanten Widerspruch, weil er den Begriff Evidenz auf die unmittelbare (sinnliche) Anschauung bezieht und nicht auf die intellektuelle Anschauung, die für Husserl mathematische oder logische Zusammenhänge erkenntnisfähig macht. Wenn jede unmittelbare Anschauung ein psychologischer Vorgang ist, dann macht sich der Logizismus seinerseits des Psychologismus verdächtig, selbst wenn Evidenz nicht als in die Gefühlsregion einzuordnende Einheit, sondern als «intellektuelle Anschauung» verstanden wird (vgl. Wundt 1910, S. 624).

Einen ähnlichen Vorwurf gegen introspektive Einsicht oder Intuition formuliert während der Kontroverse IV der dem *e*-Denkstil zuzurechnende Psychiater Gaston Roffenstein. In seiner Kritik an der verstehenden Psychologie betont er, August Messer (Denkpsychologische Schule, Würzburg) habe zu Recht auf die große Gefahr hingewiesen, daß «mit der Berufung auf Wesensintuition ein ähnlicher Mißbrauch getrieben werden kann wie mit derjenigen auf intellektuelle Anschauung zur Zeit der Herrschaft des spekulativen Idealismus» (Roffenstein 1926, S. 89). Alle diese Einwände und Zirkularitätsvorwürfe scheinen aber nicht dazu geführt zu haben, den ‹Erfolg› von Husserls Kritik am Psychologismus zu schmälern, im Gegenteil, es sei nicht eine ernstliche Entgegnung oder Widerlegung erfolgt, vermerkt der erstaunte Wundt (1910, S. 602).

Sieger und Verlierer der Kontroverse II

Abschließend soll noch einmal die Frage aufgegriffen werden, wie Husserls Psychologismuskritik in ihrer Wirkung auf Psychologie und Philosophie zu beurteilen ist. Denn Wundt wie auch Lipps strebten ein besonderes Ergänzungsverhältnis beider Disziplinen an; Lipps' spezifische Konversion zum metaphysischen Psychologismus war einzigartig, Wundts halbierte Husserl-Akzeptanz hingegen kann als typische Reaktion interpretiert werden.

Die erhebliche Dynamik der psychologischen Reaktionen verweist auf das Problem des Wissenschaftlichkeitsarguments. Der Zirkelvorwurf entzieht den naturalistischen oder empiristischen Positionen den Boden ihrer eigenen Wissenschaftlichkeit: «Das Logische geht also über das Psychische und Psychologische hinaus. Wenn der Psychologismus dies leugnet, verkennt er nicht nur das Wesen des logischen, sondern stellt den *wissenschaftlichen* Charakter der Psychologie selbst in Frage» (Moog 1919, S. 30). Dies prekäre Thema, die Zweifel an der Wissenschaftlichkeit, liefert triftige Gründe für die eiligen Psychologismusdistanzierungen. Dem Irrtum logischer Fehler von dieser Tragweite mußte schnell abgeholfen werden, und das war im *e*-Denkstil deshalb nicht so problematisch, weil dort die Gleichsetzung von Naturwissenschaft/empirischer Tatsachenwissenschaft mit Psychologie ohnehin akzeptiert wurde. ‹Realwissenschaft› und ‹Realgesetze› waren Programm und Ziel gleichermaßen. Für Wundt allerdings, der diese Begrenzung der Psychologie in seiner Spätphase völlig unannehmbar fand, gerät diese Unterscheidung zudem in einen Gegensatz zu seinem System der Aufteilung von Wissenschaften und Philosophie. Wenn Phänomenologie als *prima philosophia* fundamental für alle Wissenschaften sein soll, dann wäre das in der Tat eine «reform of psychology», die alles verabschiedete, was das *e*-Kollektiv erkämpft hatte (Bossert/Peters 1975, S. XXVIII). Diesen Plan begriff Wundt seinerseits als Grenzüberschreitung in das Gebiet der empirischen Psychologie, die erfahrungswissenschaftlich und experimentell sich von purer Begriffsdichterei emanzipiert hatte und nun ihren grundlegenden wissenschaftlichen Führungsanspruch an eine reine Reflexionswissenschaft abgeben sollte. Daß die Unterscheidungen Husserls «of no concern for the empirical specialized work of the psychologist» sein sollten, konnte für Wundt und letztlich auch für die psychologische Community nicht gelten. Ihre empiristische Orientierung gebot, nur die positiven Wissenschaften, insbesondere die eigene Disziplin als Grundlage aller Philosophie zu akzeptieren (Bossert/Peters 1975, S. 59; vgl. Wundt 1910, S. 633). Dieser Widerspruch zwischen der bereitwilligen Psychologismusdistanzierung und dem (ehemaligen) Fundierungsanspruch führt die forschungsempirische Psychologie in eine neue, orientierungssuchende Phase.

Was aber Philosophie sein soll, wird ab 1900 in verschiedenster Weise ausgesagt:

– Philosophie als strenge Wissenschaft ist Psychologie (Lipps).

- Philosophie als strenge Wissenschaft ist (transzendentale) Phänomenologie (Husserl).
- Philosophie (und als Teil Erkenntnislehre gleich Logik und Erkenntnistheorie) ist Synthese positiven Wissens und basiert auf den Ergebnissen der Wissenschaften (Völker- und physiologische Psychologie) (Wundt).
- Philosophie als wissenschaftliche ist Transzendentalphilosophie (Neukantianismus).

Husserls Kritik am Psychologismus in der Logik markiert und unterstützt die Absetzbewegung der Philosophie; sie zeigt damit eine Wirkung, die der neukantianische Rückzug von der Psychologie nicht in gleicher Weise hatte erzielen können, und die darin besteht, daß die forschungswissenschaftliche Psychologie aus der Philosophie ausgestoßen wurde. Husserl gilt als Sieger dieser Kontroverse, vielleicht vorwiegend deshalb, weil er «den Grund einer Entmutigung auf dem Gebiete der philosophischen Forschung für viele Denker entfernte, ... die Angst vor dem Relativismus und Skeptizismus beseitigte und... Mut zur Lösung sachlicher Probleme einflößte» (Stegmüller 1960, S. 95).

5. Kontroverse III

Folgen und Konsequenzen der Psychologismuskritik

Wenn von einem durch Husserl ausgelösten Rückzug der Psychologie aus der erkenntnistheoretischen Domäne gesprochen worden ist, so muß diese Aussage präzisiert werden. Durch die Kritik Husserls mitprovoziert, verlagern sich die Terrainkämpfe von Philosophie und Psychologie auf das Feld der Ästhetik, wobei sich zeigt, daß der Psychologismus nicht so schnell überwunden war, wie philosophiegeschichtliche Bemerkungen vermuten lassen. Der wichtigste Effekt der Psychologismuskritik liegt im übrigen in einer weiteren Polarisierung der Denkstile, die sich als Formierungsschub für die forschungswissenschaftliche Psychologie auswirkt, welcher wiederum mit dem Rückzug vom Fundamentalismus zusammenhängt.

Wie alle Teildisziplinen in der Philosophie war auch die Ästhetik von der psychologistischen Bewegung erfaßt. Die virulenten Methodenfragen hatten einen ästhetischen Diskurs hervorgebracht, der zwar ‹Einfühlung› thematisierte, aber zunächst nicht mit der durch Dilthey provozierten Erklären-Verstehen-Kontroverse verknüpft war. Allerdings entwickelt sich die «Formel vom Verstehen *durch Einfühlen* und Nacherleben zum Gemeinplatz» und wurde in der Methodenreflexion der Geisteswissenschaften nicht «problematisiert, sondern explizit bestätigt» (Simon-Schaefer 1983, S. 74; Hervorh. N. D. S.). Dilthey distanziert sich in einer selbstkritischen Wendung um die Mitte der ersten Dekade des neuen Jahrhunderts von dem Terminus Einfühlen und problematisiert, daß sein komplexer Begriff «Nacherleben» (umfassendes Verstehen) zuweilen reduktionistisch als ein Nachfühlen aufgefaßt wird. Weder für das Verstehen eines Kunstwerks noch einer anderen geistigen Objektivation ist Einfühlung in die Person des Erschaffenden nötig. Gleichwohl finden sich noch im Spätwerk Formulierungen, die jene hermeneutische Wende im systematisierten ‹höheren› Verstehen wieder aufzugeben scheinen: «So ist das Gefühl gleichsam das Organ für die Auffassung unserer eigenen wie fremder Individualitäten, ja durch die Einfühlung in die Natur von Eigenheiten derselben, die kein Wissen erreicht... Die dem Wissen *unzugängliche* Tiefe scheint sich aufzutun in ihm (dem Gefühl; N. D. S.)» (Dilthey VII, S. 52; Hervorh. N. D. S.). Auch Husserl, der es besser hätte wissen müssen, interpretiert den späten Dilthey so, als sei es ihm vorrangig darum zu tun, «Geistesmotivationen... durch innerstes Nachleben» nachzufühlen (Husserl 1911, S. 104).

Kennzeichnend für die Debatten wird eine Vermengung von Verstehen, Einfühlen und Intuition in den nachfolgenden Jahren, bei der Lipps' Ausführungen zur Einfühlung eine wichtige Rolle spielen. Obwohl sich Theodor Lipps als philosophischer Theoretiker und als Wegbereiter für die Gründung eines psychologischen Instituts an der Universität München hervortat, war sein Ansatz weder in der Methodik noch in der Thematik auf dem damaligen Stand der Forschungswissenschaft Psychologie. Trotzdem wird Lipps' Aussage, die Ästhetik sei vor allem anderen ein Gegenstand der Psychologie, von fast allen Psychologen akzeptiert. Bedeutende Psychologen des *e*-Kollektivs wie Oswald Külpe, Karl Groos, Hugo Münsterberg, Ernst Meumann und Stephan Witasek können als Vertreter einer psychologischen Ästhetik gelten. Münsterberg und Meumann nähern sich eher der von Lipps abgelehnten neukantianischen, wertphilosophischen Position. Denn Psychologie bekommt die Aufgabe zugewiesen, das Ästhetische als seelische Erscheinung zu beschreiben, nicht aber es in seinem Wesen zu erfassen und zu bewerten. Lipps' metaphysischer Psychologismus allerdings wie auch seine Vorgehensweise als Einfühlungstheoretiker auf dem Gebiet der Erkenntnis und Ästhetik finden wenig Zustimmung (vgl. Allesch 1990, S. 78; Hildebrandt 1990; Simon-Schaefer 1983). Darüber hinaus nimmt Lipps die «Logischen Untersuchungen» zum Anlaß, Husserl als «recht ernst zu nehmenden Psychologen» zu bezeichnen und sich ausdrücklich zum Psychologismus zu bekennen (Lipps 1903 a, S. 78).

Die Vereinnahmungstaktik durch Lipps ist nicht nur seinem Psychologiebegriff geschuldet, sondern auch durch Husserl selbst verursacht, der später zugibt, Mißverständnisse durch den Gebrauch des Begriffs «deskriptive Psychologie» im zweiten Band der *LU* produziert zu haben (Husserl 1910/11, S. 302). «*Psychologie* bezeichnet hier nicht eine Prüfung empirischer, psychologisch beschreibbarer Daten, vielmehr bedeutet sie, ganz im Sinn Husserls, die logische Analyse von Erkenntnisprozessen, auch wenn diese noch nicht in die später entwickelte Methode der phänomenologischen Reduktion aufgenommen sind» (Peursen 1969, S. 72–73).

Obwohl das Werk Lipps' zeigt, daß der phänomenologische Basisgedanke, nämlich Intentionalität als Grundcharakter aller Weisen mentaler Bezugnahme, nicht aufgenommen wird, folgen beide je spezifischen bewußtseinsdeskriptiven Erkenntnisinteressen: Einfühlung und Wesensschau (und Intuition) werden, zumindest aus der Perspektive des *e*-Denkstils, als nicht streng wissenschaftsfähige Introspektionsveranstaltungen gesehen und daher abgelehnt.

Theodor Lipps' Einfühlungstheorie

Weil «Einfühlung» auf einer fiktiven Skala von Verstehensformen das eine Extrem bezeichnet, aber als (vermeintliches) Standardmodell von Verstehen fachwissenschaftliche und philosophische Abwehr provoziert, soll die Problemlage kurz erhellt werden.

Die Beschäftigung mit dem Werk David Humes und seine Übersetzung des «Treatise of Human Nature» stellen einen der wichtigsten Einflüsse auf Lipps' Werk dar. Die durch Hume inspirierte «sympathische Einfühlung» ist zunächst einmal mehr als ein psychologisches Erkenntnismittel, selbst wenn ‹psychologisch› im weiten Sinn von ‹wissenschaftlich› und ‹metaphysisch› gefaßt wird. Schon Humes *sympathy*-Begriff verweist auf eine allgemeine Bedingung menschlichen Zusammenlebens überhaupt, die in einer emotionalen Verflechtung gesehen wird. «Sympathy» ist für die Begründung des «Moral Sense» entscheidend; als spontanes, soziales Mitfühlen und Mitgefühl stiftet sie die Grundlage unmittelbarer Beziehungen zu anderen Menschen, die wiederum moralische Perzeptionen erst ermöglicht (vgl. Hume, Ein Traktat über die menschliche Natur, Buch III: Über Moral).

Theodor Lipps macht es seinem rezipierenden Publikum nicht so leicht, den Gedanken der sympathy/der Einfühlung zu akzeptieren, wie die ihm nahestehenden Moral-Sense-Theoretiker der britischen Aufklärung. Gilt ihnen «sympathy» als natürliche und ursprüngliche Gefühlsgrundlage, die eine tiefe Verbundenheit zwischen Menschen bezeichnen soll, der man sich nicht qua Verstand oder analogieschlußtechnisch versichern muß, weitet Lipps die «sympathische Einfühlung» zum philosophischen Grundbegriff aus, der auch die Gegenstandserkenntnis erfaßt. Folgende typische Formulierung mag bewirkt haben, daß Einfühlung überwiegend als ‹Verschmelzung› interpretiert und kritisiert wurde: «Ich fühle mich strebend in der Säule. Hier ist jedes Wort in voller Strenge zu nehmen: Ich stelle mir nicht vor, oder phantasiere, daß ich dies Streben fühle, sondern ich fühle es tatsächlich. Und ich fühle es in der Säule und nirgendwo sonst. Ich fühle weder mich strebend neben oder angesichts der Säule, noch fühle ich die Säule strebend, sondern mein Streben und das Streben der Säule sind Eines. Ich erlebe mich in diesem Streben schlechterdings mit der Säule identisch... (A)ls etwas ihr Zugehöriges erlebe ich mein Streben» (Lipps 1903 a, S. 77).

Auch für den Begriffstransfer von der Ästhetik in die Psychologie finden sich Belegstellen, die zudem seinen resistenten Psychologismus dokumentieren. Der Begriff der Einfühlung ist «jetzt zu einem Grundbegriff der Ästhetik geworden. Aber er muß auch zu einem psychologischen Grundbegriff werden; und er muß weiterhin der (sic!) soziologische Grundbegriff werden» (Lipps 1907 a, S. 713). Hume wird insofern beerbt, als Einfühlung das Verstehen anderer Personen in der logifizierten Form des von Lipps bekämpften Analogieschlusses überflüssig macht. In der Kontroverse IV, in der die Debatten um Erklären/Verstehen in der Psychologie in den 20er Jahren unseres Jahrhunderts eine breitere Öffentlichkeit bekommen, werden auch die Differenzen zwischen den Verstehensansätzen selbst auf den Begriff gebracht. Wenn wenigstens zwei Typen unterschieden werden, ein kognitivistischer (etwa analogieschlußtheoretischer) und ein emotivistischer Verstehensansatz, dann spannt Lipps den paradigmatischen Rahmen für letzteren.

Die Grundlage der sozialen Sympathie, aber auch der Gegenstandserkenntnis bei Lipps besteht in einer erkenntnisfähigen Emotionalität. Diese unterscheidet sich jedoch von Diltheys «Intellektualität der inneren Wahrnehmung», die auf die kognitiv-emotive Doppelstruktur im Verstehen verweist: Jene verfügt bei Lipps als gefühlsmäßige Unmittelbarkeit zwar über ein als kognitiv auszulegendes ‹geistiges Auge›, ist in der Totalisierung der emotiven Anteile im Verstehensakt aber als weithin a-rational anzusehen. Die Rolle des Gefühls und die epistemische Leistung emotionaler Qualitäten, das sieht Lipps wie Dilthey, müssen endlich angemessen berücksichtigt werden. Aus der Perspektive des Diltheyschen Nacherlebens ist eine emotivistische Engführung von Verstehen indessen als ebenso reduktionistisch abzulehnen wie kognitivistisch oder voluntaristisch dominierte Auffassungen.

Jede Erkenntnis des Wirklichen der Welt, zu dem andere Personen, aber etwa auch Kunstwerke gehören, ist nach Lipps «einfach für uns da» und weder begründbar noch einsichtig. Als eine dritte Form von Wissen neben dem sinnlich Wahrgenommenen (1) und dem Erinnerten (2) ist jenes unmittelbare Wissen um gleichartige, aber fremde «Bewußtseinsleben» instinktiv vorhanden und somit nicht weiter ableitbar oder erklärbar (Lipps 1907a, S. 710). Die (instinktive) Einfühlung sichert nach Lipps zum Beispiel den Zusammenhang zwischen der sinnlichen Wahrnehmung einer Ausdrucksgebärde eines Anderen und der Deutung ‹für mich›. «Einfühlung ist aber nicht der Name für irgend einen Schluß, sondern ist der Name für eine ursprüngliche und nicht weiter zurückführbare, zugleich höchst wunderbare Tatsache...» (Lipps 1907a, S. 713). Lipps' Modell funktioniert nach dem Vorbild der Gefühlsansteckung: Der Einfühlungsakt verbindet den ‹äußeren› sinnlichen Eindruck (z. B. einen Gesichtsausdruck) und ein je spezifisches, ‹innerlich› vorhandenes Erregungsgefühl als unmittelbare Deutung des wahrgenommenen Affekts als ‹x› (z. B. ‹als Zorn›). Dabei löst ein ‹Nachahmungstrieb› in dem wahrnehmenden Subjekt genau dasselbe Gefühl aus, das das Ko-Subjekt ‹äußert›. Ein zweiter, der ‹Äußerungstrieb›, führt zur instinktiven, verhaltensmäßigen Kundgabe des Nachgeahmten, wenn nicht gesellschaftliche Konventionen hemmend eingreifen. Vorausgesetzt wird allerdings, daß ein gleichartiges Erlebnis schon einmal stattgefunden hat. Das reproduktive Nacherleben eines Affekts oder, anders gesagt, das aktualisierte Gefühl ist Gegenstand eines «allgemeinsten psychologischen Gesetzes»: «Es besteht also..., wenn ich eine Gebärde sehe, die Tendenz, den Affekt, aus welchem dieselbe naturgemäß hervorgeht, in mir zu erleben. Und diese Tendenz verwirklicht sich, wenn kein Hindernis besteht. Das Vorstellen des Affektes in der fremden Gebärde oder das Hineindenken desselben in die Gebärde ist dann zum Erleben desselben geworden, zum Mitfühlen, zur Sympathie» (Lipps 1907a, S. 717).

Eine Erklärung dieses «allgemeinsten psychologischen Gesetzes» kann es nicht geben. Denn es handelt sich um eine Grundtatsache, die dadurch ausgezeichnet ist, daß eben das «geistige Auge» Vorgänge und Veränderungen an einer sinnlichen Erscheinung unmittelbar miterfaßt, die über sinnliche Wahrnehmungen hinausgehen (Lipps 1907a, S. 721, 713). Gegen die Inferenztheoretiker des Verstehens werden zwei Aspekte des emotional verankerten Erkennens angeführt, der Status von Einfühlung als alltäglicher Weltzugang wie auch die Option auf eine Methode psychologischer bzw. ästhetischer Erkenntnis. Es liegt also (anders als bei Husserl) bei Lipps' sympathischer (oder ästhetischer) Einfühlung kein psychologischer bzw. phänomenologischer Sonderweg vor: Weder ist die Intuition eines Einfühlungsgenies nötig, noch eine besondere Technik des Einstellungswechsels *(epoché)*, weil eben die Gefühlsbasis der Sympathie, ganz im Sinne Humes, zur *conditio humana* gehört. Allerdings wird durchaus betont, daß der Ausbau der Einfühlung zum Erkenntnismittel in Psychologie oder Ästhetik der Übung und Erfahrung bedarf.

Renaissance der spekulativen Psychologie

Vermutlich führt Husserls Rede von «Wesensschau» und «Evidenz» sowie «Intuition» im Kontext der vermeintlichen deskriptiven Psychologie und Lipps' wohlwollende Aufnahme der «Logischen Untersuchungen» sowie seine terminologische Annäherung an Husserl dazu, daß beide Ansätze für spekulative, das heißt verfehlte *philosophische* Psychologie gehalten werden.

Zwar ist Philosophie auch für Lipps «Wesenswissenschaft», seine Psychologie hingegen jene erwähnte Wissenschaft vom überindividuellen Ich und den «Ich-Erlebnissen» empirischer Subjekte. Ähnlich wie Husserl unterscheidet Lipps «Akte» von «Inhalten» und «Gegenständen», aber die Beschreibungen von «Urteils-», «Einfühlungs-» oder «Gefühlserlebnissen» können geradezu als Paradebeispiele mentalistischen Philosophierens gelten. Die sprachanalytisch anmutende Durchmusterung intentionaler Erlebnisse hingegen führt Husserl dazu, die in der mentalistischen Philosophie gut eingeführte Trias psychischer Vermögen zu durchbrechen, die sich aus den drei Bereichen zusammensetzte: Vorstellungen, Wollungen und Gefühle. Zwar hatte bereits Wundt im Rahmen seines Aktualismus gefordert, es solle doch endlich von Hypostasierungen Abstand genommen werden («der Wille» oder «das Bewußtsein»), und vor allem sei die Verbildlichung des Bewußtseins als «Schaubühne» grundfalsch (vgl. Wundt 1892, S. 254). Als heimliches Erbe Herbarts wird aber weiterhin, auch von Lipps, mindestens implizit mit ‹auf- und abtretenden Vorstellungen› gearbeitet, die je nach Grad ihrer «Hemmung» den Bühnenraum im Bewußtsein für einen bestimmten, meßbaren Zeitraum gleichsam erobern.

In systematischer Durchführung aber zeigt vor allem Husserl, wie die allgegenwärtige Rede von den «Vorstellungen» durch eine reflektiertere Begriffswahl ersetzbar ist. Durch seine Unterscheidung zwischen «Aktqualität» (etwas meinen, wünschen, vorstellen, wissen…) und «Aktmaterie» (daß p) faßt er die lange akzeptierte Konzeption neu. «Vorstellung» galt lange als Grundakt jedes Denkens, dem als addierender Aspekt für jede (reale) Wahrnehmung «belief» hinzugefügt wurde. So wurde angenommen, die Grundvorstellung «die Rose ist rot» wird durch die Addition des «Glaubens daran» (belief) zur «zugrundeliegenden Wahrnehmungsvorstellung» (*LU* II/1, S. 441 f). Damit wäre bereits jede Wahrnehmung ein komplexer Akt. Husserl leugnet nicht, daß es komplexe Akte gibt, bezweifelt aber für die Beispiele der «Wahrnehmungsvorstellungen», daß sich «wirklich eine bloße Vorstellung» hiervon ablösen läßt (*LU* II/1, S. 442). «Darnach scheint die deskriptive Analyse keineswegs die Ansicht zu bevorzugen, die vielen fast selbstverständlich erscheint, nämlich daß jede Wahrnehmung eine Komplexion sei, in welcher ein Moment des belief, der das Qualitative des Wahrnehmens ausmache, sich auf einen vollen, also mit eigener Qualität begabten Akt der ‹Wahrnehmungsvorstellung› aufbaue» (*LU* II/1, S. 444; Hervorh. gelöscht).

Aufgrund seiner Überlegungen kann er daher zum umgangssprachlichen Gebrauch von «sich etwas vorstellen» zurückkehren. Anstelle der alten «Vorstellungen» für jedweden mentalen Denkinhalt differenziert Husserl verschiedene Aktqualitäten (propositional attitudes) als intentionale Bezugnahmemodi: Dieselbe Aktmaterie (logische Gegenständlichkeit oder intentionales Objekt) kann eben Materie einer Wahrnehmung, einer perzeptiven Fiktion (= Täuschung), eines Wunsches, einer Wertung oder des Glaubens (belief) werden (vgl. *LU* II/1, S. 426 ff).

Theodor Lipps' Einfühlungstheorie folgt dem intentionalistischen Modell Husserls aber nicht; die zweipolige Struktur, die das Bewußtsein immer schon in Korrelation zu ‹etwas› setzt, auf das es bezogen ist, entfällt demzufolge. «Einfühlung» dient in seiner «Psychologie des überindividuellen Ich» als Bindeglied zwischen Subjekten und Garant für die Erkenntnismöglichkeit von dinglichen Objekten überhaupt. Wo Intentionalität nicht als logische Funktion gesehen wird, sondern eben doch eher als Weise, das eigene Ich durch einfühlendes Projizieren zum Anderen hinüberzutragen oder in den Gegenstand zu verlegen, benötigt man Verbindungen, um die Trennung des «eigenen und fremden Ich» aufzuheben (Lipps 1905/1974, S. 66–67; vgl. auch Wundt III, 1908, S. 28, 62). Bei Lipps stiftet Einfühlung die Verbindung zwischen den ‹Ichen›, zwischen Ego und Alter ego. Aber in der Beschreibung als unmittelbare, instinktive und natürliche Relation von Intersubjektivität, die als nicht erklärbar oder irgendwie ableitbar gedacht wird, balanciert Einfühlung auf einem Grat zwischen Bewußtseinsphilosophie und Psychologie. Einfühlung ist als reale Fähigkeit vorfindlich wie auch als psychologische Methode trainierbar, sie ist erkenntnistheoretisch notwendig als Brückenprinzip zwischen monadologisch gedachten Egos («mein Ich und fremde Iche»). Sie verbleibt als letztes unerklärbares Faktum, das konstitutionstheoretisch als nicht begründbar abgewiesen wird. Der Begriff «Einfühlung» zeigt philosophische sowie psychologische (oder auch anthropologische) Qualitäten, wird aber in dieser Zwitterstellung von den verschiedenen Communities nicht anerkannt, am wenigsten von dem im *e*-Denkstil operierenden experimentalpsychologischen Denkkollektiv. Aus der Perspektive des philosophischen Paradigmenwechsels ist die epistemische Privatheit einsamer Subjekte inzwischen äußerst fraglich geworden; wird die Intersubjektivität gemeinsam geteilter Lebensformen sowie der Sprache als Erkenntnis- und Subjektivierungsbasis genommen, verschwindet das mentalistische Problem des Fremdseelischen sowie die Abgeschlossenheit monadologisch aufgefaßter Egos.

Psychologisch produktiv führt Carl Rogers den Gedanken der Einfühlung weiter. Auch Rogers geht wie Lipps davon aus, daß Personen sich in die Weltsicht, Einstellungen und Gestimmtheiten anderer unmittelbar einfühlen können. Diese Fähigkeit wird in der Beratungssitzung (Counceling) oder Gesprächspsychotherapie (nach Tausch/Tausch) als förderliche Haltung bewußt von der beratenden Person aktiviert und in der gesprächstherapeutischen Ausbildung eingeübt. Rogers und Tausch/Tausch gehen davon aus, daß das «einfühlende – nicht wertende Verstehen» eine intersubjektive Verbindung stiftet, die heilend wirkt und eine blockierte Persönlichkeitsentwicklung wieder in Gang zu setzen vermag (Tausch/Tausch 1981, S. 31–65).

Daß Einfühlung bei Theodor Lipps nicht nur als Erkenntnismodus für Gefühle und die Gestimmtheit von Personen sowie für das Verstehen geistiger Objektivationen vorgesehen ist, sondern ebenso für Gegenstände der Natur, etwa Berge, Landschaften etc., bedeutet, daß geistig-kulturell verkörperte Gegenstände und natürliche gleich behandelt werden. Damit zieht Lipps jene Differenz wieder ein, die den verstehenden Psychologien die Grundlage gibt. Daher kann er mit seinem Konzept auch in ihrem Feld keine Anerkennung erwerben. Die Differenz zwischen Naturvorgängen (Natur) und sinnhaften, erhandelten Lebensverläufen sowie Handlungsresultaten, die die Domäne kulturell-gesellschaftlicher Objektivationen bilden, wird dann eliminiert, wenn die Einfühlungsbeziehung gleichermaßen auf alles, als Setzungen eines überindividuellen Ich, gerichtet ist und Einfühlung jedwede Erkenntnisrelation sichern soll. (Diltheys Ausführungen hingegen legen durchaus nahe, daß eine handlungstheoretische Psychologie des Motivationsverstehens oder Personenverstehens aus ihnen entwickelbar sein könnte.)

Während die soziale Stimmung von Tendenzen der Vernaturwissenschaftlichung und Ökonomisierung geprägt ist, besteht zudem wenig Bereitschaft, die Rolle der Emotionen für wissenschaftliche oder lebensweltliche Erkenntnisprozesse so fundamental anzusetzen, wie Lipps dies vorführt. Wenn der Gestaltpsychologe Wolfgang Metzger in den 20er Jahren äußert, daß «Lipps' Einfühlungstheorie gleichsam als Entgleisung eines Schreibtischtäters» zu werten sei, dann ist das vielleicht ein später Ausdruck dessen, was in großen Teilen des *e*-Kollektivs virulente Einschätzung gewesen sein dürfte (Metzger in Brugger 1990, S. 84). Theoretische Konsistenzprobleme kommen erschwerend hinzu; denn letztlich wird nicht klar, ob das Wissen um den Anderen oder um Weltdinge sich vorwiegend über den Vorgang des projektiven Animismus (als Erkenntnis-Einfühlung wie im Säulenbeispiel) einstellt oder ob darüber hinaus durch sympathische Einfühlung der Zugang zum Anderen immer schon derart gewährleistet ist, daß die Einfühlung über das stets Eigene hinaus gelangen kann.

Einen Diskurswandel, der für die Abkehr von der «Psychologie der Inhalte» (content-psychology) als komplette «Vorstellungen» sorgte, führt schließlich nicht Husserl, sondern ein weiterer Brentano-Schüler, nämlich Carl Stumpf herbei. Sein Einfluß auf den *e*-Denkstil war erheblich, und die Einführung des *Funktions*begriffs ermöglichte es, Vorstellungen bzw. in Stumpfs Ausdrucksweise «psychische Erscheinungen» als «Inhalte» von «Funktionen» abzugrenzen (Prinz 1987, S. 99 ff).

Weder Theodor Lipps noch Edmund Husserl formulieren also mit ihren Auffassungen von Einfühlung* /Intuition Grundbegriffe empiri-

---

* Der Begriff «Einfühlung» erscheint positiv konnotiert erst in Husserls späterem Werk. Dort spielt er eine Rolle für die Konstitution der transzendentalen Intersubjektivität; er ist also rein konstitutionstheoretisch auf die transzendentale Sinngenesis einer möglichen Monadengemeinschaft bezogen und nicht auf empirisch vorfind-

scher Psychologie. Besonders das *e*-Kollektiv distanziert sich von diesen Ansätzen. Eine heftige Attacke geht stellvertretend an die Adresse des Lipps-Schülers Moritz Geiger, der 1910 auf dem IV. Kongreß für experimentelle Psychologie (Innsbruck) einen Vortrag über «Wesen und Bedeutung der Einfühlung» hält. Geiger behauptet zu Beginn seines Vortrags, die Grundfrage der Einfühlung sei «wie weiß ich vom fremden Ich?», und fordert, diese Frage müsse «rein deskriptiv» beantwortet werden (Geiger 1911, S. 31). Damit zeigt sich eine Orientierung an Lipps' Konzept; denn als allgemeine Grundfrage der Einfühlung konnte sie in den Augen der experimentalpsychologischen Community nicht gelten, schon gar nicht als Frage nach der ästhetischen Rolle von Einfühlung.

Auf Geiger entlädt sich vehemente Ablehnung gegen diese Form von Psychologie. Husserl hingegen lobt dessen klare Darstellung, die ihm allerdings vom Auditorium übel gedankt worden sei: «Als ich hier herkam, habe ich erwartet etwas zu hören über die Experimente in dem Gebiet der Einfühlung. Aber was habe ich eigentlich gehört – lauter alte, uralte Theorien... *Das ist keine philosophische Gesellschaft*. Es schien mir, daß die Zeit gekommen ist, daß derjenige, welcher solche Theorien hierherbringen will, zeigen sollte, ob sie durch Experimente bestätigt sind. In dem Gebiet der Ästhetik sind solche Experimente gemacht, z. B. die Experimente von Stratton über die ästhetische Bedeutung der Augenbewegungen, auch meine Untersuchungen über diese Theorie von der inneren Wahrnehmung» (Martin in Husserl 1910/11, S. 321–322). Auch der Külpe-Kollege Karl Marbe wird von Husserl zitiert: «Die Methode der Vertreter der Lehre von der Einfühlung verhält sich zur experimentell-psychologischen vielfach wie die Methode der Vorsokratiker zu der der modernen Naturwissenschaft» (ebd.).

Gerade die Orientierung aber an den Naturwissenschaften schätzt Husserl als «Gefahr» für eine wirklich wissenschaftliche Philosophie ein. So dreht er nicht nur die Speerspitze der Einfühlung um, sondern richtet die Bemühungen um Naturwissenschaftlichkeit und Exaktheit zudem auch gegen die experimentellen Psychologien selbst.

---

liche, psychologische Phänomene anzuwenden (vgl. Husserl, Cartesianische Meditationen, 5. Meditation).

Resistenter Antipsychologismus und Durchsetzungsstrategien der *e*-Psychologie

Als Husserl 1910/11 in «Philosophie als strenge Wissenschaft» seine Psychologismuskritik noch einmal verschärft, war Phänomenologie bereits neben dem Neukantianismus als zweite philosophische Richtung etabliert. Husserl bekräftigt seine Ablehnung gegenüber der «Naturalisierung des Bewußtseins» und Ansätzen, die als «erkenntnistheoretischer Psychologismus und Physizismus» philosophische Probleme naturwissenschaftlich erklären wollten (ebd., S. 297f, 293). Tenor des Aufsatzes im ersten Heft des «Logos» sind die dezidierte Kritik an der experimentellen Psychologie und die Aufklärung der Bewußtseinsphänomene sowie des Wesens von Bewußtsein durch eine Phänomenologie des reinen Bewußtseins (Husserl 1910/11, S. 301f).

Neben dem Einwurf, daß sich die experimentelle Psychologie für die Psychologie überhaupt hält, wird ihr vor allem vorgehalten, sie sähe auf die «Schreibtisch-Psychologie» herab, ohne zu merken, wie unwissenschaftlich sie de facto selbst zu Werke geht (Husserl 1910/11, S. 302ff). Außer Carl Stumpf und Theodor Lipps habe niemand den «epochemachenden Anstoß» Brentanos und dessen analytisch deskriptive Durchforschungsmethode für intentionale Erlebnisse gewürdigt. Entsprechend werde von den «experimentellen Fanatikern» verkannt, daß sie sich im Bereich vollständig ungeklärter Begriffe des Psychischen befänden. Als Resultat dieser Versäumnisse findet man «unklare Problemstellungen und Scheinergebnisse» vor (ebd., S. 304). Husserl übernimmt prinzipiell Diltheys Argument des Methodenirrtums der erklärenden Psychologie. Er bezweifelt hinsichtlich der experimentell gewonnenen Erfahrungen mit den Versuchspersonen (Vpn), daß die Aussagen der Vpn «die Sachen selbst» seien und die Deutung ihrer Aussagen wirklich die «Erfahrung» des Psychischen. Zudem behauptet Husserl aber, daß die (*e*-)Psychologie ungerechtfertigterweise ihre «im einfühlenden Verständnis fremder Erfahrungen vollzogene Analyse und ebenso die Analyse auf Grund der eigenen seinerzeit unbeobachteten Erlebnisse» mit den Erfahrungswissenschaften des Physischen vergleicht (ebd., S. 306). Nun war der Verweis auf die prinzipiell andere Erfahrungsart durch Dilthey bereits bekannt. Daß nun aber gegen die strengen Experimentalmethodiker eingewendet wird, sie seien in den Fremderfahrungsuntersuchungen «einfühlend» vorgegangen, verschärft die Denkstildifferenz zum Antagonismus.

Die rhetorische Frage Husserls, ob denn eine Psychologie Anspruch auf Exaktheit erheben kann, die ihre «bestimmenden Begriffe ohne wissenschaftliche Fixierung, ohne methodische Bearbeitung» gebraucht, ist bis heute aktuell. Das gleiche gilt für seine rhetorische Antwort, das heißt Husserls Einschätzung, daß die moderne Psychologie durch ihre naturalistische Einstellung und ihren «Eifer, den Naturwissenschaften nachzustreben», versäumt hat, Methoden der Begriffserklärung zu elaborieren (Husserl 1910/11, S. 307). Husserl umreißt mit diesen Formulierungen den Kernbereich des Problemfeldes.

Bekanntlich ist zu diesem Zeitpunkt die phänomenologische Wesensschau Husserls Methode der Wahl und eine reine Bewußtseinsanalyse als «immanentes Schauen» aus seiner Sicht «letztes Fundament aller psychologischen Methoden» (Husserl 1910/11, S. 302, 315). Nur durch sie gelangt man vom «Stande der Verworrenheit zu dem der Klarheit und objektiven Gültigkeit», auch im Bereich des Sinns psychologischer Erfahrung (ebd., S. 309). Das Denkkollektiv der *e*-Psychologen hatte aber, gewissermaßen als Strategie der ‹Entprivatisierung› des Seelischen, die beschriebenen ‹Externalisierungsformen› gewählt, um Fremdseelisches und Psychisches überhaupt als positive Fakten in sinnlicher Wahrnehmung wissenschaftlich behandeln zu können. Dieser phänomenalistischen, das heißt empiristischen Spielart von Erkenntnistheorie steht Husserls phänomenologische Ansicht fern; zwar wird der Gedanke des bewußtseinstranszendenten Dings von beiden Positionen abgelehnt, aber die Dinge als Phänomene zu untersuchen heißt nicht, sie auf ihre Basis «als Sinnesdaten» zurückzuführen (vgl. hingegen Stegmüller 1960, S. 90). Verständlicherweise verstellten Husserls ansatzweise sprachphilosophische Formulierungen bzw. sinnkritische Vorgriffe seinen Zeitgenossen den Blick auf eine potentielle Komplementarität von sprachlogischen (oder phänomenologischen) und empirischen Vorgehensweisen im Feld der Psychologie. So sehr wir heute – vor allem durch die Wirkungen Wittgensteins – mit dem Gedanken der philosophischen Konfusion in Gestalt von Begriffsverwirrungen etwas anfangen können, so unbegreiflich mußte es dem psychologischen *e*-Kollektiv der ersten Dekade des neuen Jahrhunderts erscheinen, daß es bewußtseinsintrospektive und sprachdeskriptive Methoden (wieder) mit den elaborierten experimentellen vertauschen sollte. Und kann man es ihnen verdenken? Immerhin konkurrieren die Antagonisten noch auf dem bewußtseinsphilosophischen Feld; denn die Gegenstandsbestimmungen sind mentalistisch geprägt, wobei Husserls sprachanalytisch anmutender Methodenvorgriff ihn in das Reich der idealen Bedeutungen führt, was ihm als Platonismus oder scholastischer Begriffsidealismus ausgelegt wird (vgl. Bossert/Peters 1975). (Husserls überzogene Sphärentrennung zwischen «real/ideal» beinhaltet zudem dogmatismusverdächtige Fixierungen, die erst das späte Lebensweltkonzept aufzulösen vermag.)

Ein Repräsentant des *e*-Denkstils, Georg Ernst Anschütz, hob spekulative von experimentellen Psychologien durch den Hinweis auf die zu schmale Erfahrungsbasis der eigenen Selbstbeobachtung oder sogenannter innerer Experimente ab: Erst die kontrollierte Ausweitung durch das Experiment als systematische Selbstbeobachtung habe der Psychologie ihren wissenschaftlichen Status verschafft (Anschütz in Messer 1913, S. 96). Das *e*-Kollektiv überzeugt es nicht, daß ein ‹intuitiver› Ansatz in seiner schwer zu vermittelnden, nicht intersubjektiv kontrollierbaren Ablaufsweise, die womöglich von der Funktionstüchtigkeit des ‹geistigen Auges› oder anderer ‹innerer Fähigkeiten› abhing, als methodische Innovation zu begrüßen war. Die Ausweitung der experimentellen Methoden auf die ‹höheren› geistig-seelischen Fähigkeiten, das heißt die Externalisierungsstrategie, schien erfolgreicher zu sein. Die Sprachorientierung Husserls bildete deshalb einen Nährboden der Mißverständnisse, weil sie vorwiegend als Renaissance einer ‹scholastischen Begriffsdichtung› aufgefaßt wurde und nicht als eine andere Entprivatisierungsstrategie der inneren psychischen Phänomene, die eben nur nicht dem Muster der ‹Externalisierung› folgt. Auch wenn im Frühwerk die Methode der phänomenologischen Reduktion noch nicht entwickelt ist, so kann von Entprivatisierung insofern gesprochen werden, als die Sphäre von Sinn und Bedeutung ‹entsubjektiviert› wird und zumindest aufscheint, daß die Trennungen innen/außen bzw. privat/öffentlich durchkreuzt werden.

War die Husserl-Rezeption schon durch Mißverständnisse geprägt, in Gestalt der Lippsschen Überlegungen wurde die Verwirrung nicht eben geringer. Da hielt man sich besser, bei aller Distanz, an führende (neukantianische) Philosophen, die in einem einprägsamen Dualismus idiographisch-verstehende Methoden für singuläre, historische Ereignisse von nomothetisch-erklärenden für Gesetzeswissenschaften abgehoben hatten: Nomothetik war sowohl Wunsch wie Programm! Denn die Überzeugung, daß die experimentell-erklärenden Verfahren als wahrhaft wissenschaftliche von expandierender Kraft waren, wurde von breiten Kreisen getragen.

Die erste Dekade des neuen Jahrhunderts könnte für die akademische Psychologie unter das Motto «Relevanzinszenierung»* gestellt werden, denn die Methodenausweitung war flankiert durch das neue Bemühen, den gesellschaftlichen Nutzen der jungen Wissenschaft plausibel zu machen; den philosophischen Nutzen schien Husserls radikale Psychologismuskritik verabschiedet zu haben.

Entsprechend wird bei Kongreßvorträgen, in Zeitschriftenaufsätzen sowie in Vorworten zu Monographien auffällig oft auf die ansteigende Bedeutung der erklärenden Psychologie für einen gesellschaftlich-praktischen Nutzen hingewiesen. So hält etwa Karl Marbe 1912 in Berlin auf dem V. Kongreß für experimentelle Psychologie einen Vortrag über «Die Bedeutung der Psychologie für die übrigen Wissenschaften und die Praxis». Er verweist auf den Nutzen für Naturforscher (Beobachtungsfehler bei physikalischen und astronomischen Messungen), für die Medizin, Philologie (Schreibfehleruntersuchungen für philologische Textkritik), für Sprachwissenschaften (Untersuchungen von Sprechen und Denken, onto- und phylogenetische Sprachentwicklungsforschung), für Literaturwissenschaft und Ästhetik sowie für juristische Zusammenhänge (Psychologie der Willenshandlungen sowie der Aussagen, heute «forensische Psychologie») (vgl. Marbe 1912, S. 110f). Die Diskussion zu Marbes Vortrag stand unter dem Signum der *Praxisrelevanz* der Psychologie. Hugo Münsterberg, der aus den USA angereist war, äußert die Überzeugung, daß es «kein aussichtsreicheres Gebiet für die Zukunft der angewandten Psychologie gibt als das der Beziehungen zu den wirtschaftlichen und sozialen Problemen», und sagt in seinem Vortrag, man nähere sich in Amerika bereits der Forderung nach Professuren für experimentelle Psychologie bzw. für angewandte Experimentalpsychologie (Münsterberg in Marbe 1912, S. 113; Bericht über den V. Kongreß).

Oswald Külpe verabschiedet in seinem Beitrag über «Die Bedeutung der modernen Denkpsychologie» ebenfalls wie Carl Stumpf die *content*-Psychologie durch die These, daß die herkömmliche psychologische Trias durch einen Begriff von «Bewußtheit» bzw. «Bewußtseinslage» ergänzt werden muß, weil sonst das unanschauliche Me-

* Bei Karin Knorr-Cetina ist «Relevanzinszenierung» ein Textsortenspezifikum zur Aufbereitung besonders des Vorwortes in wissenschaftlichen Abhandlungen/Berichten; vgl. Knorr-Cetina 1984, S. 213.

dium subjektiver Betätigung nicht berücksichtigt ist. Das ist der Abschied von der «Mosaikstruktur des Seelenlebens» und einer Assoziationsautomatik, die den Gedanken des aktiven Subjekts negiert hatte (Külpe 1912a, S. 117f).

Im gleichen Jahr erscheint auch Külpes Arbeit über «Psychologie und Medizin». Dort wird noch deutlicher, daß Külpe Abstand nimmt vom ‹es denkt› nach Assoziationsgesetzen (im Bewußtsein); auch hier wird das planvolle Denken aktiver Subjekte hervorgehoben, indem der Umgang mit Versuchsleiter-Instruktionen thematisiert wird (Külpe 1912b, S. 212f). Durch die erwähnte Praxisanbindung scheint Diltheys Forderung nach Nutzanwendung der Psychologie für die Historiker bei weitem überboten. Allerdings nennt Marbe in dem erwähnten Vortrag als Nutzanwendung «die Psychologie der Zeugenaussage» und «Theorie der Gerüchte». Daß Dilthey psychologische Theoriebildung (Deskription) für das Feld des Verstehens von *Bedeutungen* oder *Bedeutsamkeit* in dem bereits explizierten Sinn eingefordert hatte, wird erst später, besonders von den «verstehenden Psychologien», aufgegriffen.

Die Energie und Kreativität, mit der die Entwicklung der *e*-Psychologie vorangetrieben wurde, und entsprechende Bemühungen, die Anzahl der psychologischen Institute an den deutschsprachigen Universitäten zu erhöhen, wird von seiten führender Philosophen weder gewürdigt noch auch wirklich toleriert. 1913 kommt es zum Eklat – der Ausbruch der schwelenden Krise wird offenbar durch «Die Aussperrung der Psychologen» (Hillebrand 1913).

Der Lehrstuhlstreit von 1913

Die dritte Kontroverse zwischen Philosophen und Psychologen kann mit Franz Hillebrand tatsächlich als «Ausbruch der Krise» bezeichnet werden, die wichtige Themen der vorangehenden Kontroversen I (zwischen Verstehen und Erklären in der Psychologie) und II (Problematisierung des Psychologismus) aufgreifend zuspitzt. Anläßlich der Besetzung des Lehrstuhls des emeritierten Marburger Neukantianers Hermann Cohen mit dem Experimentalpsychologen Erich Jaensch bricht ein Aktivitätssturm unter den deutschen Philosophen los. Windelband, Natorp, Riehl, Rickert, Husserl und Eucken formulieren eine von 106 solidarischen Unterzeichnern mitgetragene «Erklärung», die fordert, eigene Lehrstühle für Experimentalpsychologie einzurichten und keine Besetzung philosophischer Lehrkanzeln mit Psychologen mehr zuzulassen. Diese Erklärung geht auch an politische und universitäre Entscheidungsgremien, in der Hoffnung, die Besetzungspolitik entsprechend beeinflussen zu können (vgl. Hillebrand 1913, S. 18f).

Die Aktion zeigt, daß die unterschiedlichsten Denker sich offensichtlich unter dem Motto ‹Hinaus mit der Psychologie aus der Philosophie!› vereinigen konnten, während die stetig wachsende Gruppe der empirisch arbeitenden Psychologen ihrerseits dem Motto ‹Hinaus mit der Philosophie aus der Psychologie!› folgten (Hillebrand 1913, S. 3; Külpe 1912b, S. 188; vgl. aber Wundt 1913). Die Bildung einer großen Koalition um Dilthey kann, anhand der wenigstens prinzipiell zustimmenden Briefe, als Resultat auf dessen «Ideen zu einer beschreibenden und zergliedernden Psychologie» ausgemacht werden. Neben Wundt äußern 1895/96 Riehl, Natorp, Freudenthal, Eucken, Rehmke, Schuppe, Windelband, Ludwig Stein und Falkenberg positive Kritik; die Lehrstuhlbesetzung formiert daher nur den potentiellen Widerstand gegen die Experimentalpsychologie (vgl. Lessing 1985, S. 193ff). Wundts Diktum in «Die Psychologie im Kampf ums Dasein» (1913), der eine Trennung von Psychologie und Philosophie für beide Fächer für verfrüht und ungünstig hält, bezeichnet eine Minderheitenposition. Oswald Külpe kann eher als Sprachrohr der Community gelten: Auch wenn eine ‹philosophische Psychologie› weiterhin neben einer einzelwissenschaftlichen bestehenbleibt, nach amerikanischem Vorbild werde und müsse sich die Psychologie von der Philosophie trennen; nur sei noch kein rechter organisatorisch-institutioneller Weg gefunden (Külpe 1912b, S. 188).

Beide Seiten arbeiten in ihrer Argumentationsstrategie mit den für Kontroversen typischen rhetorischen Mitteln der Idealisierung wie auch Dramatisierung. Die Empörung der Psychologen richtet sich dagegen, daß die Unterzeichner zwar verlangen, es sollten eigene Lehrstühle für Experimentalpsychologie eingerichtet werden; aber weil zugleich vorgeschlagen wird, die bestehenden wieder an reine Philosophen zurückzugeben, kann die Forderung nach neuen experimentalpsychologischen Lehrstühlen nur als Unaufrichtigkeit entlarvt werden. Die «naive Hoffnungsfreudigkeit» bezüglich der ausgleichenden massenhaften Neugründung psychologischer Lehrkanzeln könne nicht einmal der «ärgste Sanguiniker» aufbringen (Hillebrand 1913, S. 5). Kurzum, die Philosophen basteln am Rauswurf der Psychologie und nicht an einer gerechten Verteilung bestehender Lehrstühle.

Die Ausführungen zu den Kontroversen I und II haben die Gegenstandsdrift der Psychologie gezeigt, daß nämlich ‹Psychologie› im *e*-Denkstil und im *v*-Denkstil einen jeweils anderen Gegenstandsbereich konstituierte. Daß es um den akademischen Rang und den experimentellen bzw. empirischen Anteil der modernen Psychologie ging und möglicherweise wirklich, wie Wundt vermutet hatte, um eine Einschätzung dieser Tätigkeit als «banausisch», betont Hillebrand ganz richtig (vgl. 1913, S. 15). Aber dies allein erklärt nicht die Vehemenz der Reaktion gegen die Cohen-Nachfolge durch Erich Jaensch.

Die Gruppe derer, die sich als Philosophen verstand, war offensichtlich deshalb abgeneigt, die Besetzung philosophischer Lehrstühle mit Männern, «deren Tätigkeit zum größten Teil oder ausschließlich der experimentellen Erforschung des Seelenlebens gewidmet ist», zu akzeptieren, weil der Inhalt dieser Tätigkeit für sie gar keine ‹richtige› Psychologie zu sein schien; sie verstanden diese Zugangsweise eher als Psychophysik oder als «subjektlose Psychologie» (vgl. Riehl; Rehmke in Lessing 1985, S. 222, 210).

Gerade aber die Ausführungen Külpes auf dem Kongreß für experimentelle Psychologie (1912) sowie sein programmatischer Aufsatz «Psychologie und Medizin» zeigen, daß Überlegungen zur Intentionalität zumindest teilweise Eingang in psychologisches Forschen gefunden hatten. Mit dem Gedanken des «aktiven Subjekts» und der Trennung unanschaulicher Gedanken von anschaulichen Vorstellungen im Feld von Bewußtheit sind, jedenfalls von der Külpe-Schule, intentionalistische Motive aufgenommen worden. Külpes Ausführungen belegen auch, daß einerseits in der erklärenden Psychologie nicht derart psychomechanisch oder psychophysisch vorgegangen wurde, wie die verstehende Psychologie nachträglich, besonders in den 20er Jahren, nahegelegt hat. Andererseits akzeptiert er eine Arbeit über autobiographische Krankenberichte nicht, weil sie einen empathisch-psychologischen Zugang wählt: «Es ist dem Verfasser nur darauf angekommen, die Äußerungen der Kranken über ihre Gefühle und deren Zusammenhang mit den Krankheitserscheinungen zu verwerten» (Külpe 1912b, S. 203). Deutungen für Krankheitssymptome, die diese in den Lebensgeschichten aufsuchen, welche als bedeutsame Erfahrungszusammenhänge verstanden werden, verweisen auf einen *verstehend-empathischen* Zugang zur Symptomatik. Insofern Külpe die Möglichkeiten experimenteller Funktionsuntersuchungen psychischer und psychophysischer Abläufe betont und eine Reihe heuristische Fragen formuliert, die die diagnostische Genauigkeit bei Funktions- bzw. Ablaufsstörungen erhöhen können, befindet er sich hingegen im Diskurs *erklärender* Psychologie.

Wenn die Externalisierungsstrategie für die Forschungs- und Theorieansätze im *e*-Denkstil mit der Internalisierung (als *metexis* im Sinne von Teilhabe) für den *v*-Denkstil verglichen wird, dann ist die *differentia specifica* jene Drehung der Blickrichtung nach innen: «Da wendet sich der Blick zurück, der Gang des Verstehens von außen nach innen, in dem jede Lebensäußerung für die Erfassung eines Inneren verwertet wird» (Dilthey VII, S. 82). Die Differenz liegt vor allem in der Nutzung der persönlichen Struktur des Forschers als Resonanzboden, indem nämlich die *Subjektivität* im ganzheitlich verstehenden Zugang eine Deutung der «fremdseelischen» Zustände und Prozesse erst ermöglicht. Von Rudolf Makkreels Dilthey-Interpretation (1991) läßt sich lernen, daß in Diltheys Konzeption kognitive und emotive Fähigkeiten für die reflektierend-artikulierende Arbeit der Urteilskraft als Bedingungen der verstehenden Interpretation zusammenwirken müssen. Das gilt auch für psychologisches Verstehen.

Der Faktor Subjektivität muß aber nicht vorwiegend auf die psychologische Einfühlung/Empathie bezogen werden; deutlich wird das vor allem bei der Psychoanalyse, die das Konzept der (Gegen-)übertragung und zugrunde liegender theoretischer Annahmen (Abwehrmechanismen, triebtheoretische Annahmen etc.), das heißt das Spektrum von Theoretizität und Subjektivität, zwanglos in einen Theorie-Praxis-Bezug einzubinden weiß. Auf der anderen Seite, innerhalb des akademischen Akzeptanzrahmens, berücksichtigen vor allem hermeneutisch oder phänomenologisch inspirierte psychologische Theorien den ‹subjektiven Faktor›. Das trifft sogar für die spätere Külpe-Schule zu. Denn die Änderung der Bezeichnung Versuchsperson in «Versuchsteilnehmer» durch Maria Krudewig war nicht nur wissenschaftsethischen Überlegungen geschuldet, sondern auch Annahmen zur prinzipiellen Gleichheit aller Forschungssubjekte, die an den «Erlebnisversuchen» teilnahmen. Das Forschungssetting bestimmt einige als instruierende Teilnehmerinnen und andere, die exemplarische Schilderungen ihrer psychischen Vorgänge beobachten und schildern, als produzierende Versuchsteilnehmer (vgl. Weyers 1958).

Daß also die Konzepte *e* und *v* nicht in toto strikte Trennungen rechtfertigen, betonen in neueren Veröffentlichungen u. a. Apel, von Wright und Stegmüller. Auch Karl Bühler hat sich in der bekannten Krisenschrift von 1926 für ein Ergänzungsverhältnis ausgesprochen. Systematisch am klarsten integriert Max Weber für sein Konzept einer empirischen Soziologie Erklären und Verstehen. Bei Weber soll Soziologie jene Wissenschaft sein, «welche soziales Handeln deutend verstehen und dadurch in seinem Ablauf und seinen Wirkungen ursächlich erklären will» (vgl. Käsler 1979, S. 175 f). Käsler betont, daß die verstehende Soziologie als eine empirische Wissenschaft des Sinnverstehens ihr methodisches Vorgehen nicht von einem kausal-analytischen Verfahren trennen will; «vielmehr stellt Weber explizit eine innige Verbindung der beiden heuristischen Strategien her» (Käsler 1979, S. 176).

Wenn hier die trennende Distanz von erklärendem und verstehendem Denkstil herausgearbeitet wird, dann dient dies dazu, die heute noch wirksamen Abgrenzungslinien zwischen den Denkstilen, zwischen Externalisierung und Internalisierung, zu zeigen. Daß das Verhältnis nicht symmetrisch ist und der Begriff Internalisierung zugunsten einer genaueren Beschreibung aufgegeben werden kann, wird später ausgeführt. «Internalisierung» charakterisiert die forscherische Blickrichtung, die auf der qualifizierenden Kraft der Teilnehmerperspektive («subjektivierende Einstellung») beharrt und mit dem Bemühen um eine Beobachterperspektive («objektivierende Einstellung») kontrastiert werden kann (vgl. Messer 1926, S. 28).

So kann die Spaltung der jungen akademischen Psychologie als ein Ausdruck dieser Entwicklung unterschiedlicher Denkstile interpretiert werden. Der Begriff *Psychologie* wird zunächst unbemerkt auf unterschiedliche Inhalte angewandt. Als wären sie Friedrich Albert Langes Diktum «(a)lso nur ruhig eine Psychologie ohne Seele angenommen!» gefolgt, fanden beide Denkkollektive den «Name(n) (‹Psychologie›) noch brauchbar» (F. A. Lange 1875/1896, II, S. 381). Lange hatte in der «Geschichte des Materialismus» gefragt, ob denn eine Wissenschaft überhaupt denkbar ist, wenn es zweifelhaft wäre, ob es ihr Objekt – also ‹die Seele› – überhaupt gibt. Er kam aber zu dem Schluß: «Es ist doch der Name noch brauchbar, so lange es hier irgend etwas zu thun giebt, was nicht von einer andern Wissenschaft vollständig mit besorgt wird» (Lange 1875/1896, II, S. 381). Das war grundsätzlich unstrittig; die konfessionellen Einwände waren nicht so wirkmächtig, um Psychologie als Wissenschaft zu verhindern. Jedoch die philosophischen Vorstellungen von Psychologie verboten es, in der Sphäre von «Wert» und «Sinn» experimentell oder sonstwie empirisch zu forschen – zu nahe lag der Psychologismus- oder Szientivismusverdacht.

Eigene Psychologien traktierten die philosophisch relevanten Bereiche von Bewußtsein und Psyche kritizistisch oder phänomenologisch.

«Verstehen» wurde schließlich, zuweilen ersetzt durch (vermeintliche) Synonyme aus dessen Wortfeld, zu einem philosophischen Grundbegriff, so daß die sich bildende «verstehende Psychologie» eine Periode durchlief, in der sie eine unklare Mittelstellung zwischen Philosophie und einzelwissenschaftlicher Psychologie innehatte.

6. Verstehen und Erleben – Kontroverse IV

Getrennte Wege – einigende Kritik (Dilthey und Husserl)

Obwohl Dilthey als Verlierer der Kontroverse I gilt, gibt er den entscheidenden Anstoß zur Formulierung verstehender bzw. geisteswissenschaftlicher Psychologien. Der Dilthey-Schüler Edmund Spranger greift für psychologische Belange dessen Ideen und Formulierungen auf; für die Psychopathologie bzw. Psychiatrie macht zunächst Karl Jaspers Diltheys Ansätze fruchtbar.

Der akademischen Welt hingegen mag es überwiegend ähnlich wie Husserl gegangen sein – die vernichtende Ebbinghaus-Kritik verhinderte eine wohlwollende Beschäftigung mit «Ideen für eine beschreibende und zergliedernde Psychologie». Einer größeren psychologieinteressierten Öffentlichkeit dürften Diltheys lediglich als Akademieabhandlung veröffentlichte «Ideen» vermutlich erst durch die Ebbinghaus-Rezension in der «Zeitschrift für Psychologie» (Ebbinghaus 1896) bekanntgeworden sein.

Husserl liest die «Ideen» erst 1905, nachdem er durch inspirierende Gespräche mit Dilthey einen ausgesprochen positiven Eindruck von dessen Philosophie gewonnen hatte. Daraufhin schätzt er Diltheys Arbeit als Vorläufer der Phänomenologie ein: Die beschreibend-zergliedernde Psychologie ist als Vorgriff auf phänomenologische, reine Beschreibungen der Urteils- und Denkerlebnisse zu interpretieren, weil sie ein deskriptives Verständnis des impliziten Sinns der Urteile und Denkinhalte in der Sphäre idealer Bedeutungen herzustellen vermag (vgl. *LU* II / 1, S. 7). Zudem schätzt Husserl die Gespräche mit Dilthey als Ausgangspunkt für seine «Ideen zu einer reinen Phänomenologie und phänomenologischen Philosophie» (1913) ein (vgl. Rodi / Lessing 1984, S. 16). Auch Dilthey selbst sieht in den «Logischen Untersuchungen» eine Fortentwicklung seiner «Ideen».

Bei aller philosophischen Nähe sind letztlich die Differenzen der

Positionen unübersehbar, und man könnte fragen, ob nicht erst eine spezifisch lebensphilosophische Interpretationsrichtung zu der Homogenisierung führt, die Dilthey und Husserl in ein Konzept einbindet (vgl. Misch, Landgrebe, Scheler, Rickert in Rodi / Lessing 1984, sowie Landgrebe 1928). Aber das ist bereits Philosophie der 20er Jahre, und bevor der Blick auf die philosophischen Konzepte ‹Leben› und ‹Verstehen› hinsichtlich einer psychologischen Theoriebildung und Forschungspraxis gerichtet werden soll, kann eine Skizze zum Verhältnis Dilthey–Husserl die Vektoren verstehender Konzepte in der Philosophie selbst andeuten.

Nach Erscheinen des Logos-Aufsatzes «Philosophie als strenge Wissenschaft» (1910/1911) schreibt Dilthey an Husserl: «Wir sind darin einig, daß es, ganz allgemein angesehen, *eine allgemeingültige Theorie des Wissens* gibt. Wir sind weiter darin einverstanden, daß der Zugang zu ihr erst durch Untersuchungen eröffnet wird, die den *Sinn der Bezeichnungen aufklärt*, deren zunächst eine solche Theorie bedarf, und die weiterhin *allen* Teilen der Philosophie notwendig sind. In dem weiteren Aufbau der Philosophie trennen sich dann unsere Wege...» (Rodi / Lessing 1984, S. 110; Hervorh. N. D. S.).

Durch die Kennzeichnung der gemeinsamen Annahmenbasis versucht Dilthey zu zeigen, daß seine Überlegungen nicht der Gruppe der «historizistischen Philosophien» zuzuordnen sind. Die in Husserls Logos-Artikel (1910/11) wiederholten Bedenken gegen den Relativismus und dessen skeptizistische Konsequenzen teilt Dilthey durchaus. Zwar können alle Wissenssysteme oder kulturellen Geistesgestaltungen, also Religionen, Metaphysiken, Verfassungen u. a., als «geschichtliche Lebensformen» interpretiert werden, somit beinhalten sie als historische ein «relativierendes Moment», das aber einer philosophischen Selbstbesinnung als einer Kritik der historischen Vernunft harrt oder, anders gewendet, durch eine Theorie des Wissens unter historischen Bedingungen aufgeklärt werden muß (Dilthey in Rodi / Lessing 1984, S. 112). Wenn auch Dilthey den Platonismus Husserls nicht mitzumachen bereit ist, weil er das Modell von Idee und getrübter Erscheinung für den Zusammenhang von gültiger Philosophie (Kunst, Religion etc.) und historischer Erscheinungsform als geschichtlich in bestimmter Weise verfaßter Philosophie (Kunstform, Glaubensform etc.) nicht akzeptieren kann, so zeigt die oben zitierte Briefstelle immerhin die gemeinsame Basis: Dilthey goutiert das sprachanalytische Programm Husserls, das heißt die Teile von Husserls Phänomenologie, die sich als

Erkenntniskritik oder Sprachverwendungskritik im Bereich innerer Erfahrung verstehen lassen.

Diltheys leicht mißverständlicher Ausdruck «innere Erfahrung» ergibt sich aus dem Gegensatz zu äußerer Erfahrung und soll auf alles zielen, was als Erlebnis in einem Bewußtsein je da ist oder sein kann. Das schließt nach Diltheys Meinung einen metaphysischen Entwurf aus, auch den von Husserl, der meint, «den Weltzusammenhang durch einen Zusammenhang von Begriffen» aussprechen zu können, erfaßt aber dafür die volle Wirklichkeit der Lebenswelt (Dilthey in Rodi / Lessing 1984, S. 110). Manfred Riedels verständniserweiternder Hinweis, daß für den Begriff «Leben» der aristotelische Begriff «Praxis», als Bereich menschlicher Angelegenheiten, eingesetzt werden kann, klärt die verwickelte Lage (Riedel 1971, S. 98). Dann allerdings wird deutlich, daß nicht innere Erfahrung der mentalistischen Philosophie im strengen Sinn gemeint sein kann, denn die Fassung von Erlebnis bei Dilthey erlaubt kein ‹Draußen› mehr.

Die mentalistische Außen-Innen-Dichotomie zeitigt Probleme, was zum Beispiel daran abzulesen ist, daß der Begriff Naturerfahrung bzw. äußere Erfahrung bei Dilthey unterbestimmt ist. Gerade durch die Gleichordnung der Erfahrungsarten schleicht sich eine Inkonsequenz ein: Dasein, das im Einheitspunkt «Erlebnis» alles bereit hat, was für es je da sein kann, muß auch «äußere Natur» irgendwie *im Erlebnis* auffassen. Dann aber wäre das Verhältnis der beiden Erfahrungsarten zueinander noch einmal neu zu bestimmen (Landgrebe 1928, S. 331 f; vgl. auch Kah Kyung Cho 1985).

Konstitutiv für das Erlebnis ist der Einheitspunkt von Subjekt/Objekt als Bewußtsein dessen, worauf im Bewußtsein fokussiert wird: Dasein als Innewerden (innere Wahrnehmung) dessen, was gerade da/erlebt ist. Zu dieser holographischen Sichtweise, die impliziert, daß im kleinsten Teil, dem Erlebnis eines Individuums, bereits das Ganze sichtbar ist, kommt das Moment des «verobjektivierten Geistes» hinzu.* Die Theoriedrift treibt eine reobjektivierte Philosophie den Werken

---

* «Hologramme haben eine bemerkenswerte Eigenschaft... (es besteht bei der Erzeugung von Hologrammen) keine Eins-zu-Eins-Beziehung zwischen den Teilen des beleuchteten Objekts und seinem Bild auf der (Foto-)Platte. Vielmehr enthält das Interferenzmuster in jedem Bereich der Platte das gesamte Muster des Objekts» (Teegen 1987, S. 143).

(*erga*) des Geistes zu: Sinn hat sich (metaphorisch gesagt) verkörpert in kulturellen Gegenständen, die der Geist oder, genauer gesagt, historische Individuen in einer Sphäre von Gemeinsamkeit hervorbringen; vergegenständlichtes «Inneres» (das subjektiver Geist genannt werden könnte) ist als Erlebnis-Ausdruck offen für ein Verstehen von Sinn und gewährt über die gemeinsame Sinnsphäre Interpretationsansätze für das Verstehen der überindividuellen, geschichtlichen Bedeutung eines Geistesprodukts. Der Rückgang ins Individuum bzw. in den Strukturzusammenhang von Denken–Wollen–Fühlen bietet deshalb den naheliegenden Ausgangspunkt einer Analysis, weil alles im Erleben versammelt ist, was Vernunft bzw. vernünftige Praxis ausmacht: «Endlich stehen Tatsache, Gesetz, Wertgefühl, Regel in einem inneren Zusammenhang, welcher innerhalb der Naturwissenschaften nicht stattfindet. Dieser Zusammenhang kann nur in der Selbstbesinnung erkannt werden» (Dilthey in Lessing 1984, S. 88). Eine progressive Entwicklungsdynamik verbindet individuelle Selbstbesinnung und Verstehensaktivitäten überhaupt, insofern als durch das Verstehen der Bedeutung geistiger «Objektivationen» (in Kulturprodukten oder Institutionen) die Subjektivität erweitert, das heißt wahre Individualität erst entwikkelt werden kann. Und genau hier knüpft Eduard Spranger an, der seine geisteswissenschaftliche Psychologie auch als Kulturphilosophie oder Kulturpädagogik versteht.

Spranger verwertet Diltheys «Strukturpsychologie»* als Grundlage für ein Verständnis des Seelenlebens des Individuums. Das entwickelte Individuum gilt Dilthey als Movens von geistig-kulturellen historischen Entwicklungen und als Kreuzungsprodukt der verschiedenen Kultursysteme in einer Gesellschaft. Und genau diesen Zugang über das Individuum als *erlebendes* Subjekt wählen auch die Psychologien im *v*-Denkstil.**

An dieser Stelle lohnt sich ein Rückblick auf die Kontroverse I, um

* Der Weg von der Realpsychologie (1865) über die *beschreibend-zergliedernde Psychologie* (Analyse des gesamten Bewußtseinsbestandes) (1894) *zur Strukturpsychologie* (ab 1905) kann als «Untertext» mitgedacht werden, der vom Gegensatz Erklären–Beschreiben über Erklären–Zergliedern/Beschreiben zum Erklären–Verstehen geht.

** Die psychologische Dilthey-Schule (Spranger, Frischeisen-Köhler) nutzt vor allem die Schriften zur Psychologie (1890, 1894, 1895), zu den «Weltanschauungstypen» und das Spätwerk «Der Aufbau der geschichtlichen Welt» (1911).

einen Punkt etwas klarer zu stellen. Hermann Ebbinghaus hatte betont, daß wir den psychischen Struktur*zusammenhang* nicht erleben, daher seien auch die Abfolge und das Auseinanderhervorgehen der verschiedenen psychischen Zustände nicht zugänglich. Eine längere Textpassage verdeutlicht die Begriffe Erlebnis- und Strukturzusammenhang bei Dilthey:

«Ich liege des Nachts wachend, ich sorge um die Möglichkeit, begonnene Arbeiten in meinem Alter zu vollenden, ich überlege, was zu tun sei. In diesem Erlebnis ist ein struktureller Bewußtseinszusammenhang: ein gegenständliches Auffassen bildet seine Grundlage, auf dieser beruht eine Stellungnahme als Sorge um und als Leiden über den gegenständlich aufgefaßten Tatbestand, als Streben über ihn hinauszugelangen. Und alles das ist für mich in diesem seinem Strukturzusammenhang da. Ich bringe den Zustand zu distinguierendem Bewußtsein. Ich hebe das strukturell Bezogene heraus, isoliere es. Alles, was ich so heraushebe, ist im Erlebnis selbst enthalten und wird so nur aufgeklärt. Nun aber wird mein Auffassen vom Erlebnis selbst auf Grund der in ihm enthaltenen Momente zu Erlebnissen fortgezogen, welche im Verlauf des Lebens, wenn auch durch lange Zeiträume getrennt, strukturell mit solchen Momenten verbunden waren; ich weiß von meinen Arbeiten durch eine frühere Musterung, damit stehen in weiter Ferne der Vergangenheit die Vorgänge in Beziehung, in denen diese Arbeiten entstanden. Ein anderes Moment leitet in die Zukunft; das Daliegende wird noch unberechenbare Arbeit von mir verlangen, ich bin besorgt darüber, ich richte mich innerlich auf die Leistung ein. All die Über, Von und Auf, all diese Beziehungen des Erlebten auf Erinnertes und ebenso auf Zukünftiges zieht mich fort – rückwärts und vorwärts. Das Fortgezogenwerden in dieser Reihe beruht auf der Forderung immer neuer Glieder, die das Durcherleben verlangt. Dabei kann auch ein aus der Gefühlsmacht des Erlebens hinzutretendes Interesse mitwirken. Es ist ein Fortgezogenwerden, keine Volition, am wenigsten das abstrakte Wissenwollen, auf das seit Schleiermachers Dialektik zurückgegangen worden ist» (Dilthey 1910, S. 169).

Der psychische Struktur und jener Erlebniszusammenhang verweisen aufeinander; als Strukturglieder gelten Dilthey diejenigen Inhalte, die als Gefühl (Sorge, ob die Lebenszeit eine Vollendung der begonnenen Arbeiten zuläßt), als Wille (sich auf Leistung einzustellen und es zu versuchen), als gedankenauslösender Anlaß (gegenständliches Auffassen evtl.: Gedanke an herumliegende unfertige Manuskripte) und Erinnerung (vergangene Bezüge und Umstände, in denen die Arbeiten entstanden sind oder nicht abgeschlossen wurden) benannt werden können. Diese strukturpsychologischen Komponenten im Sinne Diltheys thematisieren den sinnhaften Lebens- und Erlebenszusammenhang eines Subjekts, das über die Verbindungen der Strukturglieder wenigstens prinzipiell Auskunft geben kann und die für es selbst und andere Subjekte sinnhaft deutbar sind. Zu fragen wäre allerdings, ob Bedeutung und Bedeutsamkeit klar unterschieden sind. Wirkungsgeschichtlich gewinnt ‹Bedeutsamkeit› eine daseinshermeneutische Lesart, die lebensphilosophisch, phänomenologisch oder im engeren Sinn verstehenspsychologisch ausgelegt wird. ‹Bedeutung› hingegen verweist eher auf den Schwerpunkt der kantianischen Interpretation einer historisierten Transzendentalphilosophie.

Wie dem auch sei, Ebbinghaus führt in seiner Gedächtnisforschung die *e*-stilbildenden Motive in Reinform vor. Die Methodeninnovation sieht das Lernen sinnfreier Silbenreihen als Auslöser irgendeiner Denk- und Erinnerungstätigkeit überhaupt an, die quantitativ traktierbar wird, weil die Lern- und Vergessenszeiten gemessen werden können. ‹Bedeutung›, ‹Bedeutsamkeit› oder ‹Sinn› erhalten den Status ablenkender, verfälschender Unwissenschaftlichkeit, dem der experimentalpsychologische Input eines erlebnisneutralen Silbensalats Einhalt gebieten kann. Erste Bedeutungsfreiheit garantiert die methodische Reinheit, die Aufschluß über die psychischen Strukturglieder geben kann und deren Formalisierung eine Umsetzung in mathematische Funktionen o. ä. erlaubt (vgl. N. D. Schmidt 1995). Die psychische Struktur und ihre gesetzesartigen Zusammenhänge müssen zwar sprachlich (und mathematisch) beschrieben werden; das macht sie jedoch nicht zu bedeutungshaltigen Sinneinheiten oder zu lebens- und kulturgeschichtlich relevanten Sinnzusammenhängen. Der sinnhafte Zugang bildet das konstituierende Moment des Denkstils Verstehen.

Wider die Verkürzung des Empiriebegriffs

Man könnte fragen, was lebensphilosophische Transzendentalphilosophie und logizistische Phänomenologie verbinden kann und wie es um das Psychologismusproblem steht. Im Sinne Husserls war die Arbeit an einer Kritik der historischen Vernunft deshalb nicht psychologistisch, weil der geltungsmäßige Vorrang von Erkenntnistheorie und Logik vor Psychologie von Dilthey nicht angezweifelt wurde (vgl. Makkreel 1991; Lessing 1984). Dennoch sollte der unverkürzte Bestand von Erfahrungen des entwickelten Seelenlebens eines Individuums für die ‹analytische Selbstbesinnung› eingesetzt werden. Insofern suchte Dilthey einen empirisch gestützten Weg, dem Vorrang vor apriorisch-begrifflichen Dominanzansprüchen im Philosophieren zu geben war und der trotzdem nicht den Illusionen einer voraussetzungslosen Erkenntnistheorie folgt. Der Begriff «empirisch$_1$» ist hier freilich eher im Gegensatz zu apriorisch zu sehen und nicht als «empirisch$_2$» (=«forschungswissenschaftlich») im Gegensatz zu begriffsexplikativ. Die Historisierung der Vernunft (und zugleich Transzendentalisierung der Geschichte; vgl. Schnädelbach 1983) war nicht als geisteswissenschaftliche Psychologie, sondern als philosophisches Programm gedacht, das – wie oft zitiert – eine tragfähige Grundlage für die Geisteswissenschaften darstellen und ein Pendant zu Kants Vernunftkritik (als Grundlage für die Naturwissenschaften) bilden sollte.

Dilthey fordert eine Psychologie, die die Analyse des psychischen, sinnhaft strukturierten Phänomenbestandes, wie er sich zeigt, durch eine introspektive Sichtung in erkenntniskritischer Perspektive leistet. Das mag durchaus als phänomenologienahe Zugangsweise betrachtet werden. Die recht eingeengte Fassung von ‹empirisch› bei Husserl teilt Dilthey aber eben nicht. Die psychologiekritischen Äußerungen des späten Dilthey gelten der vorherrschenden, naturalistisch verfahrenden Psychologie sowie den psychologistischen Tendenzen in den Geisteswissenschaften und der Psychologie, nicht aber den Deskriptionen einer psychologischen Analytik (vgl. auch Misch 1930, S. 128). Der wissenschaftshistorische Rückblick auf Dilthey droht zuweilen durch eine Verschiebung getrübt zu werden, dann nämlich, wenn immer schon vorausgesetzt wird, was durch Diltheys Psychologiekritik und die Rezeption seines Spätwerks erst (mit-)angeregt wurde: die Entwicklung einer zweiten Grundrichtung von Psychologie, die (auch) als Reaktion auf die experimentell-erklärende Psychologie zu interpretieren ist. In der ersten Dekade des neuen Jahrhunderts ist das mögliche Zielobjekt dieser Psychologiekritik dasjenige, was vorherrschend als Psychologie verstanden und betrieben wurde, und das war Psychologie im *e*-Denkstil und nicht etwa die Psychologie des (vorphänomenologischen) Lippsschülers Alexander Pfänder (1904) oder die Völkerpsychologie Wilhelm Wundts, die zu Diltheys Projekt noch gewisse Verbindungsansätze gehabt hätten (vgl. Oetze 1991)

Unter der Perspektive des Denkstilvergleichs, der auf die Divergenzen von erklärendem und verstehendem Denkstil fokussiert, fragt sich nun, ob Dilthey und Husserl nicht vorwiegend durch die Ablehnung der Naturalisierung von Psychologie und der Empirisierung von Erkenntnistheorie geeint wurden sowie durch den Wunsch, der «Anarchie der (relativistischen) Anschauungen» (Dilthey) ein festes Fundament unterzuschieben, so daß wieder ein allgemein akzeptierter Ausgangsbereich von Philosophie überhaupt verfügbar wäre (vgl.

Rodi/Lessing 1984, S. 100ff). Phänomenologie und eine Kritik der historischen Vernunft wären die oben als Vektoren bezeichneten Programme. Ihre in wichtigen Punkten differierenden Annahmen initiierten verschiedene philosophische Entwicklungsrichtungen, die durch ihre Stilelemente allerdings dem *v*-Denkstil zuzuordnen sind.

Die zweite Richtung: geisteswissenschaftliche Psychologie

Schon der Stilbegriff legt nahe, daß der Denkstil des Verstehens ebensowenig wie der des Erklärens ein einheitliches Gebilde darstellt. Das Verstehen kann als Gestalt vor dem Grund der Vielheit erklärender Methodenzugänge abgehoben werden. Dieses gestalttheoretische Bild exemplifiziert die bereits vorgetragene Behauptung, daß Verstehen und Erklären nicht als einfache methodische Gegensätze zu behandeln sind.

Daß Verstehen ein philosophischer Grundbegriff wurde, steht nicht in Frage (vgl. Apel 1979; Schnädelbach 1983, S. 139f). Alle diejenigen Ansätze können dem disziplinenübergreifenden *v*-Denkstil zugerechnet werden, die Verstehen als Erkenntnis- oder Erfahrungsform sui generis auffassen. Verstehen als Methode der Erkenntnis geisteswissenschaftlicher Zusammenhänge bezieht seine Kraft daraus, daß im elementaren Verstehen, in alltäglichen Lebensvollzügen, immer schon Erleben und Verstehen zusammengehören und daher elaboriertere geisteswissenschaftliche Verstehensformen (als systematische Formen der Selbstbesinnung) den Rückgang auf das Leben selbst suchen und entfalten. Die Basis ist also die lebensweltlich geübte Alltagspraxis des Verstehens.

Die Bezeichnungen erklärende/verstehende Psychologie bringen jeweils unterschiedliche Ansätze unter das Label eines Denkstils, und nur unter den formulierten methodischen Bedingungen scheint es gerechtfertigt zu sein, so unterschiedliche Denker wie Spranger, Pfänder, Jaspers, Binswanger, Erismann, Gruhle in der Kategorie *verstehende Psychologie* unterzubringen. Immerhin führen die Auseinandersetzungen zwischen den ‹zwei Arten der Psychologie› in den 20er Jahren unseres Jahrhunderts zur innerpsychologischen Erklären-Verstehen-Debatte (Kontroverse IV), die dem Methodenstreit erst seinen Namen gab (Spranger 1921, S. 3). Spätestens seit dem VIII. International Congress of Psychology (Groningen 1926) war die deutschsprachig geführte

Kontroverse internationalisiert: Nichts habe die Gemüter so erregt, schrieb Gustav Störring 1928 über den Kongreß, wie die Streitfrage um die verstehende und erklärende Psychologie (Störring 1928, S. 3); Spranger, Binswanger, Erismann und Ewald waren die Referenten der Sektion Erklären/Verstehen. Neben Sprangers Begriff «geisteswissenschaftliche Psychologie» hatte sich in den 20er Jahren allgemein Jaspers Begriff «verstehende Psychologie» für alle nicht-erklärenden Psychologien durchgesetzt.

Kritik der erklärenden Psychologie

Wie alle Verstehens-Theoretiker seiner Zeit entfaltet auch Eduard Spranger kritische methodologische Argumente gegen die erklärende Psychologie, die als «Elementenpsychologie» dem Anspruch eines ganzheitlichen, subjektangemessenen Methodenzugriffs widerspricht.

Der Mainstream geht nach Spranger den Irrweg der Physiologisierung der Psychologie; nur Wundts Völkerpsychologie sei auszunehmen. Auf diesem Irrweg nimmt ‹herkömmliche Psychologie› anstelle von Erklärungen bloße Verschiebungen ins Reich des Materiellen vor und hält pure Beschreibungen von Regelmäßigkeiten für Erklärungen: «Aber es ist ein großer Unterschied zwischen einem Faktum und seiner Erklärung aus Ursachen und noch ein größerer zwischen dem kausalen Erklären und dem Verstehen aus einem Sinnzusammenhang» (Spranger 1921, S. 358). Das Paradigma des Psychologischen ist das Feld des Verstehbaren. An jedem seelischen Vorgang oder Zustand können zwei Seiten unterschieden werden: die funktional-sinnfremde Seite und die sinnhaft-geistige, in Bedeutungsnetzen organisierte Seite des seelischen Zusammenhangs, dem das Verstehen ausschließlich gelten kann.

Eine räumliche Metapher gebrauchend, werden «Sinngrenzen» nach oben und unten gezogen (Spranger 1926, S. 157). Die Sinngrenze nach unten trennt den psycho-physischen und physiologischen Bereich ab, der auch die sogenannten Ich-Funktionen (Vorstellen, Wollen und Fühlen) als seelische Elementarvorgänge enthalten soll. Die Sinngrenze nach oben verläuft gewissermaßen durch die Kultur- bzw. Geistesobjektivationen. Verstehbar sind diese nur für uns; die Aufklärung, was sie für sich bedeuten mögen, fällt in das Gebiet der Metaphysik, die von der «Wirklichkeitswissenschaft» geisteswissenschaftliche Psychologie genauso abzutrennen ist wie von der erklärenden Psychophysik (vgl. Spranger 1921, S. 18ff, 85ff). Mehrstufige Komplementaritätsmodelle von Philosophie und Psychologie (u. a. Wissenschaften) waren zahlreich; neben den vorgestellten psychologistischen (Wundt, Lipps) gab es viele andere Varianten (Külpe, Dilthey, Eisler, Pfänder, W. Stern u. a.).

Rationalisierungsstrategien (Kritik der Einfühlung)

Eduard Spranger selbst sieht den Startschuß für die zweite Richtung von Psychologie in seiner Veröffentlichung der Riehl-Festschrift «Lebensformen» (1914). Zwar muß Dilthey als Haupturheber gelten: allerdings waren «die methodologischen Grundlagen der neuen Psychologie doch näher zu bestimmen, als es bei Dilthey selbst geschehen war» (Spranger IV, S. 153). Auch das Credo der um die Jahrhundertwende herrschenden Vulgärpsychologie (sic!) hat Dilthey durchbrochen: «Alles, was wirklich ist, ist entweder physisch oder psychisch. Tertium non datur» (Spranger IV, S. 152). Jenes ausgeschlossene Dritte sind die geistigen Sinngehalte, die an zielgerichtetem Handeln erfahrbar sind und die den Bereich der Wirklichkeit ausmachen, auf den sich Verstehen richtet. Sie konstituieren die geistig-kulturelle Welt in den Gestalten ihrer Vergesellschaftung unter historisch kontingenten Bedingungen. Ausgangspunkt und Träger des Geistigen ist das Individuum, auf das alle «Geistesobjektivationen» zurückgehen. Deshalb ist «geisteswissenschaftliche Psychologie» nur eine abgekürzte Redeweise für «Psychologie als Grundlage für die Geisteswissenschaften» (Spranger IV, S. 150ff).

Spranger grenzt sich deutlich von Einfühlungstheoretikern wie etwa Theodor Lipps ab, obwohl die *aisthesis* am Verstehensakt immer wieder hervorgehoben wird. Wird Verstehen als Einfühlung genommen, ist sie unterbestimmt, weil das Gefühl als das wichtigste Moment im Verstehensakt gesehen wird, obwohl es nur einen Anteil bildet. Die Ablehnung der Position Max Schelers steht pars pro toto für eine Abgrenzung gegen alle Denker im *v*-Denkstil, die irgendeine Form des unmittelbaren Verstehens vertreten: «Max Scheler vertritt... die grundstürzende Theorie, daß wir (in der inneren Aktrichtung) fremdes Seelenleben unmittelbar anschauen. Das Psychische sei uns zunächst einfach *gegeben*, ohne daß die Zugehörigkeit zu einem Fremdich oder dem Eigenich mitgegeben sei. Diese Trennung komme erst in der Wahrnehmung zustande mit Hilfe der eigenen *Organempfindungen*, die also nach Scheler das einzige rein dem Ich Zugehörige wären»

(Spranger 1918, S. 20). Die dort fehlende Trennung des «bloß Seelischen» vom Geistigen ermöglicht erst die Begründung einer verstehenden Psychologie als Wissenschaft. «Der subjektive Erlebniszusammenhang eines anderen ist uns nie direkt zugänglich... (a)ndere verstehen wir nur aus Objektivationen» (Spranger 1921, S. 369).

Verstehen richtet sich auf das *Überpsychische*, als das die Domäne der geistigen Objektivationen einer Kultur zu gelten hat (vgl. Spranger 1918, S. 14). ‹Nacherleben› im Sinne Diltheys entwirft die Möglichkeit, das Verstehen von der Ganzheit der Person des Verstehenden selbst her zu bestimmen, und verweist zudem auf die Verwendung der kognitiven Ressourcen: «Den vieldeutigen Ausdruck ‹Einfühlung› vermeide ich geflissentlich, schon deshalb, weil er nur die vorwissenschaftliche, bald instinktive, bald geniale Form des Verstehens bezeichnet... (und nicht) in der Erkenntnishaltung» vollzogen wird (Spranger 1918, S. 34, 35). Verstehen ist als Subsumtionsvorgang konzipiert, der am Leitfaden einer «nicht immer zu vollem Bewußtsein erhobenen Gesetzlichkeit» etwas als etwas einzuordnen weiß. Jeder historisch konkrete und individuelle Fall eines psychischen Zustandes gilt als Konkretisierung eines Netzes allgemein gültiger, psychologischer Gesetze: «In dem Augenblick, wo er *verstanden* wird, ist er bereits vorbereitend unter eine allgemeine Gesetzlichkeit subsumiert worden» (Spranger IV, 1909, S. 159).

Sprangers Hauptwerk, besonders die in sechs Auflagen Furore machenden «Lebensformen», zeigt eine Rationalisierungsstrategie, die Verstehen als objektiv-wissenschaftliche Methode legitimieren und die Kritik einer subjektiven Willkür gegen verstehende Verfahren sowie die Gleichsetzung von Verstehen mit Verhaftetsein in Kontingenzen entkräften soll.

Die *differencia specifica* zur Psychologie im *e*-Denkstil besteht über die methodologischen Differenzen hinaus in der Funktion, die ein bei Spranger rehabilitierter Geist-Begriff hat; er konstituiert die sinnhafte Sphäre des Verstehbaren als transsubjektive.* «Indem ich also das

---

* Max Scheler übernimmt «Geist» eher «in der Konnotation, die durch Diltheys Rehabilitierung und Neufassung dieses nach Hegels Tod als ‹Unbegriff› aufgefaßten Ausdrucks entstanden ist». Für Schelers phänomenologisch verstandenen Geistbegriff spielen die Begriffe Geistigkeit, Akthaftigkeit und Intentionalität eine zentrale Rolle. Ihre personalistische Umsetzung als geistiges Vollzug-Sein setzt sie ab von der Sphäre des «gegenstandsfähigen, objektivierbaren nicht-geistigen Seins» und bleibt

Subjekt mit seinem Erleben und Gestalten in die Gebilde der geschichtlichen und gesellschaftlichen Geisteswelt verflochten denke, befreie ich es schon aus der Einsamkeit und Inselhaftigkeit bloßer Ich-Zustände und setze es in Beziehung zu gegenständlichen Gebilden und Objektivitäten» (Spranger 1921, S. 5). Diltheys Zirkulation von Erleben–Ausdruck–Verstehen erhält die Form einer Wechselwirkung: Das Individuum wird einerseits in ein formendes Lebensmilieu eingebettet gedacht, andererseits ist die bildend-gestaltende Einwirkung auf jenes Milieu in Rechnung gestellt. Diese Einwirkung zeigt immer spezifische, prägnant unterscheidbare Gestaltungstendenzen, die als «zweckhafte» sowie «sinnvolle hinsichtlich ihres jeweiligen Telos» (Handlungszieles) analysierbar sind. Das Bemühen um eine Rationalisierung des Verstehens (und dies ist kein psychoanalytischer Gebrauch) ist nur eine der Legitimationsstrategien: Jaspers und Bergson verweisen zum Beispiel auf einen nicht reduzierbaren Sinn von Evidenz, der Verstehen und Intuition von anderen Formen der wissenschaftlichen Erkenntnisgewinnung abhebt.

Spranger wählt den Weg einer Rationalisierung, der im Verstehen die rationalen Gehalte aufzeigt, die es nicht nur wissenschaftlich akzeptierbar machen, sondern Verstehen erst ermöglichen. Die neukantianische Dichotomie ‹nomothetisch versus idiographisch› wird durchbrochen. Spranger faßt diese Unterscheidung von Erkenntnisinteressen, im Gegensatz zum *e*-Kollektiv, als begriffskonstitutive und nicht als ontologische auf; aber aus theoriestrategischen Gründen fordert er eine Durchkreuzung, weil für sein «geisteswissenschaftliches Kategoriengerüst» beide Seiten in ein Konzept eingebunden werden sollen: Gesetz und individuelle Gestalt gewährleisten wissenschaftliche Erkenntnisse in den Geisteswissenschaften. «Geistige Erscheinungen sind *zeitlich* bedingt oder eingehüllt; der geistige Gehalt, ihre gesetzliche Struktur ist *zeitlos*» (Spranger 1921, S. 25). Ein reduzierter Apriorismus ist die Folge; denn kategoriale Bestandteile geisteswissenschaftlichen Verstehens waren gesucht, die weder Erfahrungsstoff noch wirklich vor aller Erfahrung angesiedelt werden mußten, wenn sie als geisteswissenschaftliche die ‹reinen› Verstandeskategorien (Kants) ergänzen sollten (vgl. Spranger 1914, S. 419f).

Dilthey vergleichbar, wenn die Trennung nicht metaphysisch verstanden wird (vgl. A. Sander 1995, S. 72ff).

Von Max Weber inspiriert, entwirft Spranger eine Reihe «überhistorischer Idealtypen», die einen Grundbestand von sechs Lebensformen (die ökonomische, ästhetische, theoretische, religiöse, herrschaftsbezogene und soziale Lebensform) auf Gesellschaftssysteme korrelativ beziehen, die «kulturelle Sinngebiete» genannt werden. Jede Lebensform kennzeichnet eine dominante «Sinnrichtung» (oder Wertdisposition); zusammen bilden sie als «geistige Urbegriffe oder grundlegende Lebensformen» das geisteswissenschaftliche Kategoriengerüst (Spranger 1921, S. 349). Weil die Kategorien gebietsspezifische Rationalitätsimplikationen enthalten, die von Webers Rationalitätstypen* beeinflußt sind, kann das Verstehen eine Handlung innerhalb einer bestimmten Lebensform als ‹rational/irrational› begreifen oder einen Mischtypus von Lebensformen mit entsprechenden Rationalitätsorientierungen herstellen.

Eine alle Individuen betreffende Gleichförmigkeitsannahme, wonach sie von gleicher Geistesstruktur sind und in ihnen dieselben Geistesgesetze wirken, begründet Sprangers Annahme, daß mit den sechs Idealtypen eine Grundlage für alle Geistes-, Gesellschafts- und Humanwissenschaften geschaffen war.

Verstehen

Die Thematisierung des Verstehens beginnt in zahlreichen Anthologien und Monographien mit der Entfaltung unterschiedlicher Verstehensbegriffe, aus denen regelmäßig das sprachliche Verstehen herausgehoben wird. Im Kontext des Psychologismus und des Methodenstreits tritt sprachliches Verstehen merklich in den Hintergrund, obwohl die Traditionslinie des *v*-Denkstils als hermeneutisch bestimmt werden muß.

Die «Universalisierung des hermeneutischen Problems», die mindestens über Schleiermacher, Droysen und Dilthey das «Sinnverstehen»

---

* Über eine Weber-Inspiration geht die Typologie der Lebensformen nicht hinaus. Webers Idealtypus wird zu einem Ideal im normativen Sinne, die religiöse Lebensform bekommt zum Beispiel den höchsten Rang in der Werthierarchie der Lebensformen, weil sich hier gemäß der «Normbestimmtheit der Seele, (die) Erfüllung ihrer wahren Wesensbestimmtheit» findet (Spranger 1921, S. 291; vgl. Ringer 1987, S. 328).

zum fundamentalen philosophischen Ausgangspunkt der Möglichkeit von Philosophie überhaupt gemacht hatte, war für die Behandlung des psychologischen Verstehens wieder weitgehend aus dem Blick geraten (vgl. Schnädelbach 1983, S. 142ff). Selbst der Dilthey-Schüler Spranger, der den Stellenwert des hermeneutischen Anteils in Interpretationen als *Auslegung* der Objektivationen des Lebens noch unmittelbar vorgeführt bekommen hatte, konzentriert sich auf den Aspekt des psychologischen Verstehens. Es umfaßt im Sinne der geisteswissenschaftlichen Psychologie Personen- und Sachverstehen, letzteres als Sinnverstehen der Werke des Geistes (Spranger 1921, S. 374).

Das Verstehen des sprachlichen Sinns gilt nicht gerade als ein zentraler Fall von Verstehen überhaupt. Die wenigen Aussagen zum sprachlichen Verstehen dienen vorwiegend dazu, den Begriff einer völlig geistentleerten Materie abzuwenden oder Verstehen gegen ästhetisierende Vereinnahmungen einer ausschließlichen Interpretation als Einfühlung zu schützen (Spranger 1921, S. 370). «Sinn» als explizierbare Bedeutung und als Zweck oder Wert eines Geistesgebildes meint immer schon verobjektivierten Sinn und verweist damit auf eine «geistige Objektivität». Diese ist nicht sprachlich konstituiert, sondern eher pragmatisch oder poietisch, auf Handlungstypen und kulturelle Werke und Wertsphären gegründet.

Um Verstehen jenseits der sprachlichen Ressourcen angemessen explizieren zu können, ist der Rekurs auf Nachbilden oder Einfühlen verfehlt; aber auch Diltheys umfassender Begriff «Nacherleben» (auch als «anschauliches Nachbilden») ist aufgrund der vorausgesetzten seelischen Gleichartigkeit letztlich nicht hinreichend. Diese sei nicht einmal im Verstehen des anderen Geschlechts gegeben (vgl. Spranger IV, 1926, S. 24). Die wesentliche Leistung im Verstehensakt besteht im «Sichhineinversetzen»: Dieses sei ein «Mitvollziehen sinnvoll geistiger Akte» (Spranger IV, 1926, S. 24). Aber offensichtlich reicht Spranger diese Explikation nicht, um eine Objektivität der verstehenden Erkenntnis zu garantieren. Entscheidend ist das Zugeständnis an Max Weber, daß «das rationale Zweckhandeln den Optimalfall des Verstehens darstellt», dieses bildet das Paradigma für die Objektivierungsbemühungen (Spranger VI, 1918, S. 21). Sprangers Rede von der «impliziten oder eingehüllten Rationalität» bedeutet, daß jede Lebensform eine sinngebietsspezifische Rationalitätsimplikation aufweist und daher ein Hineinversetzen zwar den Zugang sichert, aber nicht die begründete Deutung eines zu verstehenden Sachverhalts, einer Tat oder Entscheidung liefern kann.

Hier wäre also zu fragen, wie durch die Konstruktion einer sehr mageren Typologie von psychologisch recht undifferenzierten «Lebensformen» Verstehen entfaltet wird. Ein Kurzdurchgang durch einen Verstehensakt zeigt den Entwurf, der Diltheys Ansatz nicht überbietet, sondern in wesentlichen Punkten verbunden bleibt: Verstehen gilt als Vorgang der Deutung, realisiert durch die interpretierende (reflektierende) Einbildungskraft, wobei dieser Deutungsvorgang analytisch in die folgenden vier abstrakten Faktoren zerlegbar ist.

Der Vorgang beginnt mit der Sammlung der Daten bzw. Beobachtungen, die sprachliche Äußerungen, Handlungen, Werke, Ereignisverläufe o. ä. sein können (1). Danach entwickelt die interpretierende Einbildungskraft sprunghaft die Gestaltung eines anschaulichen Totalbildes (2), dem die Schemata geistiger Strukturgesetzlichkeiten dergestalt unterschoben werden, daß wir singuläre Akte oder Erlebnisse «innerlich mitvollziehen» (Spranger 1921, S. 377). Die versuchsweise Unterschiebung der geistigen Kategorien (der Lebensformen) geschieht zunächst einmal in einer bestimmten Sinnrichtung, die durch jeden der Idealtypen repräsentiert wird (Spranger 1918, S. 26) (3). Der letzte Faktor besteht in einer kritischen Korrektur der «ersten ästhetischen Intuition» (Spranger 1921, S. 378), die notwendig wird, wenn sich aus der Deutung von Akten und Erlebnissen eines Sinngebietes «kein sinnverbundener Zusammenhang ergibt» (Spranger 1921, S. 377) (4). Es gilt nun, Mischungsverhältnisse von Lebensformen, das heißt Lebenseinstellungen (wertbezogene Grundorientierungen), die sich im Handeln und Verhalten zeigen, interpretierend auszuprobieren. Kombinatorik ist fast immer angeraten, weil (reine) Idealtypen praktisch nicht vorkommen. «Soll das geistige Leben überhaupt verständlich sein, so müssen die scheinbaren Abirrungen vom Sinnvollen (Wertgemäßen) auf tieferliegende, besondere Sinnzusammenhänge zurückgeführt werden können» (Spranger 1921, S. 368).

Hier kommen die umstrittenen ästhetischen Momente des Verstehens ins Spiel, die schon Dilthey gegen Kant angeführt hat: Wenn Individuen im gesellschaftlich-historischen Kontext im Erschaffen alles Geistigen tätig sind, dann «gibt es nichts, was das menschliche Verstehen transzendieren müßte,... (w)o es... um ein Verstehen der menschlichen Umwelt geht, ist ein solcher Dualismus (Phänomene / Ding an sich) unnötig. Daher kann es sein, daß das Verstehen nicht immer rein diskursiv ist, sondern unter bestimmten Bedingungen auch anschauend sein kann» (Dilthey in Makkreel 1991, S. 64–65). Die Rolle der aisthetischen Anschauung durchkreuzt durch die Annahme einer «ursprünglichen Intelligibilität der inneren Erfahrung» den Dualismus von Sinnlichkeit und Verstand (vgl. Makkreel 1991, S. 61).

Spranger bemüht die *aisthesis* am Verstehensakt, indem das «Unterschieben unserer geistigen Struktur (Sinngesetze)» in seinen anschaulichen Momenten als «ästhetische Leistung» angesehen wird (vgl. Spranger 1921, S. 373, 374 u. 377). Zwar überwiegt der kognitive Aspekt der Verstehensleistung; dennoch benötigt der Akt des «Verstehens» als Illustrationsgrundlage die Anschaulichkeit des individuell Erlebten. Diese ästhetische Anschaulichkeit ist als ein Faktor des Verstehens, nämlich als der spontane Vorgriff in eine spezifische «Sinnrichtung» benannt worden. Die Gesamtleistung des Verstehens ist als Interpretation entworfen: Indem *Interpretation* die aisthetischen mit den rationalen Aspekten verbindet, ist nach Sprangers Einschätzung der holistische Anspruch Diltheys eingelöst und die Objektivität der Erkenntnisform Verstehen gewährleistet.

Verstehen richtet sich nicht auf einzelne Akte als sinnhafte Handlungen oder Äußerungen, sondern verweist, wie die Vokabel «Totalbild» andeutet, vorwiegend auf Personen in ihrer Lebensform und Sinnorientierung (vgl. Spranger 1921, S. 393). Die Umsetzung von Diltheys «Leben erfaßt hier Leben» in das Verstehen von Personen durch Personen (über verobjektivierten Geist) bei Spranger und anderen verstehend-geisteswissenschaftlichen Psychologien benennt den entscheidenden Differenzpunkt zur erklärenden Psychologie, aber auch zu Dilthey selbst. Spranger hält gewissermaßen an einem Teil von Diltheys ursprünglichem Fundamentalkonzept von Psychologie als Grundlage der Geisteswissenschaften fest, aber entwirft keine Philosophie des Geistes, weil Geist vor allem als Medium für seine Philosophie der Persönlichkeit (auch «wissenschaftliche Charakterologie») behandelt wird (vgl. Spranger 1921, S. 392). Und dieses Erkenntnisziel benennt den größtmöglichen Abstand zu Dilthey, der zwar auch das Individuum als Kristallisationspunkt von geistigen Tendenzen gesellschaftlicher und kultureller Relevanz betrachtet, aber nie eine psychologische Theorie des Personenverstehens erarbeiten wollte (vgl. Rodi / Lessing 1984, S. 8).

Immerhin teilt Spranger Diltheys Suche nach einer Grundlegung der Geisteswissenschaften. Spranger traut sich mit dem Werk «Lebensformen» die Aufgabe zu, «geistige Erscheinungen strukturell richtig sehen zu lehren» und so das Verstehen von Individuen und, ausgehend von den individuell verkörperten Lebensformen, Interpretationen von Kulturen, Gesellschaften, Werken sowie Geschichte überhaupt zu ermöglichen (Spranger VII, 1921, S. 361, 391).

Als Psychologie des Verstehens erhebt diese fundamentalistische Ansprüche, die weder vom wissenschaftlichen Denkkollektiv erklärender Psychologen akzeptiert noch von seiten der Philosophie als Erbe der Diltheyschen Bemühungen um eine Kritik der historischen Vernunft angenommen wurden.

Wissenschaft oder Willkür

In Eduard Spranger hatte die verstehende und geisteswissenschaftliche Psychologie einen ihrer prägnantesten und prominentesten Vorkämpfer. Sprangers disziplinübergreifender Ansatz wird in den 20er Jahren sehr einflußreich. Sein wissenschaftsbetontes Erkenntnisinteresse fragt nach dem Was der «sinngebenden und sinnerfüllenden Akte»; die Konstitutionsthematik als Frage danach, wie wir überhaupt fragen können danach, was der Fall ist, steht nicht im Zentrum seiner theoretischen Geltungsansprüche. Die zugrunde liegende epistemologische Basisannahme konstituiert Erkennen als ein durch unsere Begriffe und Gesetze über die gegenständliche und geistige Welt ausgelegtes «Gedankengitter» bzw. «Netz rationaler Linien», nach deren Maßgabe die Erkenntnis- und Verstehensobjekte überhaupt thematisierbar werden. Damit entfällt jeglicher Rückgriff auf Abbildungsvorgänge im Erkennen, die es als eine unmittelbare Spiegelung oder Protokollierung thematisierbar machen (Spranger 1921, S. 77, 365). Der konkurrierende *e*-Denkstil hingegen orientiert sich zunehmend an frühen neopositivistischen Ansätzen; daher liegen etwa Sprangers Formulierungen zur Konstitutionsproblematik für das *e*-Kollektiv auf der Linie von Husserls «der täglichen Welt übergeworfenem Ideenkleid» (Peursen) und waren absolut nicht stilgemäße Sichtweisen auf das Gegebene der Wirklichkeit (vgl. Peursen 1969, S. 150).

Die Denkstilrichtung zeigt, daß starke Polarisierungen an bestimmten Bruchstellen entstanden; diese liegen genau da, wo wertphilosophisch argumentiert, (wie bei Spranger) direkt gewertet wurde, und das hieß aus der Sicht des *e*-Kollektivs: wo wieder begriffsdichterisch an gegebenen Sachverhalten und Ereignissen vorbeispekuliert wurde. Den entscheidenden innerpsychologischen Spaltungseffekt hatte erst die Präsentation des geisteswissenschaftlichen Verstehens als ausschließliche und grundlegende Psychologie. Daneben polarisiert das Problem der wissenschaftlichen Ergebnissicherung und des entsprechenden Erkenntniswegs in der Kontroverse IV die zwei Richtungen akademischer Psychologie: Introspektive Intuition und einfühlendes Verstehen werden von den Kritikern auf die Seite persönlicher Genialität und Willkür gebracht, so daß die skeptische Frage auftaucht, wie denn etwa mit divergenten «Einsichten» Schelers und Pfänders (zum Thema Liebe) zu verfahren sei (Roffenstein 1926, S. 88). Und diese Frage war nicht nur rhetorisch gemeint.

Die Kontroverse IV offenbart zusätzlich die Uneinigkeit innerhalb des *v*-Denkstils hinsichtlich der Begriffsbestimmung, des Vorgangs und der Methodenfrage. *Verstehen* war Thema der Philosophie, Psychologie, Psychiatrie, Psychoanalyse sowie verschiedener Human- und Gesellschaftswissenschaften. Anhand der Unterscheidung von «primärem» als unmittelbarem und «sekundärem» als mittelbarem Verstehen (nach Karl Jaspers) können Psychologien und Philosophien des Verstehens auch durch die maßgebliche Verstehensmodalität unterschieden werden: Ein Modus bindet das Verstehen an *Erleben*, der andere an *Erschließen*. In die Kategorie «sekundäres» Verstehen fällt jene Induktionsschlußthese von Verstehen, die der Psychiater Gaston Roffenstein ebenso wie sein Lehrer, der Neukantianer Heinrich Rickert, favorisiert: Nur Erschließen als Grundmodus von Verstehen wird dem «wissenschaftlichen Gegenstand Bewußtsein» gerecht (Roffenstein 1926, S. 146 ff). Die Schlußtheoretiker waren daher nicht wenig geneigt, den Erlebenstheoretikern * Inkonsistenzen und Inkonsequenzen nachzuweisen. Das Einfallstor für die jetzt aus zwei Richtungen kommenden Angriffe gegen Verstehen ist das supponierte Nicht-Rationale, das vorwiegend in dem Erlebnisaspekt verortet wird.

Der wichtigste Einwand aus der Sicht der logifizierten Verstehensansätze gestaltet sich folgendermaßen: Es sei eine verhängnisvolle Selbsttäuschung, dem Gefühl subjektiver Überzeugung nachzugeben,

---

* In die Unterklassen (primäres/sekundäres) des «erlebenden Verstehens» sind nach Roffenstein etwa Scheler, Bergson, Häberlin, T. Lipps, Jaspers, Simmel, Pfänder, Dilthey und Spranger einzuordnen.

das solchen einsichtigen Intuitionen hinsichtlich fremder Seelenleben oft anhafte und ihnen den «Charakter von Erleuchtungen eingeben kann, (ohne daß damit) ihre *objektive* Gültigkeit garantiert» sei (Roffenstein 1926, S. 89). Die Objektivität schien durch subjektive, nicht rationalisierungsfähige Vermögen gefährdet zu sein, zudem durch ein idiomatisches Element: «*Wir verstehen aus unserem eignen Lebenszusammenhang heraus*» (Spranger VI, 1918, S. 35). Stark relativiert wird das Problem durch den Rationalisierungsversuch, indem Verstehen von Sympathieakten abgegrenzt und Erkenntnishaltungen zugerechnet wird. Alle verstehbaren Geistesakte (individuelle wie gesellschaftliche) erfordern die Interpretation des fremden Erlebniszusammenhangs. Das Verstehen als eine Leistung der gesamten Person ist selbst nicht als arational oder irrational zu charakterisieren (vgl. Spranger 1921, S. 56). Wird aber der zu verstehende Sinn nicht erlebt, sondern untergelegt, ist die merkliche Differenz zu Dilthey offensichtlich. Trotzdem wird Sprangers Rationalisierungsversuch weder von den Schlußtheoretikern des Verstehens noch vom *e*-Kollektiv akzeptiert (vgl. Roffenstein 1926, S. 18; vgl. Spranger 1921, S. 394).

In der Kontroverse IV wird auch wieder an der Schraube der implizierten Unwissenschaftlichkeitsunterstellung gedreht; der Intuitionsvorwurf ist flankiert von der Kritik, daß die Darstellung von Charakteren und Beschreibungen von Erlebnissen nicht das Endziel der Wissenschaft sein kann (Roffenstein 1926, S. 18). Das Problem der Induktionsschluß-These von Verstehen liegt in den Augen der Erlebenstheoretiker in der Annahme blitzschneller Denkerlebnisse. Diese kann in ihrer Problematik mit der Kritik an Helmholtz' Theorie der unbewußten Schlüsse verglichen werden, in der jene Ganzheitlichkeit des erlebenden und verstehenden Subjekts zugunsten einer Logifizierung und kognitiven Engführung subjektiver Vermögen aufs Spiel gesetzt wird.

Die Kontroverse IV als Debatte um das Verstehen und Erklären bringt schließlich Einfühlung, Intuition, Geist, Geschichte, Idiographisches, Wesens- und Geistesgesetze sowie Interpretation auf die Seite des Verstehens. Zudem definiert Spranger in seinem Groninger Kongreßvortrag das Verstehen als «eine Art des *Erklärens*, nämlich das Erklären angewandt auf diejenige Stufe von Gegebenheiten, die als sinnvolle Ganzheiten erfaßbar sind. Verstehen heißt, Gegebenheiten in Beziehung auf ein Ganzes als sinnvoll aufzufassen» (Spranger 1926, S. 148; Hervorh. N. D. S.). Die Auffassung erinnert an Dilthey, dessen

Verstehen-Erklären-Kontrastierung im Spätwerk derart aufgehoben ist, daß er, anders als Roffenstein vermutet, Sprangers Formulierung zur Sinnunterlegung gewiß hätte zustimmen können.*

Als ein wichtiges Grundmotiv des verstehenden Denkstils kann die Verbindung von ‹Verstehen/sinnvoller Ganzheiten› gelten, die abgesetzt wird von dem Motiv der ‹Erklärung/sinnfreier Elemente›, das die *e*-Ansätze zu repräsentieren schienen. Der Rekurs auf ‹Sinn› (und wahlweise Ganzheit, Leben, Wert) überschreitet psychologische Methodenfragen, und schließlich findet Verstehen seinen Ort als philosophischer Grundbegriff in zahlreichen Varianten existenz- und lebensphilosophischer Ansätze. Daß nach dem Abschied von der Systemphilosophie verschiedene Philosophien nebeneinander existierten, ist der Philosophie, anders als der Psychologie, nicht zum Problem geworden. Zahlreiche Arbeiten thematisieren die «Frage nach der Einheit der Psychologie» (Spranger 1926), das heißt das drängende Problem von Zerrissenheit der nicht institutionalisierten, ungesicherten Psychologie. Im Gewande der Erklären-Verstehen-Debatte behandelten fast alle Autoren zentrale Probleme, so das der Einheit, der Autonomie, der Gegenstandsdefinition, der Theorie-Praxis-Verbindung, der Wissenschaftlicheit der Psychologie und der Verbindung zur Philosophie unter dem methodologischen Gesichtspunkt von Verstehen versus Erklären. Der Groninger Kongreß (1926) kann als Gipfelpunkt der Kontroverse IV gelten.

Karl Bühler unternimmt schließlich mit seiner Schrift «Die Krise in der Psychologie» (1927) den bekanntesten, aber erfolglosen Vermittlungsversuch zwischen den Psychologien. Die Kontroversen deutet er als Zeichen einer vielleicht notwendigen «Aufbaukrise» einer jungen Wissenschaft. Bühler plädiert für eine Pluralität der Ansätze, in der eine Dreispältigkeit der Wissenschaft Psychologie zugleich ihre Einheit gewährleisten soll: 1. Den nächstliegenden Ausgangspunkt bilden Erlebnisse, der 2. richtet den Fokus auf das sinnvolle «Benehmen» bzw. sichtbare Verhalten (als Antwort auf den Behaviorismus), und der

* Es paßt ganz gut ins Bild, daß Spranger, der der Psychoanalyse sehr kritisch gegenüberstand, sie der «anderen Seite» zuschlägt und dabei die grundlegende Sinnunterstellung hinsichtlich der Symptomatiken und Psychodynamik unterschlägt. Psychoanalyse geht nach Spranger kausal-genetisch vor, weil geistige Vorgänge aus biologisch zu begreifenden Energieverläufen und deren Transformation (Sublimation etwa) erklärt werden (vgl. Spranger 1926, S. 147).

3. Ausgangspunkt liegt in den Gebilden des objektiven Geistes, die semantische Sinngehalte, geistige Werke und Leistungen als psychische thematisierbar machen. Alle drei sind miteinander zu verbinden: «In dem Augenblick, wo wir von der Betrachtung der Erlebnisse, die allein auf... (die) Körperwelt bezogen gedacht werden, zu der Schicht der Bedeutungserlebnisse übergehen, gelangen wir von der naturwissenschaftlichen zur geisteswissenschaftlichen Psychologie» (Bühler 1927, S. 182).

Besondere Kritik erfährt Sprangers Spaltungsversuch, der die verstehenden, geisteswissenschaftlichen, sinnbezogenen Ansätze favorisiert und die Ansätze im *e*-Denkstil nur als Ergänzungstheorien gelten läßt (vgl. Spranger IV, 1926, S. 1). Die von Bühler formulierte Erwartung an die Psychologie, daß sie Voraussagen gestatten soll, wie sich «Tier oder Mensch in einer gegebenen Situation benehmen wird», teilt das *v*-Kollektiv nur sehr bedingt (vgl. Bühler 1927, S. 19). Trotz aller Differenzen innerhalb des *v*-Denkstils hätte eher Sprangers Grundtenor, daß «menschliche Psychologie... die Wissenschaft von sinnerfüllten (sic) Leben» sei, Zustimmung gefunden (Kretschmer in Bähr / Wenke 1964, S. 179).

Als obsolet galten inzwischen Wundts Warnungen vor einer «verfrühten Verselbständigung» (der Psychologie), eher schon wurden seine Worte vom «Kampf ums Dasein» aufgenommen; denn die Institutsschließungen und Reduzierungen der finanziellen Zuwendungen für psychologische Institute waren ständige Krisenthemen für die experimentelle *e*-Psychologie.

Sieger oder Verlierer

Vordergründig gewinnt die verstehende Psychologie die innerpsychologische Konkurrenz. Verstehende Ansätze können sich als geisteswissenschaftliche, auch als ausdruckskundlich-deutende oder charakterologische Verfahren durchsetzen, während die experimentelle *e*-Psychologie in einen immer stärkeren Legitimationszwang gerät, dem sie durch vermehrte Praxisofferten zu begegnen versucht.

Letztlich war der Sieg der *v*-Psychologie aber wohl eher ein Pyrrhussieg. Ohne die verstehenden Ansätze in eine mentale Sippenhaft nehmen zu wollen, kann nicht bestritten werden, daß sie mindestens das präfaschistische Material für eine Rassenpsychologie bereitstellten, ohne daß sie selbst automatisch als faschistisch oder rassistisch zu bezeichnen sind. Wenn auch die sich zunehmend verbreitenden *Typologien* (Lebensformen, Charakter, Rassen usw.) aufgrund ihres fehlenden Anwendungszuschnitts kaum praktische Relevanz für die professionelle, außerakademische Psychologie hatten, so ist die Hauptfunktion nach Geuter (1984, S. 205) in der politischen und ideologischen Legitimierung der Psychologie zu sehen. Fritz K. Ringer zeigt, welche Gedanken Klages und Lersch von Dilthey, Spranger, Misch, Jaspers und William Stern aufgegriffen haben. In Form einer «vulgarisierten Lebensphilosophie» unterstützten sie mindestens indirekt die wirkmächtige «Bewegung von der Wissenschaft zur Weltanschauung» (Ringer 1987, S. 239): Der alte Feind «Materialismus» als mechanistischer Positivismus wird zum neuen «mythischen Bösewicht» stilisiert, so daß lebendiges Fühlen und Leben und in etwas entwickelterer Form, Metaphysik als ‹gehobene Weltanschauung› gegen totes, mechanisiertes Funktionieren wertfreier ‹positiver› wissenschaftlicher Tatsachen stand. Das «öde Geratter von Induktionsschlüssen» im Feld der Naturgesetze ließ sich dann trefflich abheben gegen kraftvolles Verstehen lebendiger Werte und motivierter Sinnorientierungen.

Mindestens ein Grund für die auffällig rasche «Amerikanisierung» (Métraux) der Psychologie nach dem Zweiten Weltkrieg und den wiederaufflammenden Methodenstreit dürfte in der undifferenzierten Auseinandersetzung mit der eigenen faschistischen Vergangenheit gelegen haben (vgl. Métraux 1985, S. 225; Ash/Geuter 1985). Wenn es auch stimmt, daß die Begriffsfelder des *v*-Denkstils organizistische Konnotationen von «lebendiger Echtheit» und «wahrem Leben» trugen, die gegen «Intellektualismus» und «Geist» (als Widersacher der Seele) ausgespielt wurden, so kann doch auch gezeigt werden, daß die Wissenschaft Psychologie im Dritten Reich ihre Professionalisierung und Institutionalisierung durch die Verwendung verstehender und experimentell-erklärender Methoden erreicht hat (vgl. Ringer 1987, S. 302; Geuter 1984). Die verschiedenen Formen von Leistungs-, Eignungs- und Intelligenztests hatten ihre Vorbilder in frühen *e*-psychologischen Forschungen über Reaktionszeiten oder Wahrnehmungstäuschungen. Der Einsatz von Charakterologie und Graphologie sowie ihr ausdruckskundlicher Anwendungszwilling für Berufseignungstest und Wehrmachtszwecke änderten das Bild allerdings dadurch merklich, daß sie in die akzeptierte Metaphorik des *v*-Denkstils eingebettet wurden: «Allenthalben sprach man von der Ganzheit der Person, der Notwendigkeit zur Diagnostik der Gesamtpersönlichkeit oder etwas vorsichtiger wie Moede (1939) von der Notwendigkeit, das Leistungsprinzip durch das Ausdrucksprinzip in der Eignungsbegutachtung zu ergänzen» (Geuter 1984, S. 152).

Das Agens für den letzten Trennungsschritt von der Philosophie ist die Professionalisierung der Psychologie im Dritten Reich. Die Überschrift dieses Abschnitts lautet «Sieger oder Verlierer», und man kann die verstehende Psychologie als die (zweifelhafte) Siegerin ansehen, nicht nur gegenüber der ‹akademischen Hauptrivalin› Philosophie, die deutlich eine Schwächung erfuhr, sondern auch gegenüber der erklärenden Psychologie (vgl. Geuter 1984, S. 57, 142). Die Drift von der ‹Erklärung› zur ‹Deutung› im genannten ausdruckskundlichen Sinn markiert ihre Dominanz.

Erst die jüngste Bereitschaft, sich mit den Dekontextualisierungen und Verzerrungen von Theoriebeständen und Begrifflichkeiten aus dem verstehenden Spektrum im Nationalsozialismus auseinanderzusetzen, eröffnet einen Weg, den Rahmen der verengten faktorenanalytischen Verhaltenswissenschaft zu sprengen, deren Name ‹Psychologie› längst zum Etikettenschwindel geworden ist (vgl. Jüttemann 1988; Holzkamp 1980; Ash 1985). Diese Auseinandersetzung macht einen vernünftigen Anschluß an den Denkstil des Verstehens wieder möglich.

7. Philosophie und Psychologie heute

Zwei Denkstile – zwei Welten

Für die Trennungsgeschichte war die Leipziger Institutsgründung von Wilhelm Wundt ein prägnantes Ereignis, weil dort – allein gegen die wirkungsmächtigen Bedenken kantischer Provenienz – über den Einsatz physiologisch-psychologischer Methoden das Bewußtsein zum Gegenstand wissenschaftlicher Psychologie wurde. Die Durchsetzungskraft dieses Ansatzes hat zu einer Entwicklung geführt, die sich als Gegenstandsdrift, das heißt eine Verschiebung des Gegenstandsbereichs von ‹Psychologie› bezeichnen läßt. Denn zentral für den Gang der Wissenschaftsentwicklung im philosophischen Diskurs des 19. Jahrhunderts war das Problem, ob das üblicherweise philosophisch traktierte Terrain ‹Bewußtsein› tatsächlich forschungsempirisch anzugehen ist. Der praktisch vorgeführte Beweis führte zu einer ‹kontrollierenden› Forschungseinstellung in einem Setting, in dem Versuchspersonen meßgerätsanalog funktionierten. Durch die Ablehnung der als ‹typisch philosophisch› bezeichneten introspektiven Verfahren und die Hinwendung zu naturwissenschaftlichen Experimenten wurde eine Mensch-Apparate-Experimentanordnung installiert. Ihr wesentliches Charakteristikum ist eine ‹Externalisierung›, die darin bestand, auf introspektive Einsichten zu verzichten, dafür ‹außen› von Skalen abzulesen, was ‹innen› als Sinnesempfindung und Vorstellungsverlauf vor sich geht. Durch diese *Empirisierung* wandelte sich der Gegenstand Psychologie zur empirischen Erkenntnistheorie.

Die als zweistufig beschriebene Externalisierung begann mit Wilhelm Wundt (I) und wurde realisiert durch Ebbinghaus und die Külpe-Schule (II). Der zweite Externalisierungsschub weitete den experimentellen Zugriff auf alle Phänomene des Bewußtseins (Gedächtnis, Denken etc.) aus; schließlich hatte das Denkkollektiv, das Psychologie und Erkenntnistheorie erklärend-experimentell betrieb, eine neue

Bedeutung von ‹Psychologie› etabliert. Selbst wenn es die Aktivitäten im verstehenden Denkstil nie gegeben hätte, wäre die Auseinandersetzung zwischen Philosophie und Psychologie unvermeidlilch gewesen; denn der erstarkende Neukantianismus hatte in der ersten Psychologismuskritik bereits Ablehnungsgründe gegen eine empirische Erkenntnistheorie formuliert und sich damit von dem Muster «Wissenschaft als Philosophie» abgewendet (vgl. Schnädelbach 1983, S. 123 ff).

Die Metaphern ‹Gebietsbeschränkungen› und ‹Grenzverletzungen› verweisen auf das Ringen um die Zuständigkeit für Erkenntnistheorie und auf die Suche nach einem genuin psychologischen Gegenstand. Die Philosophie hat deutlich gezeigt, daß sie das angestammte Gebiet höchstens zur ‹Oberflächenbearbeitung› freizugeben bereit war, daß also Psychologen in Sachen Psyche bestenfalls ‹beschreiben› und ‹Gleichförmigkeiten feststellen› durften. Die Heftigkeit der Auseinandersetzungen und die begleitende Polemik, die durch Husserls berühmte Psychologismuskritik in den «Logischen Untersuchungen» einen Höhepunkt erlebte, findet ihr Grundmotiv in genuin erkenntnistheoretischen Geltungsansprüchen, die die neue Psychologie erhoben hatte.

Die zweite Gegenstandsdrift betrifft die Veränderung innerhalb der Psychologie selbst, die zur Spaltung führt (jetzt im Kontext der ‹neuen› forschungsempirischen Wissenschaft). Historismus galt neben Szientismus / Naturalismus als das andere große Stichwort zur Kennzeichnung der philosophischen Bewegungen des 19. Jahrhunderts, und nur auf diesem Hintergrund ist Diltheys Aktivität zu verstehen. Dieser griff die erklärenden Psychologien des ausgehenden 19. Jahrhunderts deshalb an, weil sie seinem Projekt einer «Kritik der historischen Vernunft» widersprachen. Mit anderen Worten, sie visierten einen Gegenstandsbereich an, der das reflexive und geschichtliche Subjekt in seinem Gesellschaftsbezug nicht thematisieren konnte. Gleichwohl war die Entwicklung einer ‹naturwissenschaftlichen Radikalisierung der Philosophie› auf dem Vormarsch, was von der großen neukantianischen und phänomenologischen Koalition um Dilthey als ‹Gefahr› angesehen wurde.

Die durch Diltheys philosophisches Wirken provozierte zweite Richtung der Psychologie übernahm seinen Grundbegriff «Erlebnis» als Untersuchungseinheit, und für die Philosophien und Psychologien im *v*-Denkstil wurde «Verstehen» des Ausdrucks, der Bedeutung, der Person oder der Objektivationen des Geistes der angemessene Methodenbegriff. «Verstehen» wurde rationalisiert, in theoriefähige Bezüge eingebunden oder aber als «Einfühlung» auf die Dimension Ästhetik und Gefühl zugeschnitten. Die Forschungshaltung als «empathisch-einfühlende» oder «verstehende» war direkt an die Methode gekoppelt, wobei diese *Methodenwahl* eine heftige Kontroversenfolge auslöste, die immer mehr als nur ein Methodenstreit gewesen war und bis heute fortwirkt.

Daß die Kontroversen so scharf geführt wurden, verdankt sich der Entstehung mindestens zweier nicht klar unterschiedener Gegenstandsbereiche von Psychologie unter dem gleichen Titel. Daß die Kontroversen kaum zu schlichten waren, lag nicht nur daran, daß die Beteiligten, im Banne unterschiedlicher Weltbilder, oft gänzlich aneinander vorbeiredeten, sondern an den normativen Implikationen ihrer jeweiligen Standpunkte: Selbst Vermittlungspositionen, die für ein plurales Nebeneinander verschiedener Psychologien votierten, fußten auf hierarchischen Modellen, die die jeweils favorisierte Psychologie als grundlegend ansahen. (Das gilt in unterschiedlicher Gewichtung für Wilhelm Wundt, Theodor Lipps, Eduard Spranger, Oswald Külpe, Karl Bühler oder William Stern.)

Der Blick auf den Untersuchungsparameter ‹Forschungshaltung› kann einen weiteren Horizont eröffnen, der auch eine zeitdiagnostische Auswertung zuläßt. Die verwendeten Unterscheidungen (verstehend-empathisch und kontrollierend) lassen sich zu ‹Geschehen lassen / Teilnahme› (*v*) und ‹Eingreifen / Beobachten› (*e*) umschreiben und auf Hannah Arendts Überlegungen in «Vita Activa» beziehen. Arendt beschreibt die Geschichte menschlichen Tätigseins von der Antike bis zur Moderne mit Hilfe der aristotelischen Kategorien ‹Praxis› und ‹Poiesis›. Die Neuzeit steht nach Arendt unter dem Signum des poietischen Herstellens und zeigt zugleich Symptome eines Praxisverlusts. Sämtliche Praxisbereiche unterliegen diesem Wandlungsprozeß. Auch das Wissenschaftshandeln, so könnte in Anlehnung an Arendt sowie Fox Keller gesagt werden, orientierte sich in der poietischen Denkungsart der Neuzeit vorwiegend an so etwas wie Machbarkeit. Schließlich ist nur tatsächlich hergestelltes Menschenwerk vollständig in seiner Genese und seinem innersten Zusammenhang nachvollziehbar, somit erklärbar und (vermeintlich) kontrollierbar.

Das neuzeitliche Verfahrensmodell wissenschaftlichen Handelns zieht als experimentelle Philosophie durch die Verwendung von ‹operationalen Begriffen/Definitionen›* erkenntnistheoretische wie auch forschungspraktische Konsequenzen aus ihrer Orientierung an Machbarkeit und gibt sich als Eingriffs- oder Veränderungswissenschaft ein neues Image. Die Idee der Katharsis einmal ausgeklammert, war eingreifendes und kontrollierendes Verändern (wie im Experiment) kein Ziel der sogenannten philosophischen Psychologie. Antiker philosophischer Psychologie ging es um *theoria* bzw. *contemplatio* als Schauen und Staunen über die Vollkommenheit der Seele sowie um ihre Teilhabe am Göttlichen, soweit dies menschenmöglich war. Diese Teilhabe (*metexis*) unterscheidet sich deutlich von den ins Werk gesetzten, distanzierteren Beobachtungs- oder Analyseverfahren. Philosophieren im mentalistischen Paradigma (Nachrenaissance; Montaigne, Pascal, Bacon, Descartes) entspricht schon der neuzeitlichen Änderung der Stellung des Menschen im *ordo*, Zweifeln und Eingreifen in die Natur zu Erkenntniszwecken werden möglich, das individuelle Bewußtsein rückt ins Zentrum der Aufmerksamkeit, und entscheidende philosophische Akzente verschieben sich von der Praxis zur Poiesis. Bezogen auf die Psychologie zeigt sich allerdings eine zeitliche Versetzung: Zwar schritt die Experimentalisierung der Philosophie voran, sie erfaßte aber nicht das philosophische Teilgebiet Psychologie.

Erst die Experimentalisierung der Psychologie im letzten Drittel des 19. Jahrhunderts durch das *e*-Denkkollektiv stellte die Psychologie als *poietische Eingriffswissenschaft* den anderen modernen Erfahrungswissenschaften an die Seite. Geteilt wurde die zeittypische Forschungseuphorie, für die jene Machbarkeitsorientierung ein Indiz ist. Das naturwissenschaftsanaloge Eingriffskonzept unter fundamentalistischen Ansprüchen leitete die entscheidende Veränderung ein, die die Trennungsvorgänge von Philosophie und Psychologie ausgelöst hatte.

Im Denkstil des Erklärens von Bewußtseinserscheinungen und Erkenntnisverläufen beginnt die Etablierung der Einzeldisziplin also als Erkenntnispsychologie bzw. Erkenntnisphysiologie, und mindestens der Mainstream wäre – durch weiteres Driften – als (mathematisierte) Verhaltenswissenschaft zu bezeichnen, wenn nicht durch neuere Ent-

* Lewis Wolfgang Brandt (1983) formuliert in «Gedanken über Gedankenlosigkeit – einschließlich ‹operationaler Definitionen›…» eine scharfe Kritik an die Adresse seiner eigenen Zunft (Psychologie), die die «Metromanie» und ihr Begleitsymptom, den «Operationismus», analysiert.

wicklungen eine weitere Gegenstandsverschiebung stattgefunden hätte, die den Schwerpunkt auf Handeln statt Verhalten legt. Bekanntlich hat dieser Umstand keineswegs zu einer einheitlichen Gegenstandsdefinition oder zur Auflösung der Denkstildivergenzen geführt, im Gegenteil, die alte Klage um die Zerrissenheit der Psychologie gilt immer noch als ein wichtiger Punkt in der innerfachlichen Kritik.

Nun wäre eine Darstellung des Methodendisputs wenig sinnvoll, wenn die historische Analyse nicht gegenwartsdiagnostisch genutzt wird. Jetzt erweist sich das Konzept des Denkstils als günstig, weil ‹Methode› zwar als Leitbegriff fungierte, aber erst in der Abrundung durch die anderen Untersuchungsparameter auch aktuell brauchbare Typenbegriffe entstanden sind.

Denkstilvergleich im Rückblick

Die Konvergenzen im *v*-Denkstil liegen in den Möglichkeiten des philosophischen Grundbegriffs «Verstehen». Er ist auch deshalb kein symmetrischer Gegenbegriff zum Erklären, weil verstehendes Deuten oder Interpretation zwar einem Begriff mit unscharfen Rändern und mehreren möglichen Ebenen zugehört, der aber gerade als einheitliche Grundlage anzusehen ist. Dieser philosophisch wie psychologisch in Theorie und (Behandlungs-)Praxis brauchbare Ansatz schob sich wie ein Keil zwischen philosophische und neue psychologische *e*-Theorien, deren Zusammenfassung im *e*-Denkstil vor allem im Kontrast zum *v*-Denkstil sinnvoll ist.

Die größere Distanz zwischen *e*-Philosophien und *e*-Psychologien liegt darin, daß kein gemeinsamer Rückgriff auf ein Methodenkorpus oder eine kanonische Formulierung (wie später durch das Hempel-Oppenheim-Schema des Erklärens) vorlag, sondern lediglich ein *Methodenideal* geteilt wurde. Im Gegensatz zum ‹Verstehen› war ‹Erklären› kein Methodenbegriff, sondern bezeichnete nur in einem recht vagen Sinn die Ausrichtung auf naturwissenschaftsanaloge Methoden und deren Verbindung mit Induktionsverfahren bei einer prinzipiell nomothetischen Grundorientierung.

Die Differenzen im Methodenarsenal erklärender Philosophien bzw. Psychologien sind gravierend: Logisch-sprachtransformative Zugangsweisen standen experimentell-empirischen gegenüber. Denn trotz gewisser Konvergenzen der *e*-Psychologien mit den neopositivistischen Philosophien divergieren Forschungsziele und Methoden. Bemühungen um den Aufbau der Welt in Gedanken sowie die Suche nach logischen Grundstrukturen liegen auf einem anderen Feld als empirische Untersuchungen von Vorstellungszeiten, Forschungen zur Differenz zwischen ‹einfachen› und ‹komplexen Vorstellungen› oder zu visuellen Nachbildeffekten. Daß Erklärungen angestrebt werden, rückt diese Ansätze nicht so eng zusammen wie jene im Feld des Verstehens.

Das verstehende Denkkollektiv teilte als hermeneutisches Erbe die Grundannahme, daß Verstehen bereits in den personalen Ressourcen eines jeden Individuums liegt, und je nach Theorie ließen sich die ‹höheren Formen des Verstehens› als wissenschaftliche oder forschungsleitende Methoden systematisieren (vgl. Lenk 1993; Schnädelbach 1983, 1993). Wenn Verstehen als Grundbegriff im *v*-Denkstil ohnehin eine Seinsweise des menschlichen Daseins (als Existential) darstellt, die Möglichkeit des Verstehens demnach immer schon als ein grundlegender Modus des Lebensvollzugs oder auch des reflektierten Sich-zu-sich-selbst-Verhaltens gesehen wird, dann ist die stiltypische Kohärenz plausibel. So rückten zum Beispiel durch den Einfluß von Dilthey, Pfänder und später Heidegger Alltags- und Wissenschaftswelt in eine ungewohnte Nähe. Schließlich war Verstehen als wissenschaftliche Methode eng an die Möglichkeit von Verstehen im elementaren lebensweltlichen Sinn gebunden, von Heidegger sogar fundamentalontologisch als Grundkategorie (Existential) von menschlichem Dasein überhaupt ausgelegt. Auf der Seite des wissenschaftlichen, philosophischen oder heilkundlich tätigen Subjekts wird an die Möglichkeit des Verstehen-Könnens angeknüpft, also daran, was Personen immer schon im Verhältnis zu sich als Selbstverstehen oder im Fremdverstehen im Verhältnis zu anderen tun (N. D. Schmidt 1993). Und auf der Seite der Beforschten kommt die Subjektivität oder Personalität insofern ins Spiel, als das Verstehen genau auf das Person-Sein bzw. die Subjektivität der Beforschten ausgerichtet ist.

Die unverzichtbare *Sinnunterstellung* eint diese Ansätze, obwohl Daseinshermeneutik, psychologisches Personenverstehen oder die Interpretation eines historischen Rechtstextes gleichsam verschiedene Quadranten in der Domäne Verstehen besetzen. Als theoriefähige Grundlage für wissenschaftliches Handeln oder Philosophieren an subjektgebundene Bedingungen des alltäglichen Lebensvollzugs anzuknüpfen, ist in einer Phase starker Wissenschaftsfaszination eine Widerspruch provozierende Stilverletzung. Die große Philosophieskepsis des *e*-Kollektivs indessen konnten positivistische oder empiristisch gesonnene Philosophien vorwiegend durch ihre Wissenschaftlichkeitsausrichtung durchbrechen.

Das Ringen um die eigene *Wissenschaftlichkeit* ist ein entscheidender Komplikationsfaktor im Trennungsprozeß und zudem relevant für die aktuelle Problemlage der Psychologie. Die Kontroversen zeigten als durchgängiges ‹Kampfmittel› den Rückgriff auf Wissenschaftlichkeitsargumente in der Form, daß Verstehen mit fehlender Rationalität gleichgesetzt wurde, während die «Verstehenstheoretiker» im Gegenzug Erklären mit Szientismus und Methodenirrtum in Zusammenhang brachten. Die treffendste Diagnose für jene Fixierung auf Wissenschaftlichkeit und deren Folgen für die Theorieproduktion fand der Psychologiehistoriker Mitchell Ash, der als Grund für die Dauerkrise der Psychologie ein «akademisches Identitätsproblem» vermutet (1980, S. 257). Ein Indiz hierfür dürfte das fortwährende Bemühen sein, Psychologie auf die Seite der ‹hard sciences› zu bringen und damit alle ‹weichen› Orientierungen auszuschalten, die den Wissenschaftlichkeitsanspruch gefährden könnten. Bei drei aktuelleren Erscheinungsformen der innerpsychologischen Aufspaltung in zwei Denkstile spielt dieser Aspekt eine entscheidende Rolle.

Denkstiltypologien als Analysekategorien

Die Brauchbarkeit des Denkstilkonzepts mit den Leitbegriffen *e*/*v* ist auch dann gewährleistet, wenn einige Einsetzungen ausgetauscht werden. Bei stilwahrender Veränderung bleibt die analytische Kraft der Typenbegriffe erhalten; so war für ‹*e*› oben ‹erklärend›, aber auch ‹experimentell› eingesetzt worden. Um eine zu große Subsumtionsfreude zu bremsen, müssen Differenzierungen vorgenommen werden. Die erste betrifft die Kriterien für einen noch vorzunehmenden Einstufungswechsel von *e* zu *v*. Die zweite Differenzierung wird auf den politischen Positionswechsel des *e*- bzw. *v*-Denkstils zielen.

Die Phase der psychologischen Wissenschaftsentwicklung nach dem Zweiten Weltkrieg wird zuweilen mit ‹Amerikanisierung› beschrieben. Als Indiz könnte der Vorgang gelten, daß US-amerikanische Methodenimporte zum Beispiel die letzten Einflüsse der Külpe-Schule (Maria Krudewig, Köln) auffällig rasch zurückdrängen konnten. Die bewährten denkpsychologischen ‹Erlebnisversuche›, die an wenigen Versuchsteilnehmern exemplarisch durchgeführt wurden, galten nun als wissenschaftlich ‹überholt›. Zwar wurden Erlebensverläufe im Denken oder Erinnern auch in der Külpe-Nachfolge nicht vermittels empathisch-verstehender Methoden erforscht, es ging ebenfalls nicht um die persönliche Bedeutsamkeit der Bewußtseinsvorgänge; aber wenn als Leitkriterium die Unterscheidungen ‹qualitativ› (statt Verstehen) und ‹quantitativ› (statt Erklären) gewählt werden, läßt sich der Zuordnungswechsel von *e* (jetzt: quantitativ) nach *v* (jetzt: qualitativ) die Külpe-Schule betreffend plausibel machen. Die exemplarischen Beschreibungen erinnern an Diltheys beschreibend-analytische Stufe von Psychologie, in der die Aufeinanderfolge und das ‹Erwirken› mentaler Zustände festgestellt werden sollte. Die Generalisierbarkeit der Ergebnisse sicherte die Külpe-Schule, indem kontrollehalber mehr als eine Versuchsteilnehmende befragt wurde. Aber dieses Forschungssetting war weltweit gesehen nicht mehr ‹state of the art›, die bereitwillige Übernahme quantitativer Verfahren ließ die Psychologie zur Verhaltenswissenschaft werden.

Nach Meinung etlicher Kritiker geriet die Disziplin in einen ‹Forschungsaktionismus› und strebte, angetrieben vom Identitätsproblem, vor allem danach, den Anschluß an die aktuelle Forschungswissenschaftlichkeit für die deutsche Psychologie (wieder) herzustellen (vgl. Herzog 1979; Métraux 1985; Graumann 1980, 1988; Jüttemann 1988, 1986). (Wie das akademische Identitätsproblem mit der kritiklosen Übernahme der US-amerikanischen ‹Sieger-Psychologie› nach dem Zweiten Weltkrieg zusammenhängt und welche Faktoren der Wissenschaftsentwicklung ausschlaggebend sein könnten, verlangt weitreichendere Untersuchungen.) Eine Neuauflage der Methodendebatte war Ende der 50er Jahre der Streit zwischen Albert Wellek und Peter Hofstätter. Wellek setzte sich für empathische, qualitative Methoden ein, vertraute auf die diagnostische Kraft im persönlichen Kontakt und wies den Einsatz von Mathematik als gegenstandsfremd zurück (Wellek 1958/1976, S. 41 ff). Der aus den USA zurückgekehrte Peter Hofstätter machte sich für den Behaviorismus und quantitative, zum Beispiel faktorenanalytische Verfahren wissenschaftlichen Erklärens in der Psychologie stark. Letztere konnten sich bekanntlich weitgehend durchsetzen und bilden heute (in aktualisierter Prägung) den Mainstream psychologischer Forschungsaktivitäten. Stimmt also C. F. Graumanns prominente Aussage, daß aufs Ganze gesehen vom Scheitern der verstehenden Psychologie gesprochen werden müsse, und

Theo Herrmanns Zusatz, daß Psychologie weltweit vorwiegend nomothetisch betrieben werde (Graumann 1980, S. 81; Herrmann 1979, S. 18; vgl. 1973 b, 1976 a)?

Diese Siegerehrung durch Theo Herrmann war verfrüht; seit 1968 – ausgelöst durch eine spektakuläre psychologiekritische Kongreßrede Klaus Holzkamps – währt die neueste Krisendebatte. In den 70er Jahren hatte die Psychologie ihren eigenen Positivismus- bzw. Werturteilsstreit. Dieser war auch keine reine *e-v*-Methoden-Debatte, denn es ging um eine Methoden- und Gegenstandsbestimmung vor allem im Zusammenhang mit der Forschungsorientierung. Die Auseinandersetzungen kreisten um die Frage, ob Forschung parteilich für die Interessen von (z. T. benachteiligten) Subjekten und Gesellschaftsveränderung insgesamt eintreten darf oder ob sie ‹wertfrei› und objektivistisch im Sinne des Kritischen Rationalismus zu sein habe. Im Streit um den psychologischen Gegenstand und angemessene Verfahren vertraten Holzkamp u. a. eine an die Kritische Theorie angelehnte Position, während Herrmann, flankiert durch Albert u. a., für die erwähnte Variante der Wertfreiheitsposition sensu Popper stritten.

Die nomothetische Grundorientierung verlangte die Formulierung von gesetzesartigen Annahmen (oder Verhaltensgesetzen) und eine Betonung der die Wissenschaftlichkeit gewährenden Wertfreiheit. Das favorisierte H-O-Schema wissenschaftlichen Erklärens zeigt, daß die nomothetische Psychologie im *e*-Denkstil durchgängig einem einheitswissenschaftlichen Ideal folgte. Dieses Erklärungsschema sieht als Paradigma eines Gesetzesbegriffs Naturgesetze an und geht daher auf die Erklärung von (naturwissenschaftlichen) ‹Ereignissen› durch den Schluß von verursachenden (empirisch vorfindlichen) Vorkommnissen, die in Verbindung mit mindestens einem Gesetz (in Gestalt seines quantorenlogischen Ausdrucks) das Explanans bilden. Die Korrektheit des Schlusses auf das Explanandum (das bewirkte Ereignis, das erklärt werden soll) wird durch einige, hier nicht zu erwähnende Sonderbedingungen gesichert.

Wichtig für die Psychologie war vor allem Hempels Ausweitung des Gesetzesbegriffs, so daß ‹gesetzesartige Annahmen› und auch ‹statistische Gesetze› ins Explanans als Annahmen eingefügt werden durften. Die stochastische Mathematik hatte in der *e*-Psychologie längst Karriere gemacht, und daher war die Strenge der Nomothetik aufgeweicht: Statt der (nie erreichten) Naturgesetze im klassischen Sinn konnten statistische Gesetze verwendet werden. Da diese aber bekanntlich vor allem Verhaltenskorrelationen bzw. Verhaltenswahrscheinlichkeiten (wenn p, dann in xy % aller Fälle auch q) enthalten, fiel die Kritik von seiten der *v*-Position ähnlich aus wie derzeit Diltheys Einwand gegen Ebbinghaus. Holzkamp kritisierte ‹Methodenfetischismus› und Irrelevanz dieser Art von Psychologie für die gesellschaftliche Praxis. Zentral war der Vorwurf, daß die Versuchspersonen ihrer subjektiven Komplexität, mit Dilthey gesprochen, ihrer historisch gewordenen Individualität beraubt und auf die Eindimensionalität einer reagierenden Norm-Versuchsperson reduziert würden. Das Plädoyer für eine Forschungspraxis, die der Handlungsfähigkeit mündiger Subjekte entspricht und Versuchsleiter sowie Versuchspersonen als beteiligte Subjekte sieht, denen es um Bedeutsamkeit der Forschungsergebnisse im individuellen und gesellschaftlichen Praxiszusammenhang geht, erlaubt eine Zuordnung zum *v*-Denkstil.

Einige Bemerkungen zur politischen Orientierung sollen der angekündigten zweiten Differenzierung Genüge tun. Ein Wechsel der politischen Einordnung der *e*/*v*-Positionen fällt besonders ins Auge, wenn berücksichtigt wird, daß die *v*-Psychologie als Gewinnerin der Kontroverse IV deutlich im konservativen bzw. rechten politischen Spektrum anzusiedeln ist. Obwohl sie als Rassen- und Wehrpsychologie ihren Tiefpunkt erreicht hatte, war sie als verstehend-geisteswissenschaftliche Psychologie keine Nazi-Psychologie. Ihre Furore machenden Typologien (Lebensformen, Charakter, Typen usw.) und die Metaphorik, die die Begriffe des *v*-Denkstils bereithielt, ließen sich indes trefflich ausschlachten (vgl. für genauere Erwägungen Geuter 1984; Ringer 1987; Ash 1985). Für den psychologischen Positivismusstreit (auch für den Namensgeber) gilt hingegen, daß die am Subjekt orientierten Ansätze, die eine teilnehmend-parteiliche Forschungshaltung propagieren, eindeutig im linken Spektrum anzusiedeln sind: Die politische Orientierung ist explizit marxistisch. Von dort aus steht der psychologische Mainstream jedenfalls weiter ‹rechts›; über das Kriterium einer fehlenden Wissenschaftskritik bei unverändertem Glauben an einen progressiven Wissenschaftsfortschritt erhalten die Mainstream-Programme von ‹links› aus gesehen zumeist das Label ‹konservativ›. Daß der explizite Marxismus der Kritischen Psychologie dem Streit eine besondere Dynamik gab, muß hier nicht eigens betont werden.

Auf den Untersuchungsparameter ‹Forschungshaltung› bezogen, ergibt sich folgende Zuordnung: (*e*) beobachtend-wertfrei versus (*v*) teilnehmend-kritisch. Der Parameter ‹Wissenschaftsorientierung› ergibt:

(*e*) einheitswissenschaftlich orientiert versus (*v*) duale (natur-/kulturwissenschaftlich orientierte) Wissenschaften oder auch (*e*) Science-Orientierung versus (*v*) Humanities-Orientierung. Der Parameter Methode bringt folgende Unterscheidung: (*e*) quantitative Methodenvielfalt unter Einsatz unterschiedlichster Meß-, Datenerhebungs- und Auswertungsverfahren versus (*v*) Dominanz qualitativer Methoden, die Subjektivität nutzende Interpretationskonstrukte deutend einsetzt.

Der «Nekrolog auf einen Gegensatz (Verstehen gegen Erklären)», mit dem Uwe Laucken (1976, S. 113) die alte Debatte endlich begraben wissen wollte, war verfrüht. Nicht die wissenschaftstheoretische Konstruktion der Denkstile perpetuiert die alte Dualität, sondern ‹Verstehen› wurde tatsächlich erneut gegen die gängigen, psychologischen Ansätze ins Feld geführt:

Das Aufgreifen der Humanistischen Psychologie(n) brachte Verstehen zunächst als ‹empathische Einfühlung› als US-Reimport in die (klinische) akademische Psychologie zurück. (Carl Rogers und Annemarie Tausch/Reinhard Tausch). Im heilkundlich-therapeutischen Feld waren verstehende Ansätze ohnehin nie ganz verschwunden; oft tiefenpsychologisch oder psychoanalytisch inspiriert, wurden Interpretationen (explanative Deutungskonstrukte) und Verstehen im Behandlungskontext miteinander verbunden.

Als ein prägnantes Ereignis in der psychologischen Renaissance des Verstehens ist die Gründung der «Neuen Gesellschaft für Psychologie» (Berlin 1990) zu werten. Eine Reihe psychologie(selbst)-kritischer Positionsreferate des 37. Kongresses der Deutschen Gesellschaft für Psychologie deutete auf einen anstehenden Innovationsschub hin. «*Nicht messen, sondern verstehen*, lautete das Plädoyer der Referenten – eine in der Psychologie achtzig Jahre alte Kontroverse war plötzlich wieder lebendig» (Geuter 1990 a). Ein wesentliches Gründungsmotiv ist das erwähnte Reduktionismusproblem: Der Reduktionismus findet sich in Ansätzen, die den Menschen als «reagierende Maschine ... vielleicht noch in Analogie zu einem Computer» forschungsempirisch konzipieren. Weil in dieser Sichtweise die herrschende akademische Psychologie den Menschen aber allenfalls als «ein naturwissenschaftlich-biologisch bestimmtes Wesen» untersuchen könnte, geht sie bisher an Tatbeständen wie Bewußtseins- und Handlungsfähigkeit als humanen Wesenseigenschaften vorbei und verfehlt damit ihren Gegenstand (Eva Jaeggi in Geuter 1990 a, Süddeutscher Rundfunk 27.9.1990, sowie Jüttemann 1986; 1988; 1990).

Die Neue Gesellschaft für Psychologie (NGfP) bildet ein breites Bündnis unterschiedlicher kritischer Ansätze, auch das Kollektiv um Holzkamp («Kritische Psychologie») gehört dazu. Die NGfP ist offen für die Psychoanalyse und für verstehend-geisteswissenschaftliche Ansätze. Da Gerd Jüttemann etwa in seinem Konzept zur Historizität des Psychischen direkt an Dilthey anschließt, ist hier der Kreis geschlossen: Im Denkstil des Verstehens werden wieder subjektorientierte Psychologien entworfen und praktiziert; zudem verankerte die NGfP in ihren Statuten eine fächerübergreifende *Kooperation* mit anderen Disziplinen. Diese läßt sich bereits vernehmlich als eine Öffnung auch zur Philosophie bemerken.*

Gewinner oder Verlierer sollten vielleicht überhaupt nicht mehr ausgerufen werden, dies könnte sich als vorschnell erweisen. Wenn auch niemand zufrieden war mit der gängigen Definition von Psychologie als ‹Wissenschaft vom Erleben und Verhalten›, so hatte doch lange Zeit das ‹Erleben› (und sein Verstehen) besondere Probleme bereitet bei den Szientivierungsbemühungen. Nun erfährt das Erleben unter dem Dach einer wissenschaftlichen Gesellschaft endlich eine systematische, ‹verstehende› Zuwendung; denn das Interesse am Verstehen des menschlichen Denkens, Fühlens und Handelns hatte mindestens ein Teil der psychologisch Forschenden und Tätigen nie verloren.

Kooperationschancen für Philosophie und Psychologie

Ähnlich wie Psychologie existiert auch Philosophie nicht im Singular und beide nicht als deutsche, abgegrenzte Bemühungen. Wenn es auch nicht richtig wäre, von einer Amerikanisierung der Philosophie zu sprechen, so sind mit dem *linguistic turn* buchstäblich die Sprachgrenzen aufgelöst. Jeder Paradigmenwechsel bringt einen Diskurswandel mit sich, und das bedeutet in der Regel, daß alte Probleme aus einer neuen Perspektive anders erscheinen oder sich auflösen, während neue entstehen. Nicht jeder Paradigmenwechsel muß automatisch als Erkenntnis-

* An der Veränderung der Psychologie sind die Studierenden sehr stark beteiligt, ihre Kritik der Mainstream-Psychologie galt der meist enttäuschten Erwartung, etwas mit Individuen, ihren Bedürfnissen und Problemen zu tun haben zu wollen (vgl. Ottersbach/Grabska/Schwarze 1990, S. 52f).

fortschritt gewertet werden; im Fall des linguistic turns, dem der pragmatic turn folgte, hat die Philosophie der Psychologie allerdings etwas anzubieten: zum Beispiel eine veränderte Sichtweise auf die vermeintliche ‹Privatheit› psychischer Innerlichkeit (vgl. «Erleben» bei Selg/Bauer 1976, S. 14). Über ‹das Ich›, ‹das Bewußtsein› oder ‹die Subjektivität› philosophiert niemand mehr im Stil des 19. Jahrhunderts, seit die Rolle von Sprache als Medium eines öffentlich zugänglichen, sozial vermittelten Symbolismus die mentalistischen Innen-Außen-Trennungen durchkreuzte. Die pragmatische Wende in der Philosophie verschob die Konzentration derart auf das Sprachhandeln und Kommunikation, daß die Frage, wie epistemisch einsame Subjekte aus ihrer Privatsprachenwelt in die öffentliche Sprach- und Kommunikationswelt eintreten, sich fast erledigt hat.* Der Paradigmenwechsel in der Philosophie hat die Kluft zwischen den beiden Disziplinen verbreitert; die Unterstützung in Sachen sinnkritischer Aufklärung kann sie überbrücken.

Mit dem Wandel der Denkungsart in der Philosophie geht ein *reentry*-Effekt einher: Viele alte mentalistische Themen werden, deutlich verändert, aus dem angelsächsischen Raum reimportiert, zum Beispiel Intentionalität und mentale (= geistige) Zustände. Der Zweisprung in aktuellere Debatten um neue Begriffe des Psychischen und über die kontinentalen Grenzen hinweg verlangt einen kleinen Kniff. Weiterhin wird der Strategie gefolgt, nach Denkstilen (*e*) und (*v*) zu unterscheiden; zu beachten ist aber, daß die disziplinäre und theoretische Entwicklung der angelsächsischen Psychologie stark abweichend von der deutschen zu sehen ist. Die deutsche Psychologismusdebatte hatte die empirische Psychologie aus dem Gebiet ‹Erkenntnistheorie› erfolgreich herausgedrängt. Die Bereichsstreitigkeiten sind im US-amerikanischen Raum so in den philosophischen Diskurs eingewoben, daß die Rede von Psychologie dort durchaus so präzisiert werden kann, daß in den

---

* Die Auflösung der ‹innen/privat – außen/öffentlich›-Dichotomie bedeutet nicht, daß die Möglichkeit des privilegierten, epistemischen Zugangs zu den eigenen psychischen und mentalen Zuständen prinzipiell bestritten wird. Tugendhat etwa löst die Dichotomie in eine Relation hinein auf, «veritative Symmetrie» und «epistemische Asymmetrie» bilden die Pole, die einen wahrheitsfähigen «öffentlichen» Diskurs von der prinzipiell intrasubjektiv privilegierten Beurteilung der eigenen Zustände unterscheiden, ohne letztere den intersubjektiven Wahrheitsfragen zu entziehen (vgl. Tugendhat 1979; vgl. auch Putnam 1993).

meisten Fällen ‹Erkenntnis-› davor zu setzen ist (vgl. Rorty 1981, S. 105).

Im Kontext der ‹Dritten Kraft›, der breit gestreuten Ansätze der Humanistischen Psychologie finden sich subjektorientierte bzw. personalistische Psychologien. Diese sind dem *v*-Denkstil, jene oben erwähnten erkenntnispsychologischen Überlegungen dem *e*-Stil zuzuordnen. Für die deutsche Psychologie gilt hingegen, daß erst seit der sogenannten Wende zum Kognitivismus von einem Teil der psychologischen Community wieder explizit Erkenntnisansprüche erhoben werden (vgl. Graumann 1988).

Philosophische Unterstützung für die Psychologie

Friedensverhandlungen haben immer dann eine Chance, wenn etwas angeboten werden kann. Bevor die Gaben auf den Tisch gelegt werden, ist es freilich immer gut, das vorliegende Problem deutlich zu benennen. Nach Wittgenstein hat es folgenden Kern:

> «Die Verwirrung und Öde der Psychologie ist nicht damit zu erklären, daß sie eine ‹junge Wissenschaft› sei; ihr Zustand ist mit dem der Physik z. B. in ihrer Frühzeit nicht zu vergleichen... Es bestehen nämlich, in der Psychologie, experimentelle Methoden und Begriffsverwirrung... Das Bestehen der experimentellen Methode läßt uns glauben, wir hätten das Mittel, die Probleme, die uns beunruhigen, loszuwerden; obgleich Problem und Methode windschief aneinander vorbeilaufen» (Philosophische Untersuchungen [*PU*], Kap. XIV, zit. 1971, S. 267).

Der von Wittgenstein ausgehenden Kritik des Mentalismus in der Philosophie folgen die sprachanalytischen (ordinary language) Philosophien, insofern sie das Programm einer radikalen Dementalisierung unserer Umgangssprache präsentieren. Von einem selbstverordneten Psychologieverzicht könnte hier gesprochen werden, insofern bei Wittgenstein und Ryle etwa zwischen alltäglichem Sprechen über Psychisches und Neurophysiologie nichts liegt, was philosophisch zu untersuchen wäre: Alles, was über unser Thematisieren des Denkens, Glaubens, Wünschens, Wollens, Wahrnehmens und Fühlens etc. zu ermitteln wäre, ist durch Sprachspielanalysen zureichend herauszufinden. Diese Analysen sind philosophisch-gebrauchslogische Untersuchungen und keine psychologischen, also empirischen Forschungen. Wittgenstein sah Psychologie und Philosophie des Mentalen als Resultate einer Verdinglichung grammatischer Phänomene. Verdinglichungen – als Möglichkeit, die unsere Umgangssprache, zum Beispiel durch die Figur der

Substantivierung, bereitstellt – führen aber zu Begriffsverwirrungen. Diese wiederum produzieren überhaupt erst viele philosophische Probleme.

Der Königsweg der philosophischen Klärung dieser Probleme ist also im weiteren Sinn über grammatische Analysen (Sprachspielanalysen) zu beschreiten. Bei Wittgensteins spezifischer Verwendung des Grammatikbegriffs heißt das, die alltagssprachlichen Gebrauchsweisen von Ausdrücken durch die Zusammenstellung verschiedener Sprachspiele zu untersuchen, um damit den Verwendungsraum eines Begriffs abzustecken und grammatischen oder mentalistischen Unsinn analytisch auszuweisen. Mentalistischer Unsinn* wäre nach Wittgenstein etwa die Annahme, im Innenleben der Psyche gäbe es Vorgänge, die dann in (zu äußernden) Sätzen beschrieben werden, wobei das geistig-seelische Innenleben den echten Kern bildet, dem die gesuchten sprachlichen Etiketten nur unzureichendes Entäußerungsmaterial bieten können (vgl. *PU*, §§ 580, bes. 585). «Der generelle Vorwurf gegenüber der Psychologie läuft... darauf hinaus, daß sie die prinzipielle Verwobenheit ihres Gegenstandes mit der lebensweltlich verwendeten Sprache nicht erkennt oder aufgrund ihrer Voreingenommenheit für die experimentelle Methode nicht anerkennen will» (Zimmermann 1988, S. 151; vgl. Ryle 1969).

Epistemologische Gewißheit gewinnt diese philosophische Position durch die Auflösung mentalistischer Mythen. Die sinnkritische Durchforstung unserer Umgangssprache arbeitet daher ihrer Bestimmung zu; immerhin gilt jene als Objekt- und Metasprache für Alltags- und Wissenschaftshandeln. Für die sprach- oder sinnexplikative Arbeit der Philosophie hat Wittgenstein bekanntlich das Bild der Therapie benutzt: «Es gibt nicht eine Methode in der Philosophie, wohl aber gibt es Methoden, gleichsam verschiedene Therapien» (*PU*, § 133). Diese philosophische Therapeutik kann der Psychologie angeboten werden, denn ein sprachkritisches Vorgehen wäre auch für die Psychologie ein Aufklärungsfortschritt.

Allerdings hat die strikte, paradigmenlogische Trennung von sprachanalytischen und forschungsempirischen Vorgehensweisen in der Philosophie dazu geführt, daß gewissermaßen eine psychologische

---

* Begriff nach Heinz Watzka: Wittgensteins Negative Metaphysik. Diss. i. V.

Leerstelle zurückgeblieben ist. Diese Philosophien vertreten, so Richard Rorty, einen «erkenntnistheoretischen Behaviorismus», was allerdings lediglich heißt, «durch sämtliche mentalen Ereignisse und Vermögen ‹zu kürzen›» (1981, S. 210; vgl. Ryle 1969, S. 444). Dieses Programm geht meist mit einer Gebietszuweisung an die Empiriker einher, die in der Forderung besteht, die verhaltenswissenschaftlichen, psychologischen Aktivitäten unter Einhaltung einer Philosophieabstinenz abzuwickeln.

Rorty fragt passenderweise, was an der Psychologie so gefährlich sein mag, daß Philosophen wie Kenny und Winch einen Reduktionismus vorschlagen, den sie in bezug auf die Physik etwa niemals akzeptieren würden (vgl. Rorty 1981, S. 238 ff). Seine Antwort auf diese Frage trifft ins Schwarze: Neben dem genannten epistemischen Grund sind die neuerlichen Versuche einer Gebietsbeschränkung der Psychologie motiviert durch Befürchtungen, der verhaltenswissenschaftliche Reduktionismus könnte alles das, was Menschlichkeit und Personalität ausmacht, in eine mechanistische oder funktionalistische Sichtweise hinein auflösen (Rorty 1981, S. 241). Ähnliche Einwände hatten Dilthey, Husserl und die Neukantianer gegen die naturalistische Psychologie vorgebracht.*

Aus der Leitidee der ‹therapeutischen› Dementalisierungsprogramme sind unterschiedliche Schlußfolgerungen hinsichtlich der Stellung von Psychologie im Verhältnis zur Philosophie gezogen worden: einmal diejenige, die eine im Zuge der Wittgenstein-Nachfolge vollzogene philosophische Psychologieabstinenz zeigt, aber auch die, daß durch ein erneuertes Votum für naturalistisch interpretierte Psychologien, also für Ansätze, die Epistemologie strikt szientistisch konzipieren, Erkenntnispsychologie streng wissenschaftlich zu erneuern sei. Beide Wege sind problematisch.

---

* Der Gebrauch des Begriffs Naturalismus folgt hier einer gängigen Verwendung; nicht die Reduktion auf ‹Natur›, oder daß Natur zum philosophischen Prinzip gemacht wird, sondern daß Natur*wissenschaften* das Leitkonzept für philosophische Problemlösungen liefern, ist der relevante Gesichtspunkt.

Erkenntnistheorie – ein verfehltes Projekt?

Die mentalistische Erkenntnistheorie des 19. Jahrhunderts ist in den Augen Richard Rortys eine Folge des Ineinanderschiebens («Kontamination») von Erklärung der Genese unserer Bewußtseinsphänomene und Begründung im Sinne von Rechtfertigung unserer Meinungen. Insgesamt kann sie als cartesisches Erbe angesehen werden; erst im bewußtseinsphilosophischen Rahmen wurde das Erkenntnisvermögen als ein ‹innerer Raum› konzipiert. Der Übergang vom *dubito* zum *cogito* führte bekanntlich zur Idee der inneren Gewißheit, die die Themen ‹privilegierte Vorstellungen› und ‹privater Zugang› nach sich gezogen hatte. Bei Kant beispielsweise gestaltet sich die Kontamination als eine «von Prädikation und Synthesis, d. h. ‹etwas über einen Gegenstand aussagen› einerseits und ‹im inneren Raum Vorstellungen zusammensetzen› andererseits» (Rorty 1981, S. 166). «Dieses Projekt, durch eine Untersuchung der Arbeitsweise unseres Verstandes mehr darüber herauszufinden, was wir erkennen können und wie wir es besser erkennen können, erhielt schließlich den Namen ‹Erkenntnistheorie›» (ebd., S. 155).

Als Konsequenz der sprachanalytischen Wende sei zwar die Untersuchung inzwischen auf die Arbeitsweise unserer Sprache verschoben worden und durch die den ‹cognitive turn› leitende Computer-Metapher des Geistes auf die Arbeitsweise des Zusammenspiels ‹innerer hard- und software›; strukturell bleiben diese Ansätze aber *«Erkenntnistheorie im neokantianischen Konsens»* (Rorty 1981, S. 183). Weil unsere Rechtfertigungspraxis über die Wahrheit von Meinungen nichts mit dem (mehr oder minder) guten Funktionieren unseres ‹mentalen Apparats› zu tun habe, will Rorty die Philosophie von den epistemologischen Verwirrungspotentialen aus dieser Kontamination durch die Einsicht befreien, daß philosophische Erkenntnistheorie verschwendete Energie an ein falsches Bild ist, das uns gefangenhält.

Ein weiteres Denkmotiv prägt nach Rorty den idealsprachlichen wie auch den normalsprachlichen Zweig der analytischen Philosophie. Neben der Metaphorik des Sehens war das Motiv des ‹Zwangs› durch eine logische oder begriffliche ‹Notwendigkeit› für Erkennen entscheidend. Ludwik Fleck etwa hatte den Ausdruck «Widerstandsaviso» benutzt, um die wissenschaftliche Suche nach dem «Zwang» zu beschreiben, den das erforschte «Material» als «passive Kopplung» den willkürlichen Eingriffen entgegensetzt (vgl. Fleck 1935/1980, S. 124).

In der sprachanalytischen Transformation entspricht dem Zwang oder, freundlicher formuliert, dem Geleitetsein durch Begriffslogik die Deutung des Erkennens als ‹Konfrontation› mit etwas, dem unsere Logik notwendig folgen muß: «Wesentliches Merkmal dieser Analogie ist, daß ‹wissen, daß ein Satz wahr ist›, identifiziert wird mit ‹von einem Gegenstand kausal veranlaßt werden, irgend etwas zu tun›», so als nötige der Gegenstand, von dem der Satz handelt, die Wahrheit auf (Rorty 1981, S. 176). Genüßlich zitiert Rorty Willard V. O. Quine und Wilfred Sellars als Gewährsleute für einen Angriff auf den verfehlten neokantianischen Konsens, der auf der trennenden Unterscheidung von Notwendigkeit und Kontingenz bzw. von Wahrheit kraft Bedeutung und Wahrheit kraft Erfahrung beruht hatte. Aus dieser mißlichen Trennung und den diskutierten Irrtümern war zunächst das erkenntnistheoretische, später ein sprachphilosophisch zu bearbeitendes Forschungsfeld abgeleitet worden (vgl. Rorty 1981, S. 189f). Der mentalistische Psychologismus war hier abgelöst, weil der Wiener Kreis Freges «Verstoßung der Gedanken aus dem Bewußtsein» oder, umgekehrt, die Vertreibung des Bewußtseins aus den wissenschaftlichen und logischen Sätzen zum Vorbild nimmt (vgl. «Information Philosophie» Juli 1992, S. 78). Bekanntlich wurde dort Erkenntnistheorie eben nicht mehr als Zusammenspiel von Verstand und Sinnlichkeit aufgefaßt, nicht einmal als eigenständige philosophische Theorie, sondern als logische Klärung wissenschaftlicher Begriffe und Sätze (vgl. Carnap 1930, S. 14ff).

Rortys therapeutisches Programm besteht nun darin, als Radikalkur den Verzicht auf Epistemologie überhaupt zu empfehlen. Sprachanalytische Philosophie sollte etwa Bezugnahme (Referenz) nur unter Verwendung einer reinen, epistemologiefreien Sprachphilosophie thematisieren, wie sie nach Rorty von Davidson repräsentiert wird. Entscheidend ist hier der Punkt, Kommunikation und nicht Konfrontation (mit dem uns zwingenden Gegebenen und begriffslogischen Notwendigkeiten) als grundlegend für den Erwerb unseres Wissens anzusehen. ‹Wissenserwerb› ist aber derart gefaßt, daß auch unkorrigierbare Zustandsberichte in der ersten Person als Angelegenheit sozialer Praxis aufgefaßt werden, also ganz wittgensteinisch gedacht: Wir lernen Schmerzensausdrücke in unserer sozialen Interaktion, und die jeweilige Ausdrucksform entspricht unserer Lebenspraxis. Damit geben wir keine inneren Berichte ab oder produzieren Beschreibungen und müssen deshalb auch nicht auf mentale ‹innere Entitäten› als Quasi-Gegenstände referieren (vgl. Tugendhat 1979, S. 91f, bes. S. 100, 123).

Insofern feiert Rorty den «psychologischen Nominalismus» als Folge von Wilfred Sellars' erkenntnistheoretischem Behaviorismus zu Recht als «Kommentar zu den epistemischen Regeln». Diese gewähren uns Zugang in die Gemeinschaft, in der sprachliche Rechtfertigung das «geregelte Spiel» von Auseinandersetzung und Einigung ist (vgl. Rorty 1981, S. 206). Aber die Frage ist, ob es nicht doch alternative Interpretationsansätze für folgende Äußerungen Sellars' gibt, denen Rorty emphatisch zustimmt: «Die Besonderheit der Sprache liegt nicht darin, daß sie ‹die Qualität unserer Erfahrungen verändert› oder ‹dem Bewußtsein neue Perspektiven eröffnet› oder ‹ein bislang unbewußtes Mannigfaltiges synthetisiert› oder irgendeine ‹innere› Veränderung hervorruft... Der wesentliche Punkt ist, daß wir, wenn wir eine Episode oder einen Zustand als einen Fall von Wissen (Erkennen) charakterisieren, keine empirische Beschreibung dieser Episode oder dieses Zustandes geben; wir stellen ihn in den logischen Raum der Gründe, des Rechtfertigens und des Rechtfertigenkönnens des Gesagten» (Sellars in Rorty 1981, S. 206). Der anvisierte wichtige Unterschied soll darin liegen, daß die Fähigkeit zu unterscheiden, *daß* etwas vorliegt, durchaus (noch) nicht sprachmächtigen Wesen zugeschrieben werden kann, daß aber erst der Eintritt in eine symbolische Ordnung den Erwerb der Fähigkeiten gestattet, darüber mit Gründen zu reden, *was* (warum) vorliegt (Rorty 1981, S. 204; vgl. Apel 1990, S. 13 ff).

Soweit hier die typische Variante mentalistischer Diskursvermengungen vermieden werden soll, ist es wenig sinnvoll, grundsätzlich den Einwand Rortys abzuweisen; denn das Ineinanderschieben deskriptiver und normativer/explikativer Diskursformen (Rortys «Kontamination») führt tatsächlich zu ungewollten Verwicklungen. Außerdem ist gegen die Einsicht nichts einzuwenden, daß die Rechtfertigungspraxis in unserer Gesellschaft wohl vornehmlich auf einen Argumenttypus zurückgreift, der gewöhnlich begründenden Status hat, und dieser wird in der Regel nicht durch Funktionsbeschreibungen erfüllt. (Wenn wir im Streitfall sagen, daß wir etwas ‹mit unseren eigenen Ohren gehört haben›, und damit auf das ‹ausgezeichnete Funktionieren unseres Gehörs› verweisen, dann ist diese Verwendungsweise eine bestimmte Redefigur: In unserer Sprache läßt sich Empörung oder rechtfertigende Bestätigung eben derart ausdrücken.)

Rortys radikalen Folgerungen, jeglicher Erkenntnistheorie zu entsagen, begegnet Victoria Choy sinnvollerweise folgendermaßen: «Even someone committed to a pragmatic view of knowledge as social practice might find it interesting and important to critically *examine and theorize* about these social practices» (Choy 1982, S. 519; Hervorh. N. D. S). Und obwohl seine Akzeptanz des «erkenntnistheoretischen Behaviorismus» es ihm eigentlich verbieten müßte, läßt sich Rorty zu der Bemerkung hinreißen, daß, wenn es Entdeckungen über das Erkennen gäbe, diese am ehesten aus der Psychologie zu erwarten sind (Rorty 1981, S. 254).

Philosophische und psychologische Fragen

Was Kooperation genannt wird, kann als Interdisziplinarität bestimmt werden. Es wäre aber möglich, Philosophieren ‹als Tätigkeit› in Wissenschaft und Lebenswelt zu sehen. Wenn wir wie Schnädelbach Philosophie als den Versuch gedanklicher Orientierung im Bereich der Grundsätze unseres Denkens, Erkennens und Handelns bestimmen, dann geht dieser ganz offensichtlich über die fachphilosophischen Bemühungen hinaus (vgl. Schnädelbach 1993, S. 14). Als eine Aufgabe, die auch fachwissenschaftlich Arbeitende wahrnehmen können und sollten, kann dann von der Philosophie in den Wissenschaften gesprochen werden; die akademische Disziplin Philosophie kann allerdings zusätzlich Unterstützung gewähren. Zur Aufhebung der Kontaktstörung zwischen Philosophie und Psychologie mag es richtig sein, von der prinzipiellen Verbindung beider auszugehen; aber die Einsichten aus dem Psychologismusthema legen nahe, die strukturelle Bereichsdifferenz zwischen philosophischen und wissenschaftlichen (empirischen) Thematisierungsweisen im Blick zu behalten.

In bezug auf die obige Diskussion bietet sich folgendes Bild an: Nehmen wir Diskurstypen als Thematisierungsweisen, die auf einer planen Fläche Felder besetzen, und denken wir den explikativen Diskurs (sprachliche Sinnklärung) als Eingangsfeld, das alle passieren sollten. Denn Wittgensteins Einsichten positiv anzuwenden hieße, durch begriffsexplikative Anstrengungen dafür zu sorgen, daß die Bedeutung eines philosophischen Problems sich richtig zeigen kann. Für die Stellung des Philosophischen innerhalb der Psychologie bietet sich zudem ein weiteres Denkmodell an. Dies sieht eine (vertikale) Ebenenunterteilung vor, in die sich die Differenz von transzendentalen und forschungsempirischen Thematisierungsweisen eintragen ließe. Transzendentale Argumente befinden sich dabei ‹unten›, so daß forschungsempirische Fragestellungen auf diese Basis rückführbar sind:

Nachkantisch wird die transzendentale Frage paradigmengerecht als die nach den ‹Bedingungen der Möglichkeit unseres Sprechens über etwas› aufzufassen sein. Der alte Ausdruck für diese Bedingungsanalyse hieß bekanntlich *Reflexion* (Schnädelbach 1977). Und damit ist bereits angedeutet, daß Philosophie nicht so zu transformieren ist, daß linguistische Analysen in empirischer Manier die alte Frage nach den Bedingungen der Möglichkeit unserer Erfahrung oder, moderner gesprochen, diese epistemologischen Fragen ersetzen sollen. (Das wäre ein Linguistizismus, dem der Status von Reflexion nicht klar ist.) Sondern die Philosophie nimmt hier eine wissenschaftsüberschreitende Aufgabe wahr, die den Sinn der im 19. Jahrhundert gängigen Metapher von der ‹Philosophie als Fundament› präzisierbar macht: «(B)ei diesem Fundament kann es sich nicht um ein erstes Wissen in dem Sinne handeln, wie es die Wissenschaft weiß, sondern um die Begriffe, Gedanken oder Vorstellungen, denen das wissenschaftliche Wissen schon unterliegt, wenn es formuliert wird – in der Sprache der traditionellen Philosophie spricht man hier von ‹Konstitution›. Die durch Explikation zu erhellenden Konstitutionsbedingungen der Wissenschaft, aber auch des alltäglichen Wissens, sind *Sinn*bedingungen, d. h. Bedingungen der Verständlichkeit und Mitteilbarkeit des zu Erkennenden» (Schnädelbach 1989a, S. 35).

Konstitutionstheoretische Argumentationen folgen aber etwas anderen Bedingungen als Argumentationen, die Behauptungen im wissenschaftlichen Begründungsfeld selber untersuchen und prüfen; neben den genannten sinnexplikativen Untersuchungen, die die Bedeutung einzelner wissenschaftlicher Aussagen oder Theorien erläutern können, tritt eben das Untersuchungsfeld, das als normativ-theoretisches auch nach dem Sinn als Zweck des ganzen wissenschaftlichen Unternehmens fragen kann (vgl. Schnädelbach 1989a, S. 35; Schwemmer 1990, S. 43 ff).

Das Votum für einen bestimmten Begriffsrahmen und damit für eine bestimmte theoretische Konzeption folgt dem Vorgang der begründenden Wahl. Dieser Typus von Begründungen führt also notwendig normative Bestandteile mit sich, die als werttheoretische durchaus bis zu einem gewissen Grad zu rechtfertigen sind. So ist jede Begründung für ein bestimmtes und gegen ein anderes Forschungssetting oder Theoriekonstrukt in dem Sinn normativ-theoretisch, als sie den Vorzug einer spezifischen Wahl argumentierend verteidigt. Dazu aber brauchen wir normativ-theoretische und nicht nur deskriptiv-empirische Begründungsmittel. (Auch empiristische Positionen können nicht nicht-normativ verteidigt werden.) Hier liegt aber auch keine ‹reine› Geltungsreflexion vor; Überlegungen zum möglichen Zweck enthalten immer schon das Moment des Sinnvollen (nicht nur des Sinnhaften). Daher ist in dem starken Sinn von ‹Begründung› (Justifikation) der Übergang zu ethischen Begründungen angelegt.

Argumente, die die transzendentale Bedingungsanalyse im Sinne von Konstitution zum Thema haben, wie auch normative Diskurse sind philosophische Tätigkeiten, die ohne Ansehen der Fachzugehörigkeit ausgeübt werden können (und sollten). Insofern kann auch die Psychologie philosophieren, ohne Zuständigkeitsstreitigkeiten auszulösen. Die innerpsychologisch fehlende Gegenstands- und Methodenreflexion wurde ja immer wieder angemahnt. So ist es zu begrüßen, wenn im ersten Heft des «Journals für Psychologie» der Schwerpunkt auf die Selbstreflexivität der Psychologie gelegt wird und philosophische Überlegungen zur Argumentationshilfe beigezogen werden (Zurhorst/Leithäuser/Bergold/Breuer 1992, S. 5–35).

Differenz und Integration

Angewendet auf das Streitfeld ‹Erkenntnistheorie› wird oft vorgeschlagen, die alte Kontaminationsgeschichte als Fall für einen Themenwechsel zu behandeln. Dabei wäre die Frage danach, wie wir unsere vernünftigen Fähigkeiten erwerben und entwickeln, eine Thematik, die die Ursachen (!) ergründet für unsere Sprach- und Kognitionsfähigkeiten und die an die Wissenschaften abgewiesen werden könnte. Aber diese «obvious scientific facts that we would not be able to reason if we not have brains» (Putnam) sind eine unbezweifelbare Voraussetzung. Daß das Funktionieren unseres Gehirns als das materielle und funktionale Substrat, für unsere Fähigkeiten zu sprechen und Diskurse zu führen, anzusehen ist, wird niemand bezweifeln. Allerdings löst diese Fragestellung nicht ein *philosophisches* Problem (Putnam 1982a, S. 6). Thematisieren wir Vernunftgebrauch als «Rechtfertigung unserer Aussagen» und «Begründung unserer Meinungen», wechseln wir allerdings in Rortys und Putnams Augen die Perspektive und reden von den normativen Anteilen unserer Argumentationen. Hilary Putnams Konsequenz aus seinen Überlegungen in «Why Reason Can't Be Naturalized» lautet prägnant: «The elimination of the normative is attempted mental suicide» (1982a, S. 21).

Dahinter steht, daß jede unserer Selbstbeschreibungen als denkende Personen irgendein Konzept von Wahrheit («some kind of truth»; Putnam) verlangt. Wird etwa dieser Gedanke in der Psychologie zum Reflexionsgegenstand, betritt sie philosophisches Terrain, oder, anders gewendet, sie befaßt sich mit den im wissenschaftlichen Wissen implizierten philosophischen Gehalten, die eben mit rein fachwissenschaftlichen Mitteln nicht aufgeklärt werden können. Damit philosophiert sie als Wissenschaft.

Die Differenzen, die Rorty und Putnam philosophisch umtreiben, bestehen darin, daß Rorty Putnam letztlich als erkenntnistheoretischen Fundamentalisten sieht, Putnam umgekehrt Rorty als Kulturrelativisten. Ist Philosophie bei Richard Rorty als eine «Stimme im Gespräch der Menschheit» zu sehen mit dem Ziel, Solidarität und Demokratie zu stärken, anstatt eine irgend geartete Objektivität als Begründungsbasis für unser Handeln auszuzeichnen, dann verrät dieser Ansatz ein antirelativistisches Programm, das gleichwohl auch psychologisch belehrbar sein könnte (Rorty 1981, S. 343 ff; 1988; Reese-Schäfer 1991, S. 66). Zur Debatte steht der «Interne Realismus» (Putnam) als holistische Theorie der sprachlichen Bezugnahme auf Entitäten (und Vorgänge); holistisch ist sie, weil sie Wahrheit, Referenz und Bedeutung miteinander koppelt. Strittig ist vorwiegend die Frage, ob die generelle Präsupposition der Idee von Vernünftigkeit als regulative Idee in Anspruch genommen werden muß in dem Sinn, daß sie auf einen «Grenzbegriff der idealen Wahrheit» verweise (Putnam) oder nicht, weil es «lediglich den Dialog gibt – ohne einen idealen Schlußpunkt»* (Rorty). Die philosophischen Probleme einer Begründungsmöglichkeit für die Figur der Kritik selbst mag dann wieder einer ‹rein› philosophischen Argumentation überlassen bleiben (vgl. Putnam 1982a, S. 285; Rorty 1988, S. 22).

Die Unterscheidung nach Thematisierungsweisen führt es mit sich, daß Philosophie in der Psychologie stattfindet, wie auch umgekehrt. Als ein Plädoyer einer Verbindung von Wissenschaft bzw. Psychologie

---

* «Der ideale Schlußpunkt der Wahrheit» meint nicht, wie Rortys angedeutete Kritik an Putnam nahelegen könnte, die Figur der objektiven Wahrheit an sich selbst. Putnam spielt auf die logischen Bedingungen an, die in der Struktur der argumentierenden Rede angelegt sind und nach der wir immer eine Vorstellung davon parat haben, was eine wahre Aussage oder eine gültige Schlußfolgerung kennzeichnet.

und Philosophie ließe sich Choys Überlegung lesen, die sie zur Unabweisbarkeit der Fragen beisteuert, die besagte Begründung (justification) zum Thema machen: «These are not questions of how we can be guaranteed of knowledge or certainty, but how, in fact, we come by our fallible knowledge of the world. Questions about the nature of evidence and the reliability of our scientific method also fall under this category. These questions need not be construed as ahistorical abstractions or a priori speculations. On the contrary, the question of how we in fact come to have knowledge suggests we should investigate actual processes of acquiring knowledge» (Choy 1982, S. 539). Choy verteidigt also die Relevanz von Untersuchungen der Vorgänge des Erkennens und des Wissenserwerbs; jene zielen aber nicht auf die anvisierten ‹großen›, von Rorty als sinnlos bezeichneten Fragen wie «What is knowledge» (ebd.). Die Notwendigkeit von Justifikation (als rechtfertigende Begründung) ist nicht mit einem Fundamentalismus letzter Erkenntnissicherheit gleichzusetzen. In Rortys unvorsichtiger Gleichsetzung verschwindet nämlich das ausschlaggebende normative Moment, auf das es ankommt. Die Absage an Letztbegründungsansprüche oder, wie es in polemischer Wendung oft heißt, vom ‹Fundamentalismus› ist nicht mit Begründungsverzicht überhaupt gleichzusetzen. Wo letztlich die Grenze von Justifikation zu ziehen ist, beantworten die unterschiedlichen Philosophien jeweils unterschiedlich; hier kam es auf den Unterschied von Begründungstypen und Thematisierungsweisen an.

Wenn wir also auch weiterhin – mit sprachanalytischer Hilfe – Erkenntnistheorie oder auch, wie heute wieder gesagt werden darf, Philosophie des Geistes in nicht-reduktionistischer Manier betreiben wollen, dann ist die Frage, ob die Suche nach angemessenen *psychologischen* Einsichten nicht doch ein Gewinn wäre, wieder angebracht. Wer also Richard Rortys Vorschlag, «Erkenntnistheorie als Philosophie» aufzugeben, nicht akzeptieren kann, wird vielleicht dem Einwand folgen können, der lautet, daß die Fragen nach der ‹Funktionalität oder dem Funktionieren des mentalen Apparats› in bezug auf subjektorientierte bzw. personalistische Theorien irrelevant sind. Jene Überlegungen, die subjektbezogene Probleme und Chancen im intra-/intersubjektiven Zusammenhang oder hinsichtlich des Weltbezugs behandeln, konstituieren einen anderen als den oben behandelten Gegenstandsbereich. Es handelt sich um einen, der als subjekttheoretische Psychologie (etwa im Sinne der Ansätze der Neuen Gesellschaft für Psychologie) auf Menschen in ihrer persönlichen und intersubjektiven Praxis fokussiert und der als Philosophie auch die traditionelle Frage nach dem ‹guten Leben› wieder aufgreift, um den Weg zu positiven Lösungsansätzen zu erarbeiten. Philosophie kann sich durchaus dafür entscheiden, von normativ-praktischer Abstinenz Abschied zu nehmen und jenseits einer sprachanalytischen Therapeutik die Herausforderung anzunehmen, nach prägnanten Problemformulierungen zu suchen und potentielle Antworten zu erarbeiten. Dazu benötigt sie allerdings auch psychologisches Wissen, das es in die philosophischen Entwürfe einzubauen gilt.

Einen deutlichen Integrationsschritt unternehmen derweil diejenigen handlungstheoretischen Strömungen in der Psychologie, die die ‹Monismus-Dualismus-Dichotomie› überwinden wollen, welche einerseits einen einheitswissenschaftlich deduktiv-nomologischen Theorieansatz, andererseits tendenziell dualistisch geprägte, kulturwissenschaftlich-intentionalistische Handlungstheorien hervorgebracht hat (vgl. Maiers 1994, S. 6; Groeben 1986). Die philosophische Cause-reason-Debatte, die das Erbe der Erklären-Verstehen-Kontroverse aufnahm, ist insofern in diese Überlegungen produktiv hineingenommen, als Versuche unternommen werden, die Ereignisstruktur und die Begründungsgebundenheit von Handeln in ein (eher intentionalistisch gefärbtes) Integrationskonzept einzubinden (vgl. Maiers 1994; Dierstein 1995). Dabei überbauen diese Psychologien die Erklären-Verstehen-Kluft. Diese galt zumindest in der Philosophie seit Hendrik von Wrights Interpretation vom «Verstehen als einem logischen Verständnis» von Handlungen und Handlungsmotiven deshalb als überbrückt, weil Handlungsverstehen stets «intentionalistische *Erklärungen*» des Verstandenen produziert und sich damit erst als ein Verstehen analytisch ausweisen läßt. Damit galt endlich diejenige Intuition als begründungsfähig, die Erklären und Verstehen einem Sprachspiel zuordnete (vgl. Stegmüller 1975, S. 136; Apel 1979, S. 43).

Der Ausgangspunkt jener vielversprechenden handlungstheoretischen Psychologien liegt in der subjektiven Reflexivität, die den unaufgebbaren Vorrang der Teilnehmerperspektive betont: «Der Subjektstandpunkt als wissenschaftlich-psychologischer Erkenntnisstandpunkt ist keine unvermittelte Setzung, sondern ergibt sich daraus, daß menschliche Lebenstätigkeit in ihrer Spezifik – i. S. der Möglichkeitsbeziehung des Menschen zu sich und zur Welt – sich im Medium von Handlungsbegründungen vollzieht, die nur von ‹je meinem› Standpunkt aus verhandelt werden können» (Maiers 1994, S. 5; vgl. Holzkamp 1991; 1993). Rationalitätsbezogene Einbußen, etwa ein Aufgeben des Begründungsdesiderats, sind deshalb nicht zu befürchten, weil der subjektgebundene Teilnehmerstandpunkt nicht automatisch mit dem Verzicht auf ‹Beobachtungen› und den sie rational erklärenden explanativen Konstrukten einhergeht. Es geht vielmehr darum, von dieser subjektiv-reflexiven Basis aus nach dem vernünftigen Sinn von Begründungsfähigkeit zu suchen. Daß hierzu philosophische Überlegungen innerhalb der erwähnten handlungstheoretischen Psychologien fruchtbar gemacht wurden und demnach eine echte Integration erreicht wird, ist offensichtlich und bedarf keiner weiteren Ausführungen.

Psychologisch-wissenschaftliches Wissen in der Philosophie

Hinter der umgekehrten Vermutung, daß wir in der Philosophie nicht ohne Wissenschaften auskommen, steht die Einsicht, daß psychologisches Wissen gebraucht und bereits genutzt wird. Philosophie bedient sich der Ergebnisse, die die Wissenschaften in Theorien, Modellen und Begriffen zur Verfügung stellen; andererseits kritisiert sie diese und generiert so neue Fragestellungen. Dieses wechselseitige Ergänzungsverhältnis spricht gegen eine strikte Trennung. Philosophie als pure Reflexionsanstrengung unter den modernen Bedingungen einer verwissenschaftlichten Kultur und Lebenswelt ist ohne Einbeziehung der Ergebnisse der Wissenschaften weder akzeptabel noch auch realisierbar (vgl. Schnädelbach 1988, S. 216; Schwemmer 1990). Eine philosophische Sondersphäre gibt es kaum (mehr), wir machen immer schon Gebrauch von verwissenschaftlichten Begriffen, wissenschaftlicher Theorie sowie alltagstheoretischen Ausdrücken. Trotzdem ist es wichtig, in diesem Punkt klarzusehen und nicht nur klammheimlich das wissenschaftliche Wissen in Anspruch zu nehmen.

Mit dem Blick auf die dargestellten historischen Trennungsvorgänge von Philosophie und Psychologie und in dem Bewußtsein, daß beide Disziplinen ihren Platz in der wissenschaftlichen Welt haben, kann erneut überlegt werden, was die akademische empirische Psychologie in die Philosophie einzubringen hat. Oder anders gefragt: Gibt es nicht doch eine Möglichkeit, den geschlossenen ‹logischen Raum der Rechtfertigungspraxis› mit den ‹Räumen empirischer Genese› zu verbinden, ohne einen philosophischen Fundamentalismus oder eine Spielart des Szientismus (z. B. Psychologismus) vertreten zu müssen?

Oswald Schwemmer schlägt vor, über die Frage der «Interdisziplinarität als Denkform» nachzudenken, um die künstliche «philosophische Eigenwelt», so sie noch bewohnt wird, zu verlassen (1990, S. 41, 17). Drei Aspekte sind dabei zu beachten: (1) Die Befürchtung einer Verwissenschaftlichung der Philosophie ist nicht zwangsläufig. Die ausgewählte psychologische Theorie wandert nicht in toto in philosophische Untersuchungen ein; hingegen werden aus Psychologie und wie auch aus anderen Disziplinen nur einige Begriffe, Bilder oder Modellannahmen importiert. (2) Wem begriffsanalytische Reinigungsarbeiten oder eine philosophisch-historische Archäologie nicht reicht, könnte sich theorienproduktiv betätigen. Dazu taugt Schwemmers Begriff einer «philosophischen Empirie». Es geht darum, sich zunächst einmal ein Phänomen oder einen Phänomenbereich zu erschließen, anstatt, wie häufig praktiziert, mit «traditionellen Begriffsblöcken» zu operieren (Schwemmer 1994, S. 2). Daher könnte eine Aufgabe der Philosophie darin bestehen, sich «den Gegenstandsbereich, über den auch die Wissenschaften ihre Untersuchungen anstellen, in seiner phänomenalen Gegebenheit zu vergegenwärtigen und gegenüber den terminologischen und methodischen Einschränkungen, die im übrigen für jedes wissenschaftliche Vorgehen unabdingbar sind, in seiner bleibenden Differenz zu verdeutlichen» (Schwemmer 1994, S. 9). Dazu gehört immer auch die Suche nach verdeckten Prämissen, die «im übrigen häufig aus der philosophischen Denk- und Darstellungstradition übernommen wurden» (Schwemmer, ebd.). In die hier eingeführten wissenschaftstheoretischen Kategorien übersetzt, kann diese Suche auch impliziten *ontologischen* Basisannahmen gelten mit ihren philosophischen und wissenschaftlichen Konsequenzen. (3) Drittens könnte die Philosophie versuchen, zu verschiedenen Problemen psychologisches Material einzufordern und damit sinnvolle Forschungsprojekte anzuregen, die die öde Theorielandschaft aufforsten (vgl. Moser 1985, S. 197–227).

Blurred boundaries und das Psychologismus-Problem

Höchst erstaunlich nimmt sich das Projekt des berühmten US-amerikanischen Philosophen Willard V. O. Quine im Kontext der hier dargestellten Trennungsvorgänge aus. Quine schlägt vor, Erkenntnistheorie an eine behavioristisch und neurophysiologisch orientierte Psychologie zu binden, um Epistemologie von einer philosophischen Spezialdisziplin zu einer echten Science zu machen.

In der hier verwendeten Terminologie muß daher gefragt werden, ob das Programm einer «Naturalized Epistemology» durch Quine nicht als (führungswissenschaftlicher) Psychologismus gelten muß, da er als Basisdiziplin die behavioristische Psychologie auserkoren hat. Die von ihr produzierten strikt wissenschaftlichen Beobachtungssätze sollen den epistemologisch höchst brisanten Schritt von der kausalen Verursachung in das Feld der Begründungen gewährleisten. Nun kann Quines lässige Frage «Why not settle for psychology?» aufgrund seiner Politik der ‹blurred boundaries› zwischen notwendigen und kontingenten Wahrheiten aber deshalb nicht so einfach als Psychologismus gelten, weil das Psychologismus-Argument Husserls sich gerade der Bereichstrennung von empirischer Kontingenz und logischer Notwendigkeit verdankt hatte (Quine 1969, S. 78). In Husserls Falle eines naturalistischen Fehlschlusses bzw. eines schlechten Zirkels gerät jede Erkenntnistheorie, die die Menge wissenschaftlicher oder logischer Sätze bereits in Anspruch nimmt, die sie ihrerseits erst begründen will. Und da jede Wissenschaft die logischen Strukturen benutzen muß, weil das Sprachspiel ‹Begründung› oder ‹Schlußfolgerung› logisch gespielt wird, bliebe einer naturalistischen (szientivistischen oder psychologistischen) Position die schwere Aufgabe vorbehalten, mit den fachwissenschaftlichen Mitteln die Regeln der Logik zu erklären. Psychologismus, Naturalismus, Szientivismus, bei Husserl auch Anthropologismus: aufgrund der Strukturgleichheit des Vorgehens trifft der Zirkelvorwurf alle.

Quines Angriff auf die Grenze zwischen den Domänen des Empirischen und des Begrifflichen galt nicht der Arbeit Husserls oder phänomenologischen Philosophien, sondern in seiner berühmtesten Form den «Dogmen des Empirismus». Dabei besteht das uns hier interessierende Dogma in dem Glauben an eine «grundlegende Kluft zwischen einerseits *analytischen* Wahrheiten, die auf Bedeutungen beruhen und unabhängig von Tatsachen sind, und *synthetischen*, auf Tatsachen beruhenden Wahrheiten andererseits» (Quine 1969, S. 27). Der Beweisgang der weithin akzeptierten Arbeit Quines in diesem Feld kann hier nicht nachgezeichnet werden. Es ist nur daran zu erinnern, daß Quine den Hebel bei der Analytizität ansetzt, das Konzept «Wahrheit kraft Bedeutung» als unhaltbar erweist und bei einer holistischen Sprachauffassung landet, in der empirische und logische Sätze das verbundene

Netz unseres Wissens bilden (Quine 1969, S. 47). Sandra Harding faßt den bekannt gewordenen Gedanken Quines wie folgt zusammen: «Tatsachen können von ihren Bedeutungen nicht abgelöst werden und infolgedessen gibt es der Art nach letztlich keinen Unterschied zwischen der Prüfung der logischen und der empirischen Angemessenheit einer Behauptung oder eines Arguments» (1990, S. 37). Zurück zur Ausgangsfrage: Wie steht es mit Quines Psychologismus und der eben entwickelten Zusatzfrage, ob nach dem Einreißen der etablierten Grenzen (Husserls, Freges) sich auch die Domänen des empirischen Forschens und des begriffsexplikativen oder sprachanalytischen Arbeitens der Philosophie ineinander auflösen (lassen)?

Ein Blick in die Texte Quines zeigt rasch, auf welche psychologische Theorie eine naturalisierte Erkenntnistheorie gebaut werden soll: Die Demontage geistiger Entitäten oder die Säuberung des «Brutplatz(es) mentalistischer Semantik» mutet Quine einer behavioristischen Psychologie zu, der Wissenschaft, die mit Verhaltensbeobachtungen arbeitet (1969, S. 82). Quines Anläufe, die mentalistischen Mythen zu entlarven, führen ihn dazu, die Externalisierungsstrategie der *e*-Psychologie gleichsam zu totalisieren: Begriffe wie ‹Bedeutung› und ‹Referenzobjekt› sowie ‹Bezugnahme› sollen vollständig auf verhaltenstheoretisch eingebettete und kausal interpretierte Sinnesreizungen (neural input) reduziert werden. In diesem Punkt hat Quine viel Kritik erfahren; nicht nur Rorty wirft Quine einen reduktiven Physikalismus vor, weil er – anstatt Erkenntnistheorie auf sich beruhen zu lassen – diese in einem «new setting and clarified status» fortsetzen will, und zwar als naturwissenschaftliche Psychologie (Quine 1969, S. 82f; vgl. Putnam 1982a; Rorty 1988; 1987).

In Quines Konzept soll die vage, von ihm kritisierte Rede von «epistemologischer Nähe» eines Auslösereizes beim Erkennen verschwinden, indem die Erkenntnissituation verhaltenstheoretisch interpretiert wird. Dabei sind verursachende Bestrahlungsmuster – Stimuli – die hinsichtlich der Körperoberflächen – Netzhaut – epistemologisch relevanten Faktoren: «A is epistemologically prior to B if A is causally nearer than B to the sensory receptors. Or, what is in some ways better, just talk explicitly in terms of *causal proximity* to sensory receptors and drop the talk of epistemological priority» (Quine 1969, S. 85; Hervorh. N. D. S.). Das Problem besteht darin, daß in Quines Verwendung von «sensory evidence» und «stimulus meaning» eine systematische Doppeldeutigkeit in Anspruch genommen wird, die als kategorienfehlerhaft zu gelten hat (Keil 1993, S. 51). Ein phänomenalistisch interpretierter Behaviorismus ist nicht nur genötigt, die ‹Bestrahlungsmuster auf der Netzhaut› als Stimuli für die Äußerung von Beobachtungssätzen zu werten, sondern er hätte, wie jedes konsequent reduktionistische Programm, zudem konsequenterweise den Nachweis zu erbringen, wie die Rechtfertigung dieses behavioristischen (naturalistischen) Vorgehens gegenüber alternativen Ansätzen mit naturalistischen Mitteln zu leisten ist.

Psychologieerfahrenen Leuten wird auffallen, daß auch Skinners alte ‹black box› wieder herhalten muß: Als Wandler oder Transformator verarbeitet sie unsere Weltkontakte so, daß wir Sätze äußern und Begründungen produzieren können. Wie das allerdings passiert, genau darauf wollte der Skinner-Behaviorismus gerade keine psychologischen Antworten in der Sprache von *mentalen Vorgängen* mehr geben; gestattet, das heißt behavioristisch akzeptabel waren nur streng verhaltenstheoretische Formulierungen. Daß eine behavioristische Supertheorie einmal möglich sein wird, glaubt heute niemand mehr, und für den deutschsprachigen Raum gilt wohl, daß der erst nach dem Zweiten Weltkrieg importierte Behaviorismus (auch: Lerntheorie) sich vorwiegend als inzwischen stark modifizierte *Verhaltenstherapie* (VT) im klinischen Zweig akademischer Psychologie durchgesetzt hat. Erkenntnispsychologisch sowie praktisch-therapeutisch gilt das behaviorale Subjektmodell längst als ersetzt durch das ‹epistemische›: Der kritische Hinweis auf die kognitive Kompetenz selbstgesteuerter und entscheidungsfähiger Individuen hat dem reinen Behaviorismus den Garaus gemacht (vgl. Groeben/Scheele 1977). Daß diese Art «Steinzeit-Behaviorismus» (Begriff von Heinz Watzka) nur als «Lapsus» Quines zu interpretieren ist, belegt Keil; die behavioristische Psychologie erfüllt nur eine Lückenbüßerfunktion, bis dereinst eine physikalische Theoriesprache entwickelt sein wird (Keil 1993, S. 60; vgl. Gochet 1984, S. 201). Die verbreitete Meinung, daß Quine aufs Ganze gesehen Physikalist bleibt und damit ein naturalistisches Geschäft betreibt, ist nicht von der Hand zu weisen (vgl. Putnam 1982a, S. 15; Rorty 1987).

Nun hat sich Quine aber die Aufmerksamkeit in der Philosophie nicht durch seinen reduktivistischen Psychologismus/Physikalismus erworben, sondern durch inspirierende philosophische Gedanken (radical translation), deren holistische und pragmatische Implikationen weite Anerkennung gefunden haben (vgl. Gochet 1984; Fodor/Le Pore 1992). Bevor wir kurz eine wesentlich aktuellere Form modernen Psychologismus betrachten, muß die obige Teilfrage aber eine explizite Antwort erhalten: Kann man holistischen philosophischen Ansätzen, in denen Bedeutungswahrheiten und Tatsachenwahrheiten ein Netzwerk von Beobachtungssätzen, theoretischen Aussagen und logischen Verknüpfungen bilden, überhaupt noch mit dem Psychologismusvorwurf oder Szientivismusvorwurf begegnen? Für eine Antwort muß allerdings die philosophische Taktik der ‹blurred boundaries› bzw. der «radiated boundaries» (Rorty) bezogen auf Husserls Schritt etwas deutlicher in einen sprachanalytisch inspirierten Kontext gesetzt werden.

Husserls Unterscheidung von Sphären der Idealität (Bereich der Bedeutungen) und Realität (Bereich der Fakten) balancierte bereits auf der Grenze zwischen Bewußtseinsphilosophie und sprachanalytisch inspirierter Philosophie (vgl. Gethmann 1989, S. 199). Erinnern wir uns an das in der Kontroverse II vorgetragene Beispiel Husserls von der Rechenmaschine. Von einem einfachen Zirkelfehler kann gar nicht gesprochen werden, wenn die physikalischen Vorgänge zur Erklärung der arithmetischen Gesetze herangezogen werden. Eher schon war etwas von Husserl anvisiert, was als Bereichs- oder Kategorientrennung zu bezeichnen ist. Es sind demnach verschiedene *Erklärungstypen* nötig für die Domänen des Physikalischen und Mathematischen; Analoges gilt für Erklärungen im Bereich des Logischen und des Psychologischen usf. Es ist möglich, diese Bereichstrennung etwas weniger räumlich zu konnotieren und zu sagen, wir unterscheiden und klassifizieren kategorial, indem die Verwendung gewisser Prädikate nur dann sinnerhaltend (sinnvoll) gewissen Entitäten zugesprochen werden kann, wenn eben doch von einer Bereichsspezifik ausgegangen wird. Daß diese nicht ontologisch zu verstehen ist, ergibt sich als paradigmenlogische Vorbedingung des linguistic turns selbst; die wissenschaftlich individuierten Entitäten erscheinen als ‹beschriebene› und die verwendeten Kategorien als Möglichkeiten zu klassifizieren bzw. nach gewählten Hinsichten zu ordnen (Ryle 1959, S. 70). Gilbert Ryle schlägt vor, grammatisch korrekt gebildete, aber semantisch letztlich sinnwidrige Sätze als Kandidaten für Kategorienvermengungen zu akzeptieren: «(S)uch sentences, we may say, commit type-trespasses or break type-rules» (1959, S. 75). Philosophisch interessant sind hier nur die versteckten Sinnprobleme, von denen der mentalistische Psychologismus einige zu bieten hatte (Ryle 1969).

Zu Quines Exempel zurückgekehrt, kann festgestellt werden, daß seine Politik der ‹blurred boundaries›, ruhend auf der Entmythologisierung des ‹Gegebenen› und des ‹Analytischen›, ein anormaler Holismus zu sein scheint. Quine nämlich schränkt seinen Holismus durch die exponierte Stellung ein, die er den Beobachtungssätzen einräumt, aber auch dadurch, daß er die logischen Sätze im ‹mittleren Feld› seines Wissensnetzes plaziert: Sollten wir in einem wissenschaftlichen Beweisgang genötigt sein, von einem Scheitern (Falsifikation) zu sprechen, dann werden wir immer versuchen, die empirischen Sätze (‹Beobachtungs-Gelegenheits-Sätze›) der Kontingenz zu opfern. Sie verknüpfen nach Quine unser Wissensnetz ohnehin nur ‹an den Rändern› vage mit Erfahrung. Und wir werden immer – klugerweise, so Quine – versuchen, die logischen Sätze ‹in der Mitte› des Wissensnetzes zu bewahren, wenn wir nun schon durch einen Widerstand gegen unser wissenschaftliches Eingreifen genötigt sind, das gesamte Wissensnetz zu rearrangieren (Quine 1960, S. 318; vgl. Rorty 1981, S. 224).

Die erwähnte Bereichsspezifik macht den anormalen Holismus aus: Sie radiert die kategorialen Grenzen nicht aus, sondern macht sie durchlässiger. Der Gedanke einer eher graduellen Differenz von Satztypen ermöglicht es, überhaupt von Diskurs- und Kategorienvermengungen und somit von Fehlschlüssen zu sprechen. Andererseits ermöglicht uns der Gedanke einer flexiblen Grenze, daß deren Übergang nicht nur Begründungsfehler nach sich ziehen muß, sondern auch Diskursverknüpfungen sowie kreative kategoriale Verknüpfungen gestattet (vgl. Künne 1983/84, S. 181 ff; Seel 1990, S. 237 f).

Als Resultat läßt sich festhalten: Mit dem Psychologismus/Szientivismusvorwurf kann jedem Ansatz begegnet werden, der meint, die Ebene der Geltungsreflexion einbeziehen zu können, um sämtliche Begründungen, auch die der Selbstanwendung, der gewählten Zieltheorie (zukünftig) aufzubürden.

Nun ist Quines Verlegenheitspsychologismus aber nicht die einzige moderne Form des Versuchs, philosophische auf psychologische Fragestellungen zu reduzieren. Philosophische Gegenwartslektüre und die Medienpräsenz bestimmter Ansätze zeigt, daß die philosophische und wissenschaftliche Zeitstimmung stark von dem Versuch geprägt ist, durch computertechnisch orientierte Cognitive Sciences die alltagssprachliche Rede vom Psychischen zu reduzieren bzw. zu ersetzen. Von einem *kognitivistischen* Psychologismus wäre dann zu sprechen, wenn die Thematisierung des Mentalen oder, allgemeiner gesagt, des Psychischen auf die Verwendung rein kognitionspsychologischen Vokabulars eingeschränkt werden soll. Wie die Versuche aussehen, solche Ansätze stark zu machen, zeigt Hilary Putnam in seiner Kritik von funktionalistischen und kognitivistischen Ansätzen.

Kognitionspsychologismus

In US-amerikanischen Veröffentlichungen kognitionswissenschaftlicher Ansätze fällt immer wieder die schwer zu übersetzende Rede von der «folk psychology» auf. Diese Redeweise ist – so Putnam – bereits ein Resultat reduktionistischen Denkens; denn mit diesem pejorativ gebrauchten Ausdruck werden alle Sprachverwendungen belegt, die mentale Prädikate enthalten. Als geistig-seelische Zustände, auf die mit mentalen Prädikaten Bezug genommen wird, gelten etwa ‹wissen, daß...›, ‹glauben, daß...›, ‹hoffen, daß...›, ‹fürchten, daß...›, also alle Zustände und Vorgänge, die die pragmatische Grundlage unseres Bezug nehmenden Äußerns bilden. In dieser veränderten Bedeutung ist «intentionality» in den deutschen Sprachraum zurückgekehrt und mit ihr eine Diskussion, die darum kreist, ob die Rede von mentalen Phänomenen unwissenschaftliches Gerede ist, daher tunlichst zu ersetzen sei.

Die Kognitivisten, die von der Computeranalogie fasziniert sind, wie der Putnam-Schüler Jerry Fodor, bemühen sich darum, psychische Vorgänge als «computation» so zu modellieren, daß bei Vollendung dieses Projekts jedweder mentale/psychische/seelische Vorgang als Wert, gebildet aus physikalischen Variablen, erscheinen würde (vgl. Rorty 1981, S. 269f).

Putnam und Rorty sind sich darin einig, daß Reduktionismus oder die Elimination des Nicht-Physischen (also des Geistig-Seelischen) weder wünschenswert noch durchführbar sein wird. Putnams Ausführungen in «Repräsentation und Realität» (1991) gelten der These: «Intentionalität ist weder auf etwas anderes zurückführbar noch wird sie verschwinden» (ebd., S. 22). Damit kehrt Putnam sich gegen seinen eigenen, früheren Funktionalismus (der bereits eine Kritik kruder Physikalismen gewesen war) und gegen «die Vorstellung einer Vereinigung der Überzeugung/Wunschpsychologie mit der Computerpsychologie» (ebd., S. 32). Die Auseinandersetzungen um die Ansprüche der Kognitionswissenschaften werden – inzwischen auch innerhalb der Psychologie – breit geführt.

Wichtig wäre zu sehen, daß jede Kognitionspsychologie sich eines neuen ‹reduktivistischen Psychologismus› verdächtig macht, wenn sie umgangssprachliche Redeformen über Psychisches durch kalkülistische Ausdrücke meint ersetzen zu können. Wie der am Beispiel Theodor Lipps' bereits eingeführte Prototyp des ‹reduktionistischen Psychologismus› alles in Psychologie verwandeln wollte, so könnten analog dazu die Positionen, die alles in kognitionspsychologische Begriffe verwandeln wollen, als kognitionspsychologistische bezeichnet werden. Trifft dieser Begriffsvorschlag nur auf Extremfälle zu, so wäre aber auch zu prüfen, ob diese Ansätze zu dem anderen Psychologismustyp gehören. Denn auch als nur führungswissenschaftlicher Psychologismus wäre die Kognitionspsychologie gefordert, den Übergang von der *causa* zur *doxa* zu beschreiben und zu erklären.

Es soll nicht behauptet werden, daß jeder kognitionswissenschaftliche Ansatz per se reduktionistisch angelegt ist. Da das Plädoyer einer transdisziplinären oder interdisziplinären Kooperation * gilt, kann nicht gleichzeitig die Gruppe von Ansätzen gestützt werden, die reduktiv oder eliminativ vorgehen und die Philosophie sowie die verschiedenen Wissenschaften letztlich in ihrem szientistischen Verkürzungsprogramm verschwinden lassen wollen.

Nehmen wir die Totalübersetzung alltagssprachlicher, konnotationsreicher Bezugnahme auf psychische und mentale Zustände in einen computation-Kalkül ernst, verlangt diese Totalisierung der Position auch Angaben zu den Gründen für die Wünschbarkeit einer derartigen Selbstbeschreibungspraxis. Daß das Gruselszenario neuropsychologischer Programme sensu Churchland durch einen ‹klassischen naturalistischen Fehlschluß› eingeführt und außerdem für ihre Vorzüge nicht eigens argumentiert wird, kritisiert Geert Keil, der das anvisierte Projekt wie folgt ausmalt: «Im Endstadium sprechen wir dann überhaupt nicht mehr... (u)nsere Gehirne werden miteinander ver-

* «Transdisziplinarität» hat sich das «Hamburger Graduiertenkolleg Kognitionswissenschaft» (Universität Hamburg) auf die Fahnen geschrieben. Von Transdisziplinarität kann immer dann gesprochen werden, wenn ein eigener fachübergreifender Diskurs angestrebt oder praktiziert wird. Dieser verweist in der Regel auf eine denkstilspezifische Annahmenmenge, die sich in einer entsprechenden Terminologie niederschlägt und die es erlaubt, die Beiträge der unterschiedlichen Fachdisziplinen über eine Interdisziplinarität hinaus zu verbinden. Die in dieser Hinsicht zentrale Grundannahme, die das erwähnte Kolleg als gemeinsame Basis akzeptiert, ist die Physical Symbol Systems Hypothesis (vgl. Informationsheft des Graduiertenkollegs 1992, S. 3).

drahtet sein, so daß wir in derselben Zeitspanne mehrere Zehnerpotenzen mehr Bits an Information austauschen können als bisher...» (1993, S. 79). Hier ist der normativ-theoretische Begründungsanteil durch Fortschrittsfaszination oder Technikbegeisterung geschluckt.

In Putnams Darstellung brechen die Probleme derer, die folk psychology «als Korpus abergläubischer Vorstellungen» (1993, S. 116) ansehen und daher «propositional attitudes» (besonders Glauben/Wünschen) übersetzen wollen, überhaupt erst über sie herein, wenn sie sehen, daß ihre Übersetzung in die Sprache der Neurobiologie oder Computerterminologie den Wahrheitsbegriff sowie den daran hängenden Begriff der Bezugnahme vernichtet. Damit allerdings wäre nicht nur die ‹folk psychology›, sondern auch die ‹Volkslogik› eliminiert. Ein als wahrhaft wissenschaftlich ausgezeichneter Nachfolgebegriff für Wahrheit müßte entwickelt werden, und zudem wäre «nachzuweisen, daß wir unsere sprachliche und wissenschaftliche Praxis (einschließlich des Gebrauchs der klassischen Logik) mit Hilfe dieses Nachfolgerbegriffs erklären können» (Putnam 1991, S. 136). Solange dieses Programm aber nicht mehr ist als ein ferner «Hoffnungsschimmer in den Augen Paul Churchlands», haben wir noch Gelegenheit, etwas dagegen zu tun, falls wir nicht glauben, daß daraus ohnehin nichts werden kann (Putnam 1991, S. 194).

Mein Resümee heißt daher: Wer zugunsten einer spezifischen Theorie die alltags- und wissenschaftspsychologische Rede vom Erkennen, Verstehen, Bezugnehmen oder vom Wissen, Glauben und Wünschen eliminieren will, wird gefordert sein, diese ‹Übersetzung› zu rechtfertigen. Die Selbstanwendungsprobleme und Kategorienübergänge gilt es plausibel zu machen sowie die Vor- und Nachteile des angestrebten Reduktionsprogramms im normativen Diskurs aufzuzeigen. Die Frage *cui bono?* sollte keiner Disziplin erlassen werden.

Auffällig ist einmal wieder, daß die sogenannten weichen Sachverhalte wie psychische oder geistige Zustände und Vorgänge an die sogenannten hard sciences verkauft werden sollen, so als habe es in dieser Sache noch nicht genügend konstruktive Wissenschaftskritik gegeben.*

---

* Der Kybernetiker Heinz von Foerster sagt zu diesem Punkt: «Die ‹hard sciences› sind erfolgreich, weil sie sich mit den ‹soft problems› beschäftigen; die ‹soft sciences› haben zu kämpfen, denn sie haben es mit den ‹hard problems› zu tun» (1985, S. 17). Die harten Probleme, denen sich die soft sciences zu stellen hätten, seien von einer

Ob nun Reduktionismen mit Willard Quine auf Verhaltenspsychologie oder Physikalismus, mit Jerry Fodor auf kognitivistische Psychologie oder mit Patricia und Paul Churchland auf Neurophysiologie vorgenommen werden sollen (um nur wenige zu nennen), für alle gilt: Noch philosophieren sie! Auch wenn die Begriffe wie Bedeutung, Bezugnahme, Intentionalität in der Terminologie der Zieltheorie neu interpretiert werden. Ein treffliches Resümee in Sachen Reduktionismus liefert Putnam: «Mir scheint, daß wir die Forderung aufgeben müssen, alle Begriffe, die wir ernst nehmen (Bedeutung, Bezugnahme, Wahrheit; N. D. S.), müßten sich auf das Vokabular und den Begriffsapparat der exakten Wissenschaften zurückführen lassen» (1991, S. 136).

Jenseits des Psychologismus

Ein Effekt des Wechsels vom bewußtseinsphilosophischen zum linguistischen Paradigma bestand darin, daß erkenntnistheoretische Themen eine sprach- und kommunikationstheoretische Transformation erfuhren. Im Zuge der Transformation von Philosophie werden Wissensbedingungen auf Verstehensbedingungen zurückgeführt; damit rückt das nicht mehr nur methodisch verstandene Verstehen ins Zentrum der philosophischen Aufmerksamkeit. Die paradigmengerechte Auffassung des Verstehens hat dieses auf die Reichweite einer semantischen (oder hermeneutischen) Kategorie zurückgestutzt, indem als Originalfall auf Sprachverstehen hingewiesen wird. Psychologische Überlegungen werden explizit ausgeklammert. Gerade vor dem Horizont des Psychologismus-Themas gefragt: Ist der semantisch-linguistische oder hermeneutisch-sprachtheoretische Zuschnitt des Verstehens nicht eine verlustreiche Reduktion eines komplexeren Phänomens?

Bevor einige philosophische Überlegungen Davidsons angedeutet werden, die ansatzweise als eine philosophisch-psychologische Inte-

---

enormen Komplexität. Foerster spricht von «Krisen» unserer Zeit, die in intra- und interpersonellen sowie kulturellen Bereichen lägen. Könnten die Forscher der *hard sciences* auch zuweilen reduktionistisch oder elementaristisch vorgehen, so sei das für diejenigen Wissenschaften, deren Gegenstand als überkomplexe oder mindestens komplexe Systeme beschrieben werden müßte, nicht möglich (ebd., S. 17 ff).

gration betrachtet werden können, soll ein durch den Paradigmenwechsel und die Abkehr von der Psychologie entstandener Verlust aufgezeigt werden.

Wenn Verstehen selbst als auslösendes Moment für «a change of the bodyhood» (Maturana) oder etwas erscheint, das einen Aspekt dessen aufleuchten läßt, «was schon offen vor unseren Augen liegt» (Wittgenstein, *PU* § 89), oder als «lösendes Wort» die Schleusen zu bislang unbewußtem Wissen öffnen kann (Freud), dann wäre die Frage nach den Bedingungen von Verstehen noch einmal neu und anders zu stellen. Die erwähnten Fälle deuten an, daß auch für eine Philosophie des sprachlichen Verstehens der Hinweis auf Implikationen von Gefühls- und Erlebensqualitäten angebracht ist, die bis in die Leiblichkeit hineinreichen und die – zwar anders gewendet – sehr wohl und im emphatischen Sinn «die Qualität unserer Erfahrungen veränder(n)» oder «dem Bewußtsein neue Perspektiven eröffne(n)» (Sellars in Rorty 1981, S. 206).

Es wäre weiterhin zu fragen, ob die neueren Varianten der Philosophy of Mind der kognitiv-emotiven Doppelstruktur des erkennenden und verstehenden Geistes sowie unserer im Verstehensakt wirksamen «Affektlogik» gerecht werden (vgl. Ciompi 1982). Denn wenn wir Sprache als System mit auszeichenbaren Komponenten sehen und es auf seine erfahrungsgenerierenden, konstitutiven Momente hin analysieren, um Erkennen und Verstehen zu beschreiben, dann wäre es auch philosophisch von Belang zu überlegen, welche strukturellen Kopplungen das Sprachsystem mit dem emotionalen System hat. Es ginge darum zu untersuchen, welche Einflüsse strukturelle Veränderungen in beiden Systemen bewirken, wie ihr Zusammenwirken und die wechselseitige Beeinflussung zu konzeptualisieren ist. In nicht-systemischer Sprache gefragt: Wäre es nicht auch philosophisch relevant zu wissen, welchen Ort Emotionalität in Sprache und Verstehen hat, wenn «Intentionalität»* eine entscheidende Rolle in den Verstehenstheorien spielt?

---

* John Searle beginnt die Einleitung zu «Intentionalität – Eine Abhandlung zur Philosophie des Geistes» ehrlicherweise wie folgt: «Das Hauptziel dieses Buches ist es, eine Theorie der Intentionalität zu entwickeln. Ich zögere, sie eine allgemeine Theorie zu nennen, denn viele Themen – z. B. die Gefühle – bleiben unerörtert» (1987, S. 9; vgl. auch Apels Kritik 1990a, S. 13 f).

Es ist zu vermuten, daß der sprachtheoretisch inspirierte Diskurswandel uns eine psychologische Abstinenz eingetragen hat, die bezogen auf das Thema *Verstehen* hinter den Erkenntnissen Diltheys zurückbleibt. Dessen systematisch nicht vollständig ausgearbeitete Überlegungen lassen sich zumindest als Anforderungsprofil an Verstehenstheorien lesen. Es wäre nämlich zu fragen, ob durch die Fixierung auf eine intellektualistische, sprachgesteuerte Rationalität, die die Dimension der Emotionalität (als Gefühl und Gestimmtheit) wieder einmal ausklammert, nicht eine Theorie des Geistes recht dürftig oder sogar falsch wird (vgl. Christensen 1990, S. 55 f). Intentionalität als Grundzug alles Psychisch-Geistigen hatte auch bei Husserl durchaus alle drei Dimensionen der Trias des Psychischen umfaßt. Und Diltheys Interpretationsholismus berücksichtigt die Rolle des Gefühls, so auch in der Bildung von Philosophien, ohne eine emotivistische Einseitigkeit zu propagieren (vgl. Dilthey VIII, S. 81).

Wie Verstehen und Philosophieren als ‹Selbstbesinnung› in der artikulierenden Interpretation Gefühls- und Kognitionsmomente ästhetisch zusammenbindet, war bereits gesagt worden. Auf dieser Linie liegen für sprachtheoretisches Philosophieren innovative Zugangsweisen auf das Metaphernthema oder andere sprachliche Herausforderungen unserer Produktivität im Verstehen (vgl. Seel 1990; Lakoff/Johnson 1980). Da das neuerdings beliebte Metaphernthema mit kategorialen Übergängen, Brüchen und Verschiebungen zu tun hat und wir im alltäglichen Umgang ohnehin mit einer Vielzahl von Metaphern und Stilfiguren flüssig umgehen, wäre zu überlegen, ob nicht erheblich mehr ‹Einbildungskraft› im alltäglichen Verstehen aktiviert wird, als sprachanalytische Theorien, die Verstehen im weitesten Sinn über Symboloperationen modellieren, zugestehen und thematisieren können. Die Figur des «kreativen Mißverstehens» (de Shazer), die auf Bedeutungsveränderungen durch Verschiebungen (Fleck) oder Reframing (de Shazer) hinweist, wäre mit den kreativ-interpretativen Verstehensbedingungen Diltheyscher Provenienz zu verbinden und mit einer vernünftigen Reformulierung der Lippsschen Einfühlung zusammenzuführen: Dieser Ansatz unterfüttert die linguistischen und kommunikativen Sprecherkompetenzen durch eine ‹*aisthetische* Kompetenz›. Weil aber jeder Kompetenz bestimmte Leistungen zugrunde liegen (die den Kompetenzerwerb erst gestatten), können diese als Basis angesehen werden. Theoretisch zu entfalten wären Bestimmungen jener ‹Fähigkeiten›, die die kognitiv-emotiven Leistungen, die im Verstehen zu erbringen sind, in einem vorreflexiven, voranalytischen Verhaltensfeld aufsuchen, das durch die Unmittelbarkeit des Erlebens in intersubjektiven (und Welt-)Bezügen gebildet wird. Solcherart bestimmt sich die Basis der erst zu erwerbenden Kompetenzen nicht selbst als aisthetische Kompetenz, sondern als eine Menge von ‹aisthetischen Fähigkeiten›, die ihnen zugrunde liegen. Auf dem Boden einer vorgängigen aisthetischen Erkenntnissicherheit, die co-ontogenetisch und nicht solipsistisch zu sehen ist, entwickeln sich die unterschiedlichen Kompetenzen, die sich zur kommunikativen Kompetenz (Habermas) zusammenschließen.

Eine reformulierte ‹ästhetische Einfühlung› als *eine* mögliche Aktivität der aisthetischen Fähigkeiten verweist auf bestimmte Interpretationsfähigkeiten, auf entsprechende Aspekte des sogenannten Sprachgefühls oder, im Sinne Diltheys, auf den kreativ-produktiven Anteil der Einbildungskraft, der durch die interpretative Notwendigkeit im Verstehensakt selbst stets aktiviert wird: Das hieße, ohne aisthetische Fähigkeiten gelingt kein Verstehen.

Diese Andeutungen zeigen die Richtung der philosophischen Suchbewegung an, die zur Ergänzung linguistischer und pragmatischer Kompetenz einzuschlagen wäre. Der obige Begriffsvorschlag verweist auch auf eine ‹ästhetisch› zu nennende Komponente, die das Operieren mit Sprachsymbolen erst ermöglicht. Günstig wäre es zudem, wenn mit den sogenannten propositionalen Einstellungen der Sprechenden / Verstehenden nicht derart formelhaft verfahren würde, wie es im sprachanalytischen Philosophieren häufiger der Fall ist. Bereits *sprachliches* Verstehen verlangt viel mehr als ein Betätigen unserer kognitiven Spracherkennungsfähigkeiten plus Betätigen der ‹Illokutionsapparatur›, deren erfolgreiche Anwendung in dem Wissen besteht, ob der gehörte Sprechakt als eine ‹Aufforderung› oder ein ‹Wunsch› zu verstehen ist. Genau dann, wenn die vielen Lehrbuchbeispiele der schematischen Zuordnung verstandener Propositionen zu entsprechend passenden propositionalen Einstellungen nicht mehr zutreffen, fängt der interessante Alltag des Sprachverstehens an. Dann gehen oft Sprach- und Personenverstehen ineinander über, und das Verstehen der eigenen Person tritt komplexitätserhöhend hinzu (vgl. auch Köhler 1990).

Es scheint zuweilen so, als sei uns in der Philosophie inzwischen das Gefühl als Restkategorie weggerutscht, als sei das Psychische weitgehend identisch mit dem Irrationalen oder dem A-Normalen und das Ästhetische eine postmoderne Spielwiese, die den Ernst einer wissenschaftlich verstandenen Epistemologie nicht erreicht. Wenn gefühlsgesteuerte Handlungen oder kreative Reaktionen zu irritierenden Störfaktoren reduziert und aus den Verstehenstheorien oder der Philosophie des Geistes ausgeschlossen werden, fragt sich, ob diese idealisierten Verstehenstheorien (‹normalsprachliche›) Alltagssituationen überhaupt beschreiben können. Die kommunikationstheoretische und pragmatische Auffüllung des ordinary language-Ansatzes mag als einladendes Vorbild verstanden werden, auch eine psychologische Anreicherung zuzulassen, die den Gegenstand ‹Verstehen als Sprachlogik› (im weiten Sinn) allerdings überschreitet. Diltheys Anforderungsprofil, das heißt die oben angedeutete erweiterte Liste von Ansprüchen an Verstehenstheorien, könnte als Anregung für ein Konzept von Proto-Verstehen aufgefaßt werden, das die Bedingungen von Verstehen überhaupt zu entfalten versucht.

Vielleicht bieten bereits vorliegende holistische Philosophien am ehesten einen Ansatzpunkt für eine philosophisch-psychologische Integration, sind sie doch gerade in dem interessanten Sinn ‹ganzheitlich›, daß sie Bedeutungen und Wahrheit mit Überzeugungen koppeln und Erkennen als Interpretieren oder Übersetzen (Quine) entwerfen (Davidson 1974a, S. 223; vgl. 1974a, S. 208). «Da keine Aussicht besteht, die sprachliche Tätigkeit zu interpretieren, ohne zu wissen, was der Sprecher glaubt, und da wir nicht imstande sind, eine Bedeutungstheorie auf eine vorgängige Entdeckung seiner Überzeugungen und Intentionen zu gründen, komme ich zu dem Schluß, daß es uns irgendwie gelingen muß, mit einer völlig neu ansetzenden Interpretation der Äußerungen – mit der *radikalen* Interpretation – gleichzeitig eine Theorie des Glaubens und eine Bedeutungstheorie zu liefern» (Davidson 1974a, S. 208).

Die Vorliebe holistisch argumentierender Philosophen für das Gedankenexperiment des Feldlinguisten oder Weltraumreisenden, der sich vorgenommen hat, eine bislang vollständig unbekannte Sprache eines neu entdeckten Stamms/Sterns zu erforschen, hat den Vorteil, daß die Radikalität der Fremdheit mit ihren Anforderungen an Interpretierende in den Blick gerät. Da aber die Fremdheit in monolingualen Situationen des Alltagsverstehens ebenso anzutreffen ist wie beim verstehenden Deuten fremder Anteile in der eigenen Person, kann gesagt werden, daß ein strukturgleiches Problem für alle Interpretationen vorliegt, und das macht sie radikal (vgl. Hammerschmidt 1993).

Donald Davidsons Ansatz konzipiert das Verstehen von Sprache und Bedeutung als Theorie der (radikalen) Interpretation derart, daß eine «auf Zeitpunkte relativierte Einstellung des Fürwahrhaltens» als «Belegbasis für eine Interpretationstheorie» dient. Dabei wird die Wahrheit der Äußerungen des Sprechenden zugrunde gelegt, obwohl die Bedeutung des Gesagten noch nicht erschlossen ist (Davidson 1974a, S. 209). Davidson vermutet nämlich, daß wir von einem spezifischen Verhalten annehmen können, es demonstriere oder zeige uns, jemand sage wahre Sätze, obwohl wir noch kein Wort des Gesagten verstehen: «Es (das Fürwahrhalten; N. D. S.) ist eine Einstellung, von der man plausiblerweise annehmen kann, daß der Interpret imstande ist, sie als solche zu erkennen, ehe er zu interpretieren vermag, denn er kann wissen, daß jemand durch die Äußerung eines Satzes eine Wahrheit zum Ausdruck zu bringen beabsichtigt, ohne daß der Interpret eine Ahnung hat, *welche* Wahrheit das ist» (Davidson 1973b, S. 196).

Holistisch vorzugehen heißt dann auch anzunehmen, daß nicht einzelne Begriffe oder Sätze verstanden und akzeptiert/abgewiesen werden können, sondern daß jedes Verstehen einem Sprung in ein Überzeugungsnetz hinein gleichkommt. Relevant für die Bedeutung eines Satzes und seine eventuelle Wahrheit oder Falschheit sind auch die Umstände, unter denen eine Behauptung eines Satzes als richtig gilt; zudem die typischen Ursachen für eine Äußerung des Satzes und der Einführungskontext, also die Art und Weise, in der der Gebrauch betreffender Wörter und die Verwendung von Sätzen gelernt wurde (vgl. Putnam 1991, S. 128).

Ohne hier weitere Annahmen zur Interpretationstheorie zu erörtern, einer Theorie, die jeder Interpret auch in monolingualen, das heißt muttersprachlichen Situationen (nach Davidson) erstellen muß, kann gesagt werden, daß der «Kunst des Anfangs»* eine bedeutende Rolle zukommt.

Neben den genannten Kompetenzen sind die aisthetischen Fähigkeiten zu berücksichtigen, und zwar unabhängig davon, ob es um therapeutische oder alltägliche Interpretationsforderungen geht: Die Kunst des Anfangs kann in der Gestaltung des notwendigen Vorgriffs auf das

---

* Die Rezension zu Anita Eckstead (1991) «Die Kunst des Anfangs – Psychoanalytische Erstgespräche» trägt die schöne Überschrift «Erstes szenisches Verstehen»; Diehl-Thiese, Süddeutsche Zeitung 10. 1. 1992, S. 10.

zu Verstehende ausgemacht werden und muß sich hier ‹als Kunst› beweisen. Nun gehorcht dieser Vorgriff als wohlbekannte hermeneutische Figur schon auf seiten des Interpreten verschiedenen Bedingungen. Zum Beispiel kann der Einstieg in die Verstehensspirale als «erstes szenisches Verstehen» durch nichtverbale Anteile der Kommunikation entscheidend geprägt sein; Mimik, Gestik, Haltung, situative und kontextrelative Faktoren erfordern hier die komplexen aisthetischen Fähigkeiten für eine Interpretation der verbalen Äußerungen und führen zur ersten Erschließung von deutungsrelevanten Hinsichten des vorgefundenen ‹Materials›.

Die standpunktgebundenen Interpretationsbedingungen lassen sich, analog zur These von Theoriegeladenheit der wissenschaftlichen Beobachtung, als Begriffs- oder Konzeptgeladenheit der (lebensweltlichen) Beobachtung sowie ergänzend als Subjektgeladenheit ihrer Interpretation bezeichnen. Zur Erläuterung dieses Bedingungsgefüges in den Interpretationstheorien, die das Verstehen von Sprechern und ihren Äußerungen ermöglichen sollen, können psychologische Einsichten beitragen. Dabei werden die Bedingungen des Psychischen für das Verstehen thematisiert, ohne daß gleich ein reduktionistischer oder führungswissenschaftlicher Psychologismus droht, nur weil psychologische Einsichten philosophisch aufgegriffen werden.

Davidson zum Beispiel öffnet mit seinem «Principle of Charity», dem Prinzip der wohlwollenden Interpretation, einen ausbaufähigen Rahmen für die Verbindung von philosophischem und psychologischem Denken. Das Charity-Prinzip verlangt von jedem Interpreten, daß er jeder sprechenden Person prinzipiell einen Kohärenzzusammenhang von in sich konsistenten Überzeugungen unterstellen muß, von denen gelten soll, daß der Sprecher sie für wahr und zudem für miteinander verträglich hält (vgl. Kühne 1990, S. 222). Die Charity fordert also grundsätzlich eine Konsistenzunterstellung in bezug auf die internen Bedingungen des Sprechers. Als Grundbedingung für die Anwendbarkeit des Principle of Charity gilt: Notwendig ist die Präsupposition einer gemeinsamen Welt. Sie betrifft als externe Bedingung also das Personen-Welt-Verhältnis, das heißt, es wird unterstellt, daß die «Objekte und Ereignisse dieser Welt gleichermaßen in kausaler Interaktion mit jedem Sprecher stehen und sich als Ursachen von Überzeugungen in jeder Sprache reflektieren. Dadurch wird die objektive Welt als geteilte (shared world) bestimmt, als *intersubjektiv zugängliche Realität*» (Glüer 1993, S. 66).

Dieser zweite Gesichtspunkt liefert die pragmatische Grundlage jeder radikalen Interpretation; denn eine Beobachtung des Verhaltens des Sprechers sowie eine Abgleichung mit dem, was der Interpret in gleicher Situation tun/äußern würde und für wahr hält, soll nach Davidson «okkasionelle Sätze» liefern (Quines «Gelegenheits-Beobachtungs-Sätzen» vergleichbar; vgl. Gochet 1984, S. 64), mit denen jede radikale Interpretation beginnen muß. Die Deutungsarbeit führt die Sammlung von «Beobachtungsdaten» und eine entsprechende Anzahl okkasioneller Sätze zur Erstellung einer flexibel änderbaren Arbeitstheorie der Interpretation («passing theory») zusammen. Die Interpretationstheorie koppelt nach Davidson Sprache und Überzeugungsnetz aneinander, weil wir ohne Sprache die Überzeugungen einer Person nicht erfahren, aber umgekehrt ohne ein Wissen von seinen Überzeugungen seine Äußerungen nicht interpretieren können (vgl. Davidson 1974b, S. 334).

Ein Netzwerk von Sätzen wird von dem Interpreten entworfen derart, daß die Äußerungen der sprechenden Person zur Entschlüsselung der Bedeutungen mit äquivalenten Sätzen in der Sprache des Interpreten (Interpretationssprache) verglichen werden. Dazu bildet der Interpret für jede «Auslösesituation» ein Äquivalenzpaar aus dem von dem Sprecher geäußerten Satz und einem in der Interpretationssprache formulierten Satz, von dem er annehmen kann, daß er dem zu entschlüsselnden Satz äquivalent ist (vgl. Glüer 1993, S. 39ff). Zudem wird dieses Interpretationsnetzwerk durch jede weitere «Beobachtung» des Sprechers, das heißt seiner Äußerungen in bestimmten Weltbezügen, immer weiter angereichert. Dabei unterstellt der Interpret dem Sprecher grundsätzlich Rationalität bezüglich seines Denkens, Sprechens, Handelns und seiner Motive: «An interpretation of a person's action is a rational explanation of the action; it is a description of the beliefs and desires that were her reason for what she did. In interpreting a person's action, an interpreter says what the speaker intended by what she did. The description of the beliefs and desires that were her reason for so acting is a description of these intentions» (Root 1986, S. 276). Das Bild des Überzeugung-Wunsch-Systems, das sich ein verstehensbemühter Interpret macht, muß – so Root – in dem Sinne holistisch sein, daß Gedanken, Überzeugungen, Wünsche und Intentionen grundsätzlich als verknüpfbar gedacht werden können. Insofern die Konsistenzunterstellung als Rationalitätssupposition aufzufassen ist, liegt die Rationalität zunächst auf der Seite der interpretierenden Person. Obwohl dieses als kohärent unterstellte Überzeugung-Wunsch-System* des Sprechenden erst nach und nach erfahrbar wird, brechen ohne die Wahrheits- und die erwähnte Konsistenzunterstellung die Verstehensversuche schnell zusammen.

Wolfgang Künne hat ein schlagend einfaches Argument zugunsten der Wahrheitsunterstellung vorgelegt: Unterstellen wir zu viele oder viele falsche Ansichten über ein x, ist fraglich, ob das in Rede stehende x überhaupt das Objekt der Ansichten ist (vgl. Künne 1990, S. 216–217). Mit Davidson (1977, S. 285) gesagt, es tritt der Fall ein, daß man das Subjekt seiner Thematik beraubt. Für die Möglichkeit von Irrtümern und Meinungsverschiedenheiten sei überhaupt erst Raum vorhanden durch eine grundsätzliche Maximierung dessen, worin Übereinstimmung besteht. Das schließt nicht aus, daß das Verstandene selbst auf der Grundlage dieses «tragenden Einverständnisses» (Künne) abgelehnt wird (vgl. Davidson 1974 b, S. 334; Künne 1990, S. 216).

Die Verbindung zu psychologischen Überlegungen liegt bereits in impliziten Annahmen zum *Überzeugungszusammenhang* der Sprecher; psychologisch Vorgebildeten wird hierzu vermutlich L. Festingers «Theorem kognitiver Dissonanz», besonders aber George A. Kellys «Theory of Personal Constructs» einfallen. Davidson selbst äußert sich zu einer philosophisch-psychologischen Kooperation wie folgt: «Theorie der Interpretation ist die gemeinsame Aufgabe von Linguisten, Psychologen und Philosophen. Ihr Gegenstand ist das Verhalten eines Sprechers oder mehrerer Sprecher, und sie gibt an, was bestimmte Äußerungen der Sprecher bedeuten» (1974 a, S. 205).

Die eben genannten Psychologen legen empirische Untersuchungen zum Überzeugung-Wunsch-Zusammenhang vor, die jene philosophischen Überlegungen Davidsons sinnvoll ergänzen können. Denn von Festinger oder Kelly läßt sich lernen, daß jener Zusammenhang so organisiert ist, daß bei auftretenden Unstimmigkeiten durchweg aktive

* In das zu supponierende kohärente Einstellungssystem gehören nicht nur Überzeugungen, sondern auch die Wünsche, für die das Charityprinzip ebenfalls anzuwenden ist: «Indem der Ausleger (B) unterstellt (B = die Annahme, daß Personen im Regelfall nur das wollen, was gut ist), zieht er eine Interpretation, der zufolge der Zeichenbenützer Wünsche hat, deren Erfüllung in seinem wohlverstandenen Interesse liegen, anderen vor, bei denen dies nicht gewährleistet wäre» (Künne 1990, S. 228; Zusatz gemäß S. 227; N. D. S.).

Bemühungen festzustellen sind, sie zu bereinigen und den kohärenten Überzeugungszusammenhang wiederherzustellen (vgl. Kelly dt. 1986).

In Anlehnung an George Kellys Überlegungen lassen sich Überzeugung-Wunsch-Systeme von Personen als Pyramide verbildlichen. Die pyramidale hierarchische Anordnung betont Kellys Unterstellung, daß die vernetzten Annahmen grundsätzlich wertgeladen sind und in diesem Sinn ein nicht nur sprachlogisch strukturiertes Abhängigkeitsnetz bilden. An der Pyramidenspitze plazierte Leitüberzeugungen sind als höchste Bewertungen bzw. stärkste Überzeugungen anzusehen, was psychodynamisch bedeutet, daß sie schwer (oder gar nicht) zu verändern sind. Nach der Pyramidenbasis, im unteren Bereich der Werthierarchie, nimmt die Flexibilität möglicher Veränderungen der Überzeugungen zu; neue, dem alten System widersprechende Erfahrungen können dieses partiell umbauen, bis eine erneute Stimmigkeit erreicht ist. Daß dieses Überzeugung-Wunsch-Netz als System personaler Konstrukte beschrieben werden kann, hat damit zu tun, daß Personen die «shared world» auf ihrem Erfahrungshintergrund durchaus individuell interpretieren (können). Umgekehrt gilt, daß signifikante Erfahrungen das System personaler Konstrukte als kognitiv-emotive Schemata konstituieren (vgl. Lenk 1993, S. 192f).

Einerseits scheinen diese Überlegungen an Alltagserfahrungen oder therapeutischen Erfahrungen abgelesen zu sein, andererseits könnten sie, verglichen mit den Andeutungen zur Bedingungsanalyse von Proto-Verstehen, als rationalistisch überzogen gelten. Sieht es doch so aus, als ob vorwiegend hoch elaborierte Rationalitäts- und Kohärenzprüfungen das alltägliche Kommunizieren und Verstehen ausmachen. Auch fordern Kohärenzmodelle geradezu die Frage heraus, wie Brüche und Widersprüche so ins Modell eingebaut werden können, daß ihre Wirksamkeit plausibel nachgebildet wird, das Modell in sich aber dennoch stimmig ist.

Mit Kellys Ansatz ist die Annahme von lokalen Subbereichen erlaubt. Diese können interne Kohärenzen aufweisen; sie sind aber insgesamt mit dem System von Annahmen unverträglich und weisen eine prekäre Verknüpfung auf. Sie können Verhaltens- und Handlungsweisen produzieren, die als irrational, abgespalten oder brüchig erlebt und beurteilt werden. Neue Erfahrungen können Veränderungen bewirken, die als Konsistenz- und Rationalitätsmaximierung beschreibbar werden; das Überzeugung-Wunsch-Netz steht immer auf dem Prüfstand.

In bezug auf Davidson wurde die differenztheoretische (nicht psychologische) Annahme erwähnt, daß nur vor einem Hintergrund des tragenden Einverständnisses oder in einem System prinzipiell miteinander verträglicher Überzeugungen*, Irrtümer und Abweichungen überhaupt als solche identifiziert werden können.

Psychologisch gesehen, greift Davidson auf Freud zurück, um Phänomene der Irrationalität zu beschreiben: «Es kann keine Erklärung für Irrationalität geben, wenn wir von einem vollständig homogenen System propositionaler Einstellungen ausgehen. Irrationale Gründe, die sich durchsetzen können, finden wir nur, wenn wir annehmen, ein und dasselbe System könne in verschiedene Sektoren oder Substrukturen unterteilt werden, über deren Grenzen hinweg Überzeugungen und Präferenzen nicht rational gegeneinander abgewogen werden, obgleich sie *kausal* miteinander verbunden bleiben» (Glüer 1993, S. 119; vgl. Rorty 1988, S. 44: Rorty zeigt, wie unbewußte Überzeugungen die Änderung von bewußten verursachen können, ohne daß sie als Gründe fungieren).

Aus Davidsons Überlegungen läßt sich die Einsicht gewinnen, daß die «Prinzipien der wohlwollenden Interpretation... keine Regeln (sind), deren mechanische Befolgung Verständnis garantiert» (Künne 1990, S. 231). Man könnte daher, den knappen Andeutungen gemäß, das Charityprinzip auch als grundlegende ‹Fähigkeit› eines interpretativen Wohlwollens untersuchen, in der epistemische und psychische Momente zusammenwirken. Dabei stimmen diejenigen Beobachtungen, die den mühelosen Umgang mit fehlerhaftem Sprachgebrauch, Irrtümern und eigenartigen Kommunikationsformen (u.a. Idiolekte, Malapropismen) betonen, genauso wie diejenigen, die das alltägliche Interpretationserfordernis und das strukturelle Moment von stets vorfindlicher Fremdheit herausheben. Die hierzu benötigten Fähigkeiten, die als verstehensgewährleistende Bedingungen erscheinen, werden allerdings bei Davidson nicht thematisiert, sondern nur unkommentiert vorausgesetzt (vgl. 1974c, S. 279; 1974b).

Wie das Gelingen des Verstehens sich den aktivierten aisthetischen

* Weil Überzeugungen sprachlich organisiert sind, fallen Überzeugungen und entsprechende Sätze nicht auseinander, sondern bilden einen nicht zerreißbaren Zusammenhang. In abgemilderter Form gilt dies aber auch für die Wünsche, die sich sprachlich als Präferenzordnung zeigen (vgl. Davidson 1973a, S. 355).

Kompetenzen verdankt, bleibt zu untersuchen. Die Thematisierung jener ‹nicht-mechanistischen› Interpretationsfähigkeiten, die gleichwohl die Basis jeden gelungenen Verstehens bilden, steht noch aus. Sie sollte psychologische und philosophische Erwägungen verbinden und um die Kritik des Psychologismus wissen. Denn jenseits des Psychologismus zu sein würde bedeuten, ihn tatsächlich überwunden zu haben, und damit andere Lösungen als diejenigen der durch Husserl ausgelösten Psychologismuskontroverse zu suchen – eben dies steht noch aus. Eine ‹echte› Überwindung, die das Psychologismusproblem nicht negiert, sondern produktiv aufhebt, mag auch die Folgen des philosophisch-psychologischen Berührungstabus bearbeiten: Um die psychologistischen Fallstricke zu wissen, hieße heute, die psychologische Sterilität der analytischen Philosophie nicht mehr nötig zu haben, aber auch: nicht mehr szientistisch verkürzte, sich um die philosophische Dimension beraubende Psychologien zu produzieren.

Die produktiven Konsequenzen aus den Erfahrungen der Psychologismuskritik zu ziehen bedeutet in einer philosophischen Perspektive, einen Lernschritt zu gehen, der in einem schwachen Sinn als ‹psychologische Aufklärung›, nämlich zumindest als Beseitigung psychologischer Naivität oder Borniertheit zu deuten wäre (vgl. analog ‹historische Aufklärung› Schnädelbach 1983, S. 58).

Rückblickend kann in Diltheys Kopplung eines ‹ganzheitlichen› Rationalitätsbegriffs an die Komplexität der menschlichen Psyche bereits ein Vorläufer dieser psychologischen Aufklärung erblickt werden: Durch die Adern eines dementsprechenden Subjekts fließt nicht nur der verdünnte Saft rein intellektuell gedeuteter Kognitionen, ihre Funktionalität ist nicht nur die einer Triebmaschine oder eines Reiz-Reaktions-Automaten mit Computerfähigkeiten ‹für Arme›, sondern durch jene Ganzheitlichkeit lassen sich Einsichten in menschliches ‹Seelenleben› zurückgewinnen, ohne die ‹das Subjekt›, als das wir selbst uns wiedererkennen wollen, in seine Dezentrierungspartikel (-funktionen) zerfällt.

Auf dem Weg einer psychologischen Aufklärung der Philosophie sind wir nur wenige Schritte gegangen. Das Ziel liegt noch weit vor uns.

Literatur

Abel, Theodore 1953: The Operation called «Verstehen». In: Albert (Hg.) 1964, S. 177–188.

ACT UP – New York Women & AIDS Book Group 1994: Frauen und Aids. Übers. u. bearb. von Andrea Hofmann, Petra Knust, Nicole D. Schmidt. Reinbek: Rowohlt.

Albert, Hans (Hg.) 1964: Theorie und Realität. Ausgew. Aufsätze zur Wissenschaftslehre der Sozialwissenschaften. Tübingen: Mohr.

– /Keuth, Herbert (Hg.) 1973: Kritik der Kritischen Psychologie. Hamburg: Hoffmann & Campe.

– /Stapf, Kurt H. (Hg.) 1979: Theorie und Erfahrung. Beiträge zur Grundlagenproblematik der Sozialwissenschaften. Stuttgart: Klett-Cotta.

Allesch, Christian G. 1990: Psychologische und/oder kritische Begründung der Ästhetik? Ein Beitrag zur Psychologismusdebatte in der psychologischen Ästhetik. In: Schorr/Wehner (Hg.) 1990, S. 71–82.

Anschütz, Georg 1911: Über die Methoden der Psychologie. In: Archiv für die gesamte Psychologie 20, S. 414–498.

– 1913: Theodor Lipps' Neuere Urteilslehre. Leipzig: Engelmann.

Apel, Karl-Otto 1955: Das Verstehen. Eine Problemgeschichte als Begriffsgeschichte. In: Rothacker (Hg.) 1955, S. 142–199.

– 1979: Die Erklären-Verstehen-Kontroverse in transzendental-pragmatischer Sicht. Frankfurt/M.: Suhrkamp.

– 1990a: Ist Intentionalität fundamentaler als sprachliche Bedeutung? Transzendentalpragmatische Argumente gegen die Rückkehr zum semantischen Intentionalismus der Bewußtseinsphilosophie. In: Forum (Hg.) 1990, S. 13–54.

– (Hg.) 1990b: Zur Rekonstruktion der praktischen Philosophie. Gedenkschrift für Karl-Heinz Ilting. Hg. in Verb. mit Riccardo Pozzo. Stuttgart: Frommann-Holzboog.

– /Manninen, Juha/Tuomela, Raimo (Hg.) 1978: Neue Versuche über Erklären und Verstehen. Frankfurt/M.: Suhrkamp.

Arendt, Hannah 1958: Vita Activa oder Vom tätigen Leben. 3. Aufl. d. Neuausg. v. 1981. München: Piper.

Aristoteles: Nikomachische Ethik. 3. Aufl. v. 1978. Übers. u. hg. von Olog Gigon. München: dtv.

– : Politik. 3. Aufl. v. 1978. Übers. u. hg. von Olof Gigon. München: dtv.

Arnold, Alfred 1980: Wundts Philosophie und Psychologie im Widerstreit. In: Meischner/Metge (Hg.) 1980, S. 316–322.

Aschenbach, Günter 1984: Erklären und Verstehen in der Psychologie. Zur methodischen Grundlegung einer humanistischen Psychologie. Bad Honnef: Bock & Herchen.
– 1988: Wilhelm Wundt: Vater der experimentellen Psychologie? Kulturwissenschaftliche Aspekte in Wilhelm Wundts Psychologieverständnis. In: Jüttemann (Hg.) 1988, S. 230–244.
Ash, Mitchell G. 1980a: Die experimentelle Psychologie in Deutschland vor 1914 – Aspekte eines akademischen Identitätsproblems. In: Meischner/Metge (Hg.) 1980, S. 257–272.
– 1980b: Wilhelm Wundt und Oswald Külpe on the Institutional Status of Psychology. An Academic Controversy in Historical Context. In: Bringmann/Tweney (Hg.) 1980, S. 396–421.
– 1985: Die experimentelle Psychologie an den deutschsprachigen Universitäten von der wilhelminischen Zeit bis zum Nationalsozialismus. In: Ash/Geuter (Hg.) 1985, S. 45–82.
– /Geuter, Ulfried 1985: Geschichte der deutschen Psychologie im 20. Jahrhundert. Ein Überblick. Opladen: Westdeutscher Verlag.
Atti del V. Congresso Internazionale de Psicologica. Roma 26.–30. Aprile 1905. 1905/1974 Nachdr. der 1. Ausg. Nendeln/LI: Kraus Reprint.
Avenarius, Richard 1879: In Sachen der wissenschaftlichen Philosophie. In: Vierteljahresschrift für wissenschaftliche Philosophie, 2. Jg., S. 53–78.
Bähr, Hans Walter/Wenke, Hans (Hg.) 1964: Eduard Spranger. Sein Werk und sein Leben. Heidelberg: Quelle & Meyer.
Balmer, Heinrich (Hg.) 1976: Die Psychologie des 20. Jahrhunderts, Bd. 1: Die europäische Tradition. Zürich: Kindler.
– (Hg.) 1982: Geschichte der Psychologie, Bd. 2: Entwicklungslinien zur wissenschaftlichen Psychologie. Weinheim/Basel: Beltz.
Baumann 1883: Nochmals «Wundt's Lehre vom Willen und sein animistischer Monismus». In: Philosophische Monatshefte 19, S. 354–374.
Baumgartner, Elisabeth 1990: Zur Psychologie von Franz Brentano. In: Schorr/Wehner (Hg.) 1990, S. 92–101.
Beiträge zur Wundt-Forschung II, 1977: Überarb. Materialien des 2. interdisziplinären Kolloquiums des Arbeitskreises «Wundt-Forschung» an der Karl-Marx-Universität Leipzig. Wissenschaftliche Beiträge der Karl-Marx-Universität Leipzig. *Abkürzung:* «Beiträge II».
Bellut, Clemens/Müller-Schöll, Ulrich (Hg.) 1989: Mensch und Moderne. Beiträge zur philosophischen Anthropologie und Gesellschaftskritik. Würzburg: Königshausen & Neumann.
Bem, Sacha/Rappard, Hans/Hoorn, Willem van (Hg.) 1985: Studies on the History of Psychology and Social Sciences 3. Leiden: Psychologisch Institut van de Rijksuniversiteit.
Bendkowski, Halina/Weisshaupt, Brigitte (Hg.) 1983: Was Philosophinnen denken. Eine Dokumentation. Zürich: Ammann.
Bieri, Peter (Hg.) 1977: «Philosophische Psychologie». Überlegungen zu einer Begriffsbildung. In: Neue Hefte für Philosophie 11, S. 26–81.
– (Hg.) 1981: Analytische Philosophie des Geistes. Einleitung ders. S. 1–28. Königstein/Ts.: Hain.

Binswanger, Ludwig 1922: Einführung in die Probleme der Allgemeinen Psychologie. Berlin: Springer.

Bittner, Günter (Hg.) 1983: Personale Psychologie. Beiträge zur Geschichte, Theorie und Therapie. Festschrift für Ludwig J. Pongratz. Göttingen: Hogrefe.

Blühdorn, Jürgen/Ritter, Joachim (Hg.) 1971: Positivismus im 19. Jahrhundert. Beiträge zu seiner geschichtlichen und systematischen Bedeutung. Frankfurt/M.: Klostermann.

Blumenthal, Arthur 1980: Wilhelm Wundt – Problems of Interpretation. In: Bringmann/Tweney (Hg.) 1980, S. 435–445.

Böhme, Gernot/Daele, Wolfgang van den/Krohn, Wolfgang 1977: Experimentelle Philosophie. Ursprünge autonomer Wissenschaftsentwicklung. Frankfurt/M.: Fischer.

Bossert, Philip J./Peters, Curtis H. 1975: Edmund Husserl. Introduction to the Logical Investigations. The Hague: Nijhoff.

Brandt, Lewis Wolfgang 1983: Gedanken über Gedankenlosigkeit einschließlich «operationaler Definitionen». Ein Ritt durch die Wüste. In: Bittner (Hg.) 1983 S. 165–175.

Brandt, Reinhard/Orlik, Franz 1993: Philosophisches Denken – Politisches Wirken. Hermann Cohen Kolloquium Marburg 1992. Hildesheim/Zürich/New York: Olms.

Braun, Kurt Heinz/Holzkamp, Klaus (Hg.) 1977: Kritische Psychologie, 2. Bde. Bericht über den 1. Internationalen Kongreß Kritischer Psychologie vom 13.–15. Mai 1977 in Marburg. Köln: Pahl-Rugenstein.

Brauns, Horst-Peter 1987: Ebbinghaus gegen Dilthey – hat die weitere Entwicklung in der Psychologie zu einer Entscheidung geführt? In: Traxel (Hg.) 1987, S. 155–178.

Bringmann, Wolfgang G. 1983: The Use of Autobiographical Sources in the History of Psychology. In: Bittner (Hg.) 1983, S. 15–31.

– /Tweney, Ryan D. (Hg.) 1980: Wundt-Studies. Toronto: Hogrefe.

Brozek, Josef/Diamond, Solomon 1982: Die Ursprünge der objektiven Philosophie. In: Balmer (Hg.) 1982, S. 37–135.

Brugger, Bernhard 1990: Die Ästhetik Rudolf Arnheims: Psychologie oder Philosophie? In: Schorr/Wehner (Hg.) 1990, S. 83–91.

Bühler, Karl 1927: Die Krise der Psychologie. Jena: Fischer.

Burg, Josef 1933: Konstitution und Gegenstand im logischen Neopositivismus Rudolf Carnaps. Leipzig: Teicher.

Caparros, Antonio 1983: Wer macht die Wissenschaftsgeschichte? In: Bittner (Hg.) 1983, S. 3–14.

Carnap, Rudolf 1930: Die alte und die neue Logik. In: Erkenntnis 1, S. 12–26.

Chisholm, Roderik u. a. (Hg.) 1985: Philosophie des Geistes – Philosophie der Psychologie. Akten des 9. Internat. Wittgenstein-Symposiums 19.–26. August 1984 Kirchberg a. W. Wien: Hölder-Pichler-Tempsky.

Cho, Kah Kyung 1985: Verstehen in kosmischen und akosmischen Perspektiven. In: Orth (Hg.) 1985, S. 231–253.

Choy, Victoria 1982: Mind-Body, Realism and Rorty's Therapy. Review Article on Richard Rorty, Philosophy and the Mirror of Nature. In: Synthese 52, S. 515–541.

Christensen, Carleton B. 1990: Gegen den Bedeutungsnominalismus. In: Forum (Hg.) 1990, 55–87.
Ciompi, Luc 1982: Affektlogik: Über die Struktur der Psyche und ihre Entwicklung. Ein Beitrag zur Schizophrenieforschung. Stuttgart: Klett-Cotta.
Cohn, Jonas 1913: Grundfragen der Philosophie. In: Jahrbücher der Philosophie, S. 220–235.
Comptes-Rendus du IVe Congrès International de Psychologie. Paris 1900.
Congress: VIIIth International Congress of Psychology Groningen 1926, Proceedings and Papers. Groningen 1927/1974. Nendeln/LI: Kraus Reprint.
Cramer, Konrad u. a. (Hg.) 1987: Theorie der Subjektivität. Frankfurt/M.: Suhrkamp.
Daele, Wolfgang van den 1977: Die soziale Konstruktion der Wissenschaft – Institutionalisierung und Definition der positiven Wissenschaft in der zweiten Hälfte des 17. Jahrhunderts. In: Böhme/Daele/Krohn (Hg.) 1977, S. 129–182.
Davidson, Donald 1970: Geistige Ereignisse. In: Davidson 1990, S. 291–317.
– 1973 a: Der materielle Geist. In: Davidson 1990, S. 343–362.
– 1973 b: Radikale Interpretation. In: Davidson 1986, S. 183–203.
– 1974 a: Der Begriff des Glaubens und die Grundlage der Bedeutung. In: Davidson 1986, S. 204–223.
– 1974 b: Psychologie als Philosophie. In: Davidson 1990, S. 321–335.
– 1974 c: Was ist eigentlich ein Begriffsschema? In: Davidson 1990, S. 261–282.
– 1976: Replik auf Foster. In: Davidson 1986, S. 247–258.
– 1977: Die Methode der Wahrheit der Metaphysik. In: Davidson 1986, S. 283–305.
– 1986: Wahrheit und Interpretation. Frankfurt/M.: Suhrkamp.
– 1990: Handlung und Ereignis. Frankfurt/M.: Suhrkamp.
Dessoir, Max 1902: Geschichte der neueren deutschen Psychologie, 1. Bd. 2. völlig umgearb. Aufl. Berlin: Duncker.
Diemer, Alwin 1968: Die Begründung des Wissenschaftscharakters im 19. Jahrhundert. Die Wissenschaftstheorie zwischen klassischer und moderner Wissenschaftskonzeption. In: Diemer (Hg.) 1968, S. 3–62.
– (Hg.) 1968: Beiträge zur Entwicklung der Wissenschaftstheorie im 19. Jahrhundert. Meisenheim: Hain.
Dierstein, Jörg 1995: Erklären oder Verstehen? Zur Konstruktion einer psychologischen Handlungstheorie. Münster/New York: Waxmann.
Dilthey, Wilhelm 1910: Der Aufbau der geschichtlichen Welt in den Geisteswissenschaften. Hg u. eingel. v. Manfred Riedel. Frankfurt/M.: Suhrkamp.
– 1914–1990: Gesammelte Schriften 20 Bde. Bd. 1–12 Stuttgart: Teubner, Bd. 13–20 Göttingen: Vandenhoeck & Ruprecht (Zit.: röm. Bandz.).
– Bd. I: Einleitung in die Geisteswissenschaften. Versuch einer Grundlegung für das Studium der Gesellschaft und der Geschichte (1883). Hg. v. Bernhard Groethuysen. 1. Aufl. 1922, 4. Aufl. 1959.
– Bd. V: Die geistige Welt. Einleitung in die Philosophie des Lebens. 1. Hälfte: Abhandlungen zur Grundlegung der Geisteswissenschaften. Hg. u. eingel. v. Georg Misch. 1. Aufl. 1924, 2. Aufl. 1957.
– Bd. VII: Der Aufbau der geschichtlichen Welt in den Geisteswissenschaften (1910). Hg. v. Bernhard Groethuysen. 1. Aufl. 1927, 2. Aufl. 1958.

– Bd. VIII: Weltanschauungslehre. Abhandlungen zur Philosophie der Philosophie. Hg. v. Bernhard Groethuysen. 1. Aufl. 1931, 2. Aufl. 1960.
– Bd. XVIII: Die Wissenschaften vom Menschen, der Gesellschaft und der Geschichte. Vorarbeiten zur Einleitung in die Geisteswissenschaften (ca. 1870–1895). Hg. u. eingel. v. Helmut Johach u. Frithjof Rodi 1977.
– Bd. XIX: Grundlegung der Wissenschaften vom Menschen, der Gesellschaft und der Geschichte. Vorarbeiten zur Einleitung in die Geisteswissenschaften (ca. 1870–1895). Hg. u. eingel. v. Helmut Johach u. Frithjof Rodi 1977.
– Bd. XX: Logik und Systeme der philosophischen Wissenschaften. Vorlesungen zur erkenntnistheoretischen Logik und Methodenlehre (1864–1903). Hg. u. eingel. v. Hans-Ulrich Lessing u. Frithjof Rodi 1990.
– /Husserl 1911: Der Briefwechsel Dilthey–Husserl. In: Rodi/Lessing (Hg.) 1984, S. 110–120.
Dritter Internationaler Congress für Psychologie München vom 4.–7. August 1896. 1974 Nachdr. der Münchner Ausg. von 1897 (Lehmann). Nendeln/LI: Kraus Reprint.
Drobisch, Moritz Wilhelm 1864: Ueber den neuesten Versuch die Psychologie naturwissenschaftlich zu begründen. In: Zeitschrift für exacte Philosophie 4, S. 313–348.
Duhem, Pierre 1908/1978: Ziel und Struktur der physikalischen Theorie. Nachdr. der Leipziger Ausg. (Barth). Hg. u. eingel. v. Lothar Schäfer. Hamburg: Meiner.
Dürr, Ernst 1903: Über die Frage des Abhängigkeitsverhältnisses der Logik von der Psychologie. Betrachtungen im Anschluß an die «Logischen Untersuchungen» von Edmund Husserl. In: Archiv für die gesamte Psychologie 1, S. 527–544.
Ebbinghaus, Hermann 1885: Über das Gedächtnis. Leipzig: Duncker & Humblot.
– 1896: Über erklärende und beschreibende Psychologie. In: Zeitschrift für Psychologie und Physiologie der Sinnesorgane IX, S. 161–205.
– 1900: Die Psychologie – Jetzt und vor 100 Jahren. In: Comptes-Rendus du IVe Congrès 1900, S. 49–60.
– 1901: Grundzüge der Psychologie. Bd. 1. 3. Aufl. 1911. Leipzig: Veit.
– 1908: Abriß der Psychologie. 4. v. Emil Dürr durchges. Aufl. 1912. Leipzig: Veit.
Eberlein, Gerald/Pieper, Richard (Hg.) 1976: Psychologie – Wissenschaft ohne Gegenstand? Frankfurt/New York: Campus.
Eckardt, Georg 1980a: Methodologische und methodische Probleme der psychologie-historischen Forschung. In: Kossakowski (Hg.) 1980, S. 308–316.
– 1980b: Wilhelm Wundts Völkerpsychologie, ihre Vorläufer und ihre Folgen. In: Meischner/Metge (Hg.) 1980, S. 90–99.
– 1982: Die Entstehung der Psychologie als «reine» Wissenschaft. In: Rostocker Wissenschaftshistorische Manuskripte 8, S. 77–81.
Eisler, Rudolf 1902: Wilhelm Wundts Philosophie und Psychologie. In ihren Grundlehren dargestellt. Leipzig: Barth.
Elliger, Tilmann 1986: Sigmund Freud und die akademische Psychologie: Ein Beitrag zur Rezeptionsgeschichte der Psychoanalyse in der deutschen Psychologie (1895–1945). Weinheim: Deutscher Studienverlag.
Erdmann, Benno 1912: Erkennen und Verstehen. In: Sonderdr. aus Sitzungsberichten d. königl. preuss. Akademie der Wissenschaften. 2. Aufl., S. 1240–1271. Berlin: Verlag der königl. Akademie der Wissenschaften.

Erismann, Theodor 1926: Verstehen und Erklären in der Psychologie. In: Archiv für die gesamte Psychologie 55, S. 111–136.
Eucken, Rudolf 1884: Wilhelm Dilthey, Einleitung in die Geisteswissenschaften. In: Philosophische Monatshefte XX, S. 120–128.
Fellmann, Ferdinand 1991: Symbolischer Pragmatismus. Hermeneutik nach Dilthey. Reinbek: Rowohlt.
Fleck, Ludwik 1935/1980: Entstehung und Entwicklung einer wissenschaftlichen Tatsache. Einführung in die Lehre von Denkstil und Denkkollektiv. Hg. u. eingel. v. Lothar Schäfer/Thomas Schnelle. Frankfurt/M.: Suhrkamp.
Flew, Antony (Hg.) 1938/1959: Logic and Language, Second Series. 3. Aufl. Oxford: Blackwell & Mott.
Flick, Uwe (Hg.) 1995: Psychologie des Sozialen. Repräsentationen in Wissen und Sprache. Reinbek: Rowohlt.
Flügel, O. 1883: Über Wundt's Erkenntnislehre. In: Zeitschrift für exacte Philosophie XII (1), S. 52–77.
Fodor, Jerry/Le Pore, Ernest 1992: Holism. A Shopper's Guide. Cambridge/Oxford: Blackwell.
Foerster, Heinz von 1985: Entdecken oder Erfinden – Wie läßt sich verstehen verstehen? In: Gumin/Mohler (Hg.) 1985, S. 27–68.
Forum für Philosophie Bad Homburg (Hg.) 1990: Intentionalität und Verstehen. Frankfurt/M.: Suhrkamp. *Abkürzung:* Forum (Hg.).
Fox Keller, Evelyn 1986: Liebe, Macht, Erkenntnis. Männliche oder weibliche Wissenschaft? München: Hanser.
Frege, Gottlob 1884/1961: Grundlagen der Arithmetik, eine logisch-mathematische Untersuchung über den Begriff der Zahl. Darmstadt: Wissenschaftliche Buchgesellschaft.
Freud, Sigmund: Gesammelte Werke XIV. Nachwort zur Frage der Laienanalyse. Nachdr. 1955 London: Imago Publishing.
Frischeisen-Köhler, Max 1912: Wilhelm Dilthey als Philosoph. In: Logos III, S. 29–58.
Fritsche, Christina 1980: Zur Rolle Wundts in der Krisendiskussion der Psychologie. In: Meischner/Metge (Hg.) 1980, S. 273–281.
Geiger, Moritz 1911: Über das Wesen und die Bedeutung der Einfühlung. In: Kongreßbericht IV. Kongreß für experimentelle Psychologie 1910, Innsbruck, S. 29–73. Leipzig: Barth.
Genev, Dimitri (Hg.) 1993: Die Verschmelzung der Untersuchungsbereiche. Formen des Dialogs zwischen Kulturwissenschaften und Wissenschaftstheorie. Frankfurt/Berlin u. a.: Peter Lang.
Gethmann, Carl Friedrich 1989: Phänomenologische Logikfundierung. In: Jamme/Pöggeler (Hg.) 1989, S. 192–214.
Geuter, Ulfried 1984: Die Professionalisierung der deutschen Psychologie im Nationalsozialismus. Frankfurt/M.: Suhrkamp.
– 1986: Daten zur Geschichte der deutschen Psychologie, Bd. 1: Psychologische Institute, Fachgesellschaften, Fachschriften und Serien, Biographien, Emigranten 1879–1945. Göttingen: Hogrefe.
– 1990a: Rundfunkbericht über den Kongreß der Deutschen Gesellschaft für Psychologie, Hessischer Rundfunk (Interview mit Eva Jaeggi).

– 1990b: Mitgliederverluste in der Deutschen Gesellschaft für Psychologie 1928–1932, Ausdruck des Protests von Experimentalpsychologen oder Verselbständigung der Disziplin? In: Psychologische Rundschau 41, S. 144–154.
Glüer, Kathrin 1993: Donald Davidson zur Einführung. Hamburg.
Gochet, Paul 1984: Quine zur Diskussion. Ein Versuch vergleichender Philosophie. Frankfurt/Berlin/Wien: Ullstein.
Göring, C. 1879: Zur philosophischen Methode. In: Vierteljahresschrift für wissenschaftliche Philosophie I, S. 1–16.
Graduiertenkolleg Kognitionswissenschaft Universität Hamburg, Informationsheft 1992.
Graumann, Carl F. 1980: Experiment, Statistik, Geschichte. Wundts erstes Heidelberger Programm einer Psychologie. In: Psychologische Rundschau 31, S. 73–83.
– 1988: Kognitivismus in der Sozialpsychologie. Die Kehrseite der «Wende». In: Psychologische Rundschau 39, S. 83–90.
– /Métraux, Alexandre 1977: Die phänomenologische Orientierung in der Psychologie. In: Schneewind (Hg.) 1977, S. 27–53.
Graumann, Heinz M. 1976: Das Verstehen. Versuch einer historisch-kritischen Einleitung in die Phänomenologie des Verstehens. In: Balmer (Hg.) 1976, S. 159–271.
Groeben, Norbert 1986: Handeln, Tun, Verhalten als Einheiten einer verstehend-erklärenden Psychologie. Tübingen: Franke.
– /Scheele, Brigitte 1977: Argumente für eine Psychologie des reflexiven Subjekts: Paradigmenwechsel vom behavioralen zum epistemologischen Menschenbild. Darmstadt: Steinkopff.
Gröteke, Regina 1977: Materialien zu Wilhelm Wundt im Archiv der Karl-Marx-Universität und einige Probleme bei der Bearbeitung. In: «Beiträge II», S. 94–102.
Gruhle, Hans Walter 1956: Verstehende Psychologie – Erlebnislehre. Ein Lehrbuch. Stuttgart: Thieme.
Gumin, Heinz/Mohler, Armin (Hg.) 1985: Einführung in den Konstruktivismus. Schriften d. Carl-von-Siemens-Stiftung. München: Oldenbourg.
Gundlach, Horst 1980: Experiment, Statistik, Geschichte. Wundts erstes Heidelberger Programm einer Psychologie. In: Psychologische Rundschau 31, S. 73–83.
– 1986a: Bemerkung zur Geschichte der Psychologie, insbesondere ihrer Erforschung, ihrer Schreibung und ihrer Nutzanwendung. In: Psychologische Rundschau 37, S. 156–159.
– 1986b: Studiosus Wundt im experimentalpsychologischen Praktikum? In: Psychologische Rundschau 37, S. 155.
– 1986c: Über das Gedächtnis und der Weg dorthin. Versuch einer Rekonstruktion der Ursprünge der Forschung Ebbinghaus'. In: Traxel/Gundlach (Hg.) 1986 S. 23–40.
– 1986d: Ebbinghaus, Geschichte und Vergangenheit anläßlich des Ebbinghausjahres 1985. In: Psychologische Rundschau 37, S. 46–47.
Gutberlet, Constantin 1888: Die Psychologie ohne Seele. In: Gutberlet/Pohle (Hg.) 1988, I, S. 145–176.
– /Pohle, Jos (Hg.) 1888: Philosophisches Jahrbuch der Görresgesellschaft I, 1967. Nachdr. Nendeln/LI: Kraus Reprint.

Gutzmann, Gabriele 1983: Logik und Psychologie. In: Bendkowski/Weisshaupt (Hg.) 1983, S. 329–345.
Hammerschmidt, Anette C. 1993: Fremdverstehen. Eine Untersuchung über das Verhältnis von Eigenem und Fremdem in Hinblick auf Bedingungen und Möglichkeiten des Verstehens. Diss. Univ. Hamburg (i. V. 1995).
Harding, Sandra 1990: Feministische Wissenschaftstheorie. Zum Verhältnis von Wissenschaft und sozialem Geschlecht. Hamburg: Argument.
Hehlmann, Wilhelm 1963: Geschichte der Psychologie. Stuttgart: Kröner.
Hellige, Reiner 1983: Einige Bemerkungen zur «mathematischen Psychologie» von Johann Friedrich Herbart. In: Wissenschaftliche Zeitschrift der Humboldt-Universität zu Berlin, Mathematisch-naturwissenschaftl. Reihe 3, S. 365–369.
Helmholtz, Hermann von 1879/1887: Die Tatsachen der Wahrnehmung 1879, S. 7–74. Zählen und Messen erkenntnistheoretisch betrachtet 1887, S. 75–112. Unveränd. reprogr. Nachdr. d. Berliner Ausg. Darmstadt: Wiss. Buchgesellschaft.
Herbart, Johann Friedrich 1824: Psychologie als Wissenschaft neu gegründet auf Erfahrung, Metaphysik und Mathematik, 2 Bde. (1824/1825). 2. Abdr. In: Sämmtliche Werke V u. VI. Hg. v. G. Hartenstein 1886 u. 1888. Hamburg/Leipzig: Voss.
Herrmann, Theo 1973 a: Über einige Einwände gegen die nomothetische Psychologie. In: Albert/Keuth (Hg.) 1973, S. 41–83.
– 1973 b: Zur Lage der Psychologie. In: Psychologische Rundschau 24, S. 1–19.
– 1976 a: Braucht die Psychologie eine Gegenstandsbestimmung? Zu Robert Kirchhoffs Kritik. In: Eberlein/Pieper (Hg.) 1976, S. 37–44.
– 1976 b: Die Psychologie und ihre Forschungsprogramme. Göttingen: Hogrefe.
– 1977 a: Handbuch psychologischer Grundbegriffe. München: Kösel.
– 1977 b: Zur Netzwerk-Struktur der psychologischen Wissenschaft. In: Neue Hefte für Philosophie 11, S. 96–114.
– 1979: Psychologie als Problem: Herausforderungen des psychologischen Wissens. Stuttgart: Klett-Cotta.
Herrmann, Ulrich 1969: Bibliographie Wilhelm Dilthey. Weinheim/Basel: Beltz.
– 1986: Über den Gang der Geschichte in der Natur des Menschen – Einführende Überlegungen zur Geschichtlichkeit des Seelischen. In: Jüttemann (Hg.) 1968, S. 46–64.
X Herzog, Walter 1979: Zur Kritik des Objektivismus in der Psychologie. In: Psyche 33, 1. Bd., S. 289–305.
– 1982: Die wissenschaftstheoretische Problematik der Integration psychotherapeutischer Methoden. In: Petzold (Hg.) 1982, S. 9–29.
– 1984: Modell und Theorie in der Psychologie. Göttingen: Hogrefe.
Heymans, G. 1889: Erkenntnistheorie und Psychologie. In: Philosophische Monatshefte XXV, S. 2–28.
Hildebrandt, Helmut 1988: Neukantianismus. Historische Subjektwissenschaft als Ergänzung zu einer naturwissenschaftlichen Psychologie. In: Jüttemann (Hg.) 1988, S. 398–403.
– 1990: Die wissenschaftsgeschichtlichen Ursprünge der Krise der Psychologie in der Weimarer Republik. In: Schorr/Wehner (Hg.) 1990, S. 128–148.
Hillebrand, Franz 1913: Die Aussperrung der Psychologen. In: Zeitschrift für Psychologie 67, S. 1–21.

Hillix, William 1980: Do half of America's Psychologists descend from Wundt? A Case Study at one large University. In: Meischner/Metge (Hg.) 1980, S. 191–200.
Hoefert, Hans-Wolfgang/Klotter, Christoph (Hg.) 1994: Neue Wege der Psychologie. Heidelberg: Asanger.
Hoffmann, Arthur (Hg.) 1922: Wilhelm Wundt. Eine Würdigung unter Mitwirkung des Psychologischen Instituts der Universität Leipzig u. i. Auftr. d. Deutschen philosophischen Gesellschaft als Schlußheft des 2. Bandes der «Beiträge zur Philosophie des Deutschen Idealismus». Erfurt: Keyser.
Holenstein, Elmar 1983/84: Die Bedeutung von «Bedeutung» bei Frege. Ein philosophischer Essay. In: Conceptus 17, S. 65–74.
Holzkamp, Klaus 1980: Zu Wundts Kritik an der experimentellen Erforschung des Denkens. In: Meischner/Metge (Hg.) 1980, S. 141–153.
– 1991: Psychologie vom Subjektstandpunkt. Forum Kritische Psychologie 28, S. 5–19.
– 1993: Lernen als Problem. Frankfurt/M.: Campus.
Hoorn, Willem van 1987: Ebbinghaus, Perception and Memory. In: Traxel (Hg.) 1987, S. 23–33.
– /Verhave, Thom 1980: Wilhelm Wundts Conception of the Multiple Foundations of Scientific Psychology. In: Meischner/Metge (Hg.) 1980, S. 107–120.
Horstmann, Axel 1986/87: Das Fremde und das Eigene – «Assimilation» als hermeneutischer Begriff. In: Archiv für Begriffsgeschichte XXX, Sonderdruck, S. 7–43.
Horwicz, A. 1882: Philosophische Studien. Hg. von Wilhelm Wundt. 1. Aufl. 1881. Leipzig: Engelmann (Rez.). In: Philosophische Monatshefte VIII, S. 497–502.
Hume, David: Ein Traktat über die menschliche Natur. Dt. mit Anmerk. u. Register von Theodor Lipps. Hg. u. eingel. v. Reinhard Brandt 1973. Hamburg: Meiner.
Husserl, Edmund 1900/1968: Logische Untersuchungen – Prolegomena zur reinen Logik. Nachdr. d. 2. Aufl. v. 1913. Tübingen: Niemeyer (*Zit.: LU I*).
– 1901/1980: Logische Untersuchungen II/1 – Untersuchungen zur Phänomenologie und Theorie der Erkenntnis. Unveränd. Nachdr. der 2. umgearb. Aufl. von 1913. Tübingen: Niemeyer.
– 1901/1980: Logische Untersuchungen II/2 – Elemente zur phänomenologischen Aufklärung der Erkenntnis. Unveränd. Nachdr. der 2. teilw. veränd. Aufl. von 1921. Tübingen: Niemeyer.
– 1903: Mechior Palagyi. Der Streit der Psychologen und Formalisten in der modernen Logik. In: Zeitschrift für Psychologie und Physiologie der Sinnesorgane 31, S. 287–294.
– 1911: Historizismus und Weltanschauungsphilosophie. In: Rodi/Lessing (Hg.) 1984, S. 103–109.
– 1910/11: Philosophie als strenge Wissenschaft. In: Logos 1, S. 289–341.
– 1925a: Phänomenologische Psychologie, Vorlesungen Sommersemester 1925, Husserliana Bd. IX. Hg. u. eingel. v. Walter Biemel. Den Haag: Nijhoff.
– 1925b: Einleitung zur Vorlesung über Phänomenologische Psychologie. In: Rodi/Lessing (Hg.) 1984, S. 147–175.
– Cartesianische Meditationen. Hg. u. eingel. v. Elisabeth Ströcker, 2. durchges. Auflage 1987. Hamburg: Meiner.

Irle, Martin/Möntmann, Volker (Hg.) 1978: Leon Festinger – Theorie der kognitiven Dissonanz. Bern/Stuttgart/Wien: Huber.
Jahnke, Ulrich 1984: Wilhelm Dilthey und die Institutionalisierung der Psychologie an der Berliner Universität. In: Wissenschaftliche Zeitschrift der Humboldt-Universität zu Berlin 1, S. 57–59.
Jain, Elenor 1986: Dilthey und die hermeneutische Philosophie. Über das Verstehen als Erkenntnisprozeß in den Geisteswissenschaften. In: Philosophischer Literaturanzeiger 39 (3), S. 282–298.
Jamme, Christoph/Pöggeler, Otto (Hg.) 1989: Phänomenologie im Widerstreit: Zum 50. Todestag Edmund Husserls. Frankfurt/M.: Suhrkamp.
Janssen, Paul 1976: Edmund Husserl. Freiburg/München: Alber.
Järvilehto, Timi 1980: A New Approach to Objective Sensometries. In: Meischner/Metge (Hg.) 1980, S. 172–182.
Jaspers, Karl 1967: Karl Jaspers. In: Reinhardt (Hg.) 1967, S. 73–108.
Johach, Helmut 1984: Diltheys Philosophie des Subjekts und die Grundlegung der Geistes- und Sozialwissenschaften. Zur Aktualität der «Einleitung in die Geisteswissenschaften». In: Rodi (Hg.) 1984, S. 92–127.
Jüttemann, Gerd (Hg.) 1983: Psychologie in der Veränderung: Perspektiven für eine gegenstandsangemessene Forschung und Praxis. Weinheim/Basel: Beltz.
– 1986: Die geschichtslose Seele. Kritik der Gegenstandsverkürzung in der traditionellen Psychologie. In: Jüttemann (Hg.) 1986, S. 97–115.
– 1986 (Hg.): Die Geschichtlichkeit des Seelischen. Der historische Zugang zum Gegenstand der Psychologie. Weinheim/Basel: Beltz.
– 1988: Historische Psychologie in gegenstandskritischer Absicht. In: Jüttemann (Hg.) 1988, S. 507–553.
– 1988: Wegbereiter der Historischen Psychologie. Weinheim/Basel: Beltz.
– 1990: Systemimmanenz als Ursache der Dauerkrise «wissenschaftlicher» Psychologie. Forschungsberichte aus dem Institut für Psychologie 90/8 der TU Berlin.
Kant, Immanuel: Kritik der reinen Vernunft. Hg. v. Wilhelm Weischedel. Entspr. d. Theorie-Werkausg. III u. IV v. 1968. 2. Aufl. von 1976. Frankfurt/M.: Suhrkamp (*Zit.:* KrV).
– Kritik der Urteilskraft. Hg. v. Karl Vorländer. Nachdr. der 6. Aufl. von 1924. Hamburg: Meiner (*Zit.:* KdU).
Käsler, Dirk 1979: Einführung in das Studium Max Webers. München: Beck.
Keil, Geert 1993: Kritik des Naturalismus. Berlin/New York: de Gruyter.
Kelly, George A. 1963: A Theory of Personality. The Psychology of Personal Constructs. New York: Norton (1. Aufl. 1955, 2 Bde.).
Kelly, George A. 1986: Die Psychologie der persönlichen Konstrukte. Paderborn: Junfermann.
Kerkhoven, Guy van 1984: Die Grundsätze von Husserls Konfrontation mit Dilthey im Lichte der geschichtlichen Selbstzeugnisse. In: Orth (Hg.) 1984, S. 134–160.
Kirchhoff, Robert 1976: Gegenstandslose Theorie? In: Eberlein/Pieper (Hg.) 1976, S. 25–36.
Klemm, Otto 1911: Geschichte der Psychologie. Leipzig/Berlin: Teubner.
Knorr-Cetina, Karin 1984: Die Fabrikation der Erkenntnis. Zur Anthropologie der Naturwissenschaft. Frankfurt/M.: Suhrkamp.

Koffka, Kurt 1925: Psychologie, Teil 1. Aus: Max Dessoir: Die Philosophie in ihren Einzelgebieten. Berlin: Ullstein. Reprint in: Gestalt Theory 1990, Vol 12, No. 3, S. 159–192.
Köhler, Thomas 1989: Das Werk Sigmund Freuds – Entstehung, Inhalt, Rezeption. Frankfurt/M.: Suhrkamp.
Köhler, Wolfgang R. 1990: Intentionalität und Personenverstehen. In: Forum (Hg.) 1990, S. 273–309.
Köhnke, Klaus Christian 1981: Über den Ursprung des Wortes Erkenntnistheorie – und dessen vermeintliche Synonyme. In: Archiv für Begriffsgeschichte 25, S. 185–210.
– 1986: Entstehung und Aufstieg des Neukantianismus. Die deutsche Universitätsphilosophie zwischen Idealismus und Positivismus. Frankfurt/M.: Suhrkamp.
Kossakowski, Adolf (Hg.) 1980: Psychologie im Sozialismus. Berlin: VEB Dt. Verlag d. Wissenschaften.
Krämer, Sybille (Hg.) 1994: Geist – Gehirn – künstliche Intelligenz. Zeitgenössische Modelle des Denkens. Berlin/New York: de Gruyter.
Kraft, Volker 1989: Systemtheorie des Verstehens. Frankfurt/M.: Haag & Herchen.
Kreiser, Lothar 1980: Wilhelm Wundts System der Logik. In: Meischner/Metge (Hg.) 1980, S. 323–332.
Kremer, Klaus (Hg.) 1984: Seele: Ihre Wirklichkeit, ihr Verhältnis zum Leib und zur menschlichen Person. Leiden: Brill.
Krippendorf, Klaus 1989: Eine häretische Kommunikation über Kommunikation über Kommunikation über Realität. In: DELFIN XIII, S. 52–67.
Krohn, Dieter (Hg.) 1989: Das Sokratische Gespräch. Mithg. Detlef Horster u. Jürgen Heinen-Tenrich. Hamburg: Junius.
Krohn, Wolfgang/Küppers, Günter 1987: Die Selbstorganisation der Wissenschaft. Bielefeld: Kleine.
– (Hg.) 1990: Selbstorganisation. Aspekte einer wissenschaftlichen Revolution. Braunschweig/Wiesbaden: Vieweg.
– 1992: Selbstorganisation. Ein neues Paradigma für die Wissenschaften. In: Information Philosophie 3, S. 22–30.
Krudewig, Maria 1949: Entwurf einer Elementarstrukturlehre des Bewußtseins. Köln: Kölner Universitätsverlag.
Krueger, Felix 1922: Wundt als deutscher Denker. In: Hoffmann (Hg.) 1922, S. 5–44.
Kuhn, Thomas S. 1976: Die Struktur wissenschaftlicher Revolutionen. 2. revid. u. um das Postscriptum von 1969 erg. Aufl. Frankfurt/M.: Suhrkamp.
Külpe, Oswald 1893: Grundriss der Psychologie – auf experimenteller Grundlage dargestellt. Leipzig: Engelmann.
– 1895: Einleitung in die Philosophie. Leipzig: Hirzel.
– 1903: Ein Beitrag zur experimentellen Ästhetik. In: American Journal of Psychology XIV, S. 215–231.
– 1912a: Über die Bedeutung der modernen Denkpsychologie. In: Schumann (Hg.) 1914, S. 117–118.
– 1912b: Psychologie und Medizin. In: Zeitschrift für Pathopsychologie, 2. u. 3. Heft, S. 187–267.

Künne, Wolfgang 1981: Verstehen und Sinn. Eine sprachanalytische Betrachtung. In: Allgemeine Zeitschrift für Philosophie, Jg. 6, S. 1–16.
– 1983/1984: «Im übertragenen Sinne». Zur Theorie der Metapher. In: Conceptus 17, S. 181–200.
– 1990: Prinzipien der wohlwollenden Interpretation. In: Forum (Hg.) 1990, S. 212–236.
Lakoff, George/Johnson, Mark 1980: Metaphors We Live By. Chicago/London: Chicago UP.
Landgrebe, Ludwig 1928: Wilhelm Diltheys Theorie der Geisteswissenschaften. Analyse ihrer Grundbegriffe. In: Jahrbuch für Philosophie und phänomenologische Forschung IX, S. 237–366.
Landolt, Stephan 1980: Wissenschaftstheorie und Psychoanalyse. In: Philosophischer Literaturanzeiger 33 (1), S. 90–105.
Lang, Susanne/Richter, Dagmar (Hg.) 1994: Geschlechterverhältnisse – schlechte Verhältnisse. Verpaßte Chancen der Moderne? Marburg: Norbert Schüren.
Lange, Friedrich Albert 1875/1896: Die Geschichte des Materialismus und Kritik seiner Bedeutung in der Gegenwart. 2. Bd. 5. Aufl. Leipzig: Baedeker.
Laucken, Uwe 1976: Verstehen gegen Erklären. Nekrolog auf einen Gegensatz. In: Zeitschrift für allgemeine Wissenschaftstheorie VII, S. 113–118.
Le Pore, Ernst (Hg.) 1986: Truth and Interpretation. Perspectives on the Philosophy of Donald Davidson. Oxford/GB: Blackwell.
Lehmann, Gerhard 1953: Die Philosophie des 19. Jahrhunderts. 2 Bde. Berlin: de Gruyter.
Lemcke, Ludwig 1873: Die Wechselbeziehungen zwischen Geisteswissenschaften und Naturwissenschaften. Gießen: Brühl.
Lenk, Hans 1993: Philosophie und Interpretation. Vorlesungen zur Entwicklung konstruktionistischer Interpretationsansätze. Überarb. zus. mit Ekaterini Kaleri. Frankfurt/M.: Suhrkamp.
Lessing, Hans-Ulrich 1983 a: Die zeitgenössische Rezension von Diltheys Einleitung in die Geisteswissenschaften (1883–1885). In: Rodi (Hg.) 1983, S. 91–181.
– (Hg.) 1983 b: Wilhelm Dilthey. Texte zur Kritik der Historischen Vernunft. Göttingen: Vandenhoeck & Ruprecht.
– 1984: Die Idee einer Kritik der historischen Vernunft. Wilhelm Diltheys erkenntnistheoretisch-logisch-methodologische Grundlegung der Geisteswissenschaften. Freiburg/München: Alber.
– 1985: Briefe an Dilthey anläßlich der Veröffentlichung seiner «Ideen über eine beschreibende und zergliedernde Psychologie». In: Rodi (Hg.) 1985, S. 193–232.
– 1988: Jenseits von Aktualismus, Politizismus und Mythologisierung. Klaus Christian Köhnkes Geschichte des Neukantianismus. In: Rodi (Hg.) 1988, S. 271–279.
Lipps, Theodor 1883: Grundtatsachen des Seelenlebens. Bonn: Cohen.
– 1885: Psychologische Studien. Heidelberg: Weiss.
– 1893: Grundzüge der Logik. Hamburg/Leipzig: Voss.
– 1897: Der Begriff des Unbewußten in der Psychologie. In: Dritter Internationaler Congress 1974, S. 146–164.
– 1900: Aesthetische Einfühlung. In: Zeitschrift für Psychologie und Physiologie der Sinnesorgane 22, S. 415–450.

– 1901 a: Das Selbstbewußtsein; Empfindung und Gefühl. Wiesbaden: Bergmann.
– 1901 b: Psychologie, Wissenschaft und Leben. Festrede – Königlich-bayrische Akademie der Wissenschaften, März 1901. München: Verlag d. Kgl. Bayr. Akademie.
– 1903 a: Fortsetzung der «Psychologischen Streitpunkte». In: Zeitschrift für Psychologie und Physiologie der Sinnesorgane 31, S. 47–78.
– 1903 b: Leitfaden der Psychologie. Leipzig: Engelmann.
– 1905 a: Inhalt und Gegenstand; Psychologie und Logik. Separatabdr. Sitzungsberichte der phil. philol. u. hist. Klasse d. Kgl. Bayr. Akademie der Wissenschaften IV, München: Verlag der Kgl. Bayr. Akademie der Wissenschaften.
– 1905 b: Die Wege der Psychologie. In: Atti del V. Congresso 1974, S. 57–71.
– 1906: Naturwissenschaft und Weltanschauung. Vortrag geh. auf der 78. Versammlung deutscher Naturforscher und Ärzte. Heidelberg: Winter.
– 1907 a: Das Wissen von fremden Ichen. In: Lipps (Hg.) 1907, S. 694–723.
– 1907: Psychologische Untersuchungen, Bd. 1. Leipzig: Engelmann.
– 1907 b: Psychologie und Ästhetik. In: Archiv für die gesamte Psychologie IX, S. 91–116.
– 1907 c: Vom Fühlen, Wollen und Denken. Versuch einer Theorie des Willens. 2. Aufl. Leipzig: Barth.
– 1912/13: Psychologische Untersuchungen, Bd. 2; o. O: o. Vlg.
Losee, John 1977: Wissenschaftstheorie: eine historische Einführung. München: Beck.
Lutz, Bernd (Hg.) 1989: Metzlers Philosophenlexikon. Stuttgart: Metzler.
Maier, Heinrich 1900: Logik und Erkenntnistheorie. Tübingen/Freiburg/Leipzig: Mohr.
– 1914: Psychologie und Philosophie. In: Schumann (Hg.) 1914, S. 93–99.
Maiers, Wolfgang 1994: Subjektiv begründetes Handeln als psychologische Analyseeinheit. In: Hoefert/Klotter (Hg.) 1994: S. 57–79.
Makkreel, Rudolf A. 1983: Dilthey und die interpretativen Wissenschaften: Die Rolle von Erklären und Verstehen. In: Rodi (Hg.) 1983, S. 57–73.
– 1991: Dilthey – Philosoph der Geisteswissenschaften. Frankfurt/M.: Suhrkamp.
Marbe, Karl 1912: Die Bedeutung der Psychologie für die übrigen Wissenschaften und die Praxis. In: Schumann (Hg.) 1914, S. 110–113.
Masterman, Margaret 1974: Die Natur eines Paradigmas. In: Musgrave/Lakatos 1974, S. 59–88.
Maturana, Humberto R. 1988: The Search for Objectivity or the Quest for a Compelling Argument. In: Irish Journal of Psychology 9 (1), S. 25–82.
McPherson, Marion White 1980: The Persistance of the Apparatus of the Leipzig Laboratory in the United States: 1950–1980. In: Meischner/Metge (Hg.) 1980, S. 164–171.
Meischner, Wolfram 1977: Widersprüche im Wundtbild der Gegenwart. In: «Beiträge II», S. 7–21.
– (Hg.) 1975: Beiträge zur Wundt-Forschung Bd. I. Wissenschaftliche Beiträge der Karl-Marx-Universität, Leipzig.
– /Eschler, Erhard 1979: Wilhelm Wundt. Leipzig/Jena/Berlin: Urania.
– 1980: Wilhelm Wundt und die Psychologie. In: Meischner/Metge (Hg.) 1980, S. 1–20.

– /Metge, Annerose (Hg.) 1980: Protokoll des internationalen Symposiums Leipzig 1. u. 2. November 1979: Wilhelm Wundt – progressives Erbe, Wissenschaftsentwicklung und Gegenwart. Wissenschaftliche Beiträge der Karl-Marx-Universität Leipzig, Reihe Psychologie.
– /Metge, Annerose 1983: Zur Geschichte der Psychologie an der Universität Leipzig. Psychologiehistorische Manuskripte I der Karl-Marx-Universität Leipzig.
Messer, August 1913: G. Anschütz. Spekulative, exakte und angewandte Psychologie (Rez.). In: Zeitschrift für Psychologie und Physiologie der Sinnesorgane 66, S. 96–101.
– 1926: Zwei Grundrichtungen der Psychologie. In: Archiv für die gesamte Psychologie 55, S. 27–36.
Metge, Annerose 1980: Zum Problem der Selbstbeobachtung bei Wundt. In: Meischner/Metge (Hg.) 1980, S. 183–190.
Métraux, Alexandre 1985: Der Methodenstreit und die Amerikanisierung der Psychologie in der Bundesrepublik 1950–1970. In: Ash/Geuter (Hg.) 1985, S. 225–251.
Misch, Georg 1926: Die Ideen der Lebensphilosophie in der Theorie der Geisteswissenschaften. In: Rodi/Lessing (Hg.) 1984, S. 132–146.
– 1930: Die Auseinandersetzung zwischen Dilthey und Husserl. In: Rodi/Lessing (Hg.) 1984, S. 121–131.
Mischel, Theodore 1981: Psychologische Erklärungen. Frankfurt/M.: Suhrkamp.
Moog, Willy 1919: Logik, Psychologie und Psychologismus – Das Verhältnis der Philosophie zu den Einzelwissenschaften. Halle: Niemeyer.
Moser, Helmut 1985: Sozialer Einfluß von Minoritäten: Ein Umdenkprozeß innerhalb der akademischen Psychologie? Ideen zu einem Sicht-Trichter-Modell. In: Dialog. Beiträge zur Friedensforschung 3, S. 197–227.
Musgrave, Alan/Lakatos, Imre (Hg.) 1974: Kritik und Erkenntnisfortschritt. Abhandlungen des Internationalen Kolloquiums über die Philosophie der Wissenschaften, London 1965, Bd. 4. Braunschweig: Vieweg.
Neisser, Ulric 1974: Kognitive Psychologie. Stuttgart: Klett.
Nitzschke, Bernd (Hg.) 1989: Freud und die akademische Psychologie. Beiträge zu einer historischen Kontroverse. München: Psychologie Verlags Union.
Nohl, Hermann 1946: Wilhelm Dilthey. Die Philosophie des Lebens. Eine Auswahl aus seinen Schriften 1867–1910. Frankfurt/M.: Klostermann.
Nusser, Karl-Heinz 1986: Verstehen und Erklären bei Max Weber. In: Philosophisches Jahrbuch 93, S. 142–150.
O. Verf. 1986: Logik. Logisch-mathematischer Grundlagenstreit. In: Information Philosophie 1, S. 58–59.
O. Verf. 1992: Analytische Philosophie. In: Information Philosophie 3, S. 76–82.
O. Verf. 1992: Brentano. In: Information Philosophie 3, S. 70–74.
Oelmüller, Willi (Hg.) 1988: Philosophie und Wissenschaft. Paderborn: Schöningh.
Oelze, Berthold 1991: Wilhelm Wundt. Die Konzeption der Völkerpsychologie. Münster/New York: Waxmann.
Oesterreich, Traugott Konstantin 1923: Ueberwegs Geschichte der Philosophie – Die deutsche Philosophie des 19. Jahrhunderts und der Gegenwart, IV. Bd. Berlin: Mittler.

Orth, Ernst Wolfgang 1984: Dilthey und Lotze. Zur Wandlung des Philosophiebegriffs im 19. Jahrhundert. In: Rodi (Hg.) 1984, S. 140–158.
– (Hg.) 1984: Dilthey und der Wandel des Philosophiebegriffs seit dem 19. Jahrhundert. Einleitung ders. S. 7–23. Freiburg/München: Alber.
– (Hg.) 1985: Dilthey und die Philosophie der Gegenwart. Einleitung ders. S. 7–27. Freiburg/München: Alber.
Ottersbach, Günter/Grabska, Klaus/Schwarze, Eva 1990: Psychologie: Das verfehlte Studium? Wie Psychologiestudenten ihr Studium sehen, beurteilen und bewältigen. Alsbach: Leuchtturm.
Paczkowska-Lagowska, Elzbieta 1984: Psychologie, aber nicht Psychologismus: Dilthey und Twardowski zum Verhältnis von Psychologie und Geisteswissenschaften. In: Orth (Hg.) 1984, S. 121–133.
Pätzolt, Harald 1983: Immanuel Kant: Ist Psychologie als Wissenschaft möglich? In: Wissenschaftliche Zeitschrift der Humboldt-Universität zu Berlin. Mathemat.-naturwiss. Reihe 3, S. 361–364.
Paulsen, Friedrich 1908: Philosophia militans – gegen Klericalismus und Naturalismus. Berlin: Reuther & Reichard.
Petersen, Peter 1922: Die Stellung der Philosophie Wilhelm Wundts im 19. Jahrhundert. In: Hoffmann (Hg.) 1922, S. 44–55.
Petzold, Hilarion (Hg.) 1982: Methodenintegration in der Psychotherapie. Paderborn: Junfermann.
Petzold, Matthias 1986: Modelle und Herangehensweisen in der Psychologiegeschichtsschreibung. In: Psychologische Rundschau 36, S. 135–142.
Peursen, Cornelis Anthonie van 1969: Phänomenologie und analytische Philosophie. Stuttgart: Kohlhammer.
Pfänder, Alexander 1904: Einführung in die Psychologie. Leipzig: Barth.
Picardi, Eva/Schulte, Joachim 1990: Die Wahrheit der Interpretation. Beiträge zur Philosophie Donald Davidsons. Frankfurt/M.: Suhrkamp.
Pongratz, Ludwig 1967: Problemgeschichte der Psychologie. München: Franke.
Porath, Erik (Hg.) 1995: Aufzeichnung und Analyse. Theorien und Techniken des Gedächtnisses. Würzburg: Königshausen & Neumann.
Portele, Gerhard Heik 1989: Autonomie, Macht, Liebe. Konsequenzen der Selbstreferentialität. Frankfurt/M.: Suhrkamp.
– 1989: Gestalttherapie und Selbstorganisation. In: Gestalttherapie, 3. Jg., Heft 1, S. 5–15.
Prinz, Wolfgang 1987: Geschichte der Psychologie des deutschen Raumes im 19. Jahrhundert. Report No. 156 – Research Group on «Perception and Action». Zentrum für Interdisziplinäre Forschung, Universität Bielefeld.
Putnam, Hilary 1982a: Why Reason can't be naturalized. In: Synthese 52, S. 3–23.
– 1982b: Vernunft, Wahrheit, Geschichte. Frankfurt/M.: Suhrkamp.
– 1991: Repräsentation und Realität. Frankfurt/M.: Suhrkamp.
– 1993: Von einem realistischen Standpunkt. Schriften zu Sprache und Wirklichkeit. Texte von 1973–1992. Hg., eingel. u. übers. v. Vincent C. Müller. Reinbek: Rowohlt.
Quine, Willard van Orman 1960: Word and Object. Cambridge, Mass.: MIT Press.
– 1969: Ontological Relativity and Other Essays. New York/London: Columbia UP.

Rappard, Jan F. H. van 1980: The Concept of Structure as the Key to the Wundtian System. In: Meischner/Metge (Hg.) 1980, S. 121–128.
Rath, Matthias 1990: Der Psychologismusstreit – Die Geschichte eines gescheiterten Rettungsversuchs. In: Schorr/Wehner (Hg.) 1990, S. 112–127.
Raulet, Gerard 1986: Gehemmte Zukunft. Zur gegenwärtigen Krise der Emanzipation. Darmstadt/Neuwied: Luchterhand.
Reese-Schäfer, Walter 1991: Richard Rorty. Frankfurt/New York: Campus.
Reinhard, Hannes (Hg.) 1967: Das Selbstportrait. Große Künstler und Denker unserer Zeit erzählen von ihrem Leben und Werk. Hamburg: Wegner.
Ricken, Friedo 1984: Das «Innere» des Menschen als Thema der sprachanalytischen Philosophie. In: Kremer (Hg.) 1984, S. 169–185.
Rickert, Heinrich 1899: Kulturwissenschaft und Naturwissenschaft. 3. verb. Aufl. 1915. Leipzig/Tübingen: Mohr.
– 1910/1911: Vom Begriff der Philosophie. In: Logos I, S. 1–34.
– 1913: Die Grenzen der naturwissenschaftlichen Begriffsbildung. Eine logische Einleitung in die historische Wissenschaft. Leipzig/Tübingen: Mohr.
– 1920: Probleme einer Philosophie des Lebens – Dilthey. In: Rodi/Lessing (Hg.) 1984, S. 95–100.
Riedel, Manfred 1970: Einleitung zu Dilthey 1910, S. 9–86.
– 1971: Positivismuskritik und Historismus. In: Blühdorn/Ritter (Hg.) 1971, S. 81–104.
Riehl, Alois 1876: Der philosophische Kriticismus und seine Bedeutung für die positive Wissenschaft. Bd. 1–3. Leipzig: Engelmann.
– 1883: Über wissenschaftliche und nichtwissenschaftliche Philosophie. Eine akademische Antrittsrede. Freiburg: Mohr.
Ringer, Fritz 1987: Die Gelehrten. Der Niedergang der deutschen Mandarine 1890–1930. München: Klett-Cotta bei dtv.
Rodi, Frithjof (Hg.): Dilthey-Jahrbuch für Philosophie und Geschichte der Geisteswissenschaften. Bd. 1 1983, Bd. 2 1984, Bd. 3 1985, Bd. 5 1988. Göttingen: Vandenhoeck & Ruprecht.
– 1987: Die Ebbinghaus-Dilthey-Kontroverse. Biographischer Hintergrund und sachlicher Ertrag. In: Traxel (Hg.) 1987, S. 146–154.
– /Lessing, Hans-Ulrich (Hg.) 1984: Materialien zur Philosophie Wilhelm Diltheys. Einleitung dies. S. 7–41. Frankfurt/M.: Suhrkamp.
Roffenstein, Gaston 1926: Das Problem des psychischen Verstehens und ein Versuch über die Grundlagen von Psychologie, Psychoanalyse und Individualpsychologie. Stuttgart: Püttmann.
Rogers, Carl 1973: Die klient-bezogene Gesprächstherapie. München: Kindler.
Root, Michael 1986: Davidson and Social Science. In: Le Pore (Hg.) 1986, S. 272–304.
Rorty, Richard 1981: Der Spiegel der Natur: eine Kritik der Philosophie. Frankfurt/M.: Suhrkamp.
– 1987: Non-Reductive Physicalism. In: Cramer (Hg.) 1987, S. 278–296.
– 1988: Solidarität oder Objektivität? Drei philosophische Essays. Stuttgart: Reclam.
Roth, Gerhard 1985: Die Selbstreferentialität des Gehirns und die Prinzipien der Gestaltwahrnehmung. In: Gestalt Theory 7, S. 228–244.

Rothacker, Erich (Hg.) 1955: Archiv für Begriffsgeschichte. Bausteine zu einem historischen Wörterbuch der Philosophie Bd. 1. Bonn: Bouvier.
Ryle, Gilbert 1938/1959: Categories. In: Flew (Hg.) 1959, S. 65–81.
Ryle, Gilbert 1969: Der Begriff des Geistes. Stuttgart: Reclam.
Sander, Angelika 1995: Max Scheler und die Dezentrierung des Subjekts in der Philosophie. Bonn: Bouvier.
Sander, Friedrich 1922: Wundts Prinzip der schöpferischen Synthese. In: Hoffmann (Hg.) 1922, S. 55–58.
Scheerer, Eckhart 1987: Ebbinghaus, Herbart and Hegel; or: not the syllable was meaningless, but the syllables series. In: Traxel (Hg.) 1987, S. 9–22.
Scheler, Max 1913: Dilthey – Versuch einer Philosophie des Lebens. In: Rodi/Lessing (Hg.) 1984, S. 88–94.
Schlick, Moritz 1930: Die Wende der Philosophie. In: Erkenntnis IX (1), S. 4–11.
Schmidt, Nicole D. 1993: Zum Zusammenhang von Selbstverwirklichung und Moralität. Egelsbach/Frankfurt/Washington: Hänsel-Hohenhausen (Mikrofiche-Ausg.).
– 1994a: Feminismus und AIDS – halbierte Vernunft? In: Lang/Richter (Hg.) 1994, S. 94–107.
– 1994b: Philosophie und Psychologie – Untersuchungen zum Problem ihres Verhältnisses seit 1880: Ein Beitrag zur Erkundung der disziplinären Trennungsgeschichte. Egelsbach/Frankfurt/Washington: Hänsel-Hohenhausen (Mikrofiche-Ausg.).
– 1995: Vom Erinnern zum Vergessen – Überlegungen zur Gegenstandsdrift der Theorie des Gedächtnisses (Dilthey und Ebbinghaus). In: Porath (Hg.) 1995, S. 117–128.
Schmidt, Winrich de 1976: Psychologie und Transzendentalphilosophie. Zur Psychologie-Rezeption bei Hermann Cohen und Paul Natorp. Bonn: Bouvier.
Schmied-Kowarzik, Walter 1927: Diltheys und Sprangers verstehende Psychologie in ihrem Verhältnis zur erklärenden (naturwissenschaftlichen) Psychologie. In: Archiv für die gesamte Psychologie 58, S. 281–306.
Schnädelbach, Herbert 1974: Geschichtsphilosophie nach Hegel. Probleme des Historismus. Freiburg/München: Alber.
– 1977: Reflexion und Diskurs: Fragen einer Logik der Philosophie. Frankfurt/M.: Suhrkamp.
– 1983: Philosophie in Deutschland 1831–1933. Frankfurt/M.: Suhrkamp.
– 1987: Vernunft und Geschichte. Vorträge und Abhandlungen. Frankfurt/M.: Suhrkamp.
– 1988: Philosophie als Wissenschaft und als Aufklärung. In: Willi Oelmüller (Hg.) 1987, S. 206–247.
– 1989a: Die Philosophie und die Wissenschaften vom Menschen. In: Bellut/Müller-Schöll (Hg.) 1989, S. 19–39.
– 1989b: Zum Verhältnis von Diskurswandel und Paradigmenwechsel in der Geschichte der Philosophie. In: Krohn (Hg.) 1989, S. 21–32.
– 1990: Rationalität und Normativität. Sonderdruck aus Apel (Hg.) 1990, S. 124–149.
– 1992: Unser neuer Neukantianismus. In: Brandt/Orlik (Hg.) 1993, S. 204–221.

Schneewind, Klaus A. (Hg.) 1977: Wissenschaftstheoretische Grundlagen der Psychologie. München: Reinhardt.
Schnelle, Thomas 1982: Ludwik Fleck: Leben und Denken. Zur Entstehung und Entwicklung des soziologischen Denkstils in der Wissenschaftsphilosophie. Hg. v. Philosophischen Seminar der Univ. Hamburg.
Schorr, Angela/Wehner, Ernst G. (Hg.) 1990: Psychologiegeschichte heute. Göttingen: Hogrefe.
Schreier, Wolfgang 1977: Fechners experimentelle Methoden in der Psychophysik – In: «Beiträge II», S. 22–29.
Schumann, Friedrich (Hg.) 1914: Bericht über den VI. Kongreß für experimentelle Psychologie in Göttingen 1914, 1. Teil. Leipzig: Barth.
Schwemmer, Oswald 1983: Empirie ohne Experiment. Plädoyer für einen methodischen «Zwischenschritt» bei unserer wissenschaftlichen Erfahrungsbildung. In: Jüttemann (Hg.) 1983, S. 66–99.
– 1987: Handlung und Struktur. Zur Wissenschaftstheorie der Kulturwissenschaften. Frankfurt/M.: Suhrkamp.
– 1990: Die Philosophie und die Wissenschaften. Zur Kritik der Abgrenzung. Frankfurt/M.: Suhrkamp.
– 1992: Der Werkbegriff. In: Internationale Zeitschrift für Philosophie 2, S. 226–249.
– 1993: Die Verallgemeinerung des Verstehens. Zur Logik der Kommunikation. In: Genev (Hg.) 1993, S. 147–163.
– 1994: Die symbolische Existenz des Geistes. In: Krämer (Hg.) 1994, S. 3–40.
Searle, John 1987: Intentionalität. Eine Abhandlung zur Philosophie des Geistes. Frankfurt/M.: Suhrkamp.
Seebohm, Thomas M. 1985: Die Begründung der Hermeneutik Diltheys in Husserls transzendentaler Phänomenologie. In: Orth (Hg.) 1985, S. 97–124.
Seel, Martin 1990: Am Beispiel der Metapher. Zum Verhältnis von buchstäblicher und figürlicher Rede. In: Forum (Hg.) 1990, S. 237–272.
Selg, Herbert/Bauer, Werner 1976: Forschungsmethoden der Psychologie. 2. Aufl. Stuttgart: Kohlhammer.
Shazer, Steve de 1990: Kreatives Mißverstehen. In: Systeme, 4. Jg., Heft 2, S. 136–147.
Simon-Schaefer, Roland 1983: Einfühlen, Verstehen, Werten – Zum Verstehensbegriff in den Kunstwissenschaften. In: Rodi (Hg.) 1983, S. 74–87.
Sommer, Manfred 1984: Leben aus Erlebnissen. Dilthey und Mach. In: Orth (Hg.) 1984, S. 55–79.
Sonntag, Michael 1986: «Zeitlose Dokumente der Seele» – Von der Abschaffung der Geschichtsschreibung der Psychologie. In: Jüttemann (Hg.) 1986, S. 116–142.
Spiegelberg, Herbert 1960: The Phenomenological Movement – A Historical Introduction. Vol 1 u. 2. The Hague: Nijhoff.
Spranger, Eduard 1912: Wilhelm Dilthey. Eine Gedächtnisrede gehalten in Berlin. Berlin: Borngräber.
– 1914: Lebensformen. Halle: Niemeyer.
– 1918: Zur Theorie des Verstehens und zur geisteswissenschaftlichen Psychologie. Festschrift für Volkelt. In: Ges. Schriften VI, S. 1–42.

– 1921: Lebensformen. Geisteswissenschaftliche Psychologie und Ethik der Persönlichkeit. 2. völlig neubearb. u. erw. Aufl. Halle: Niemeyer.
– 1926: Verstehen und Erklären. Thesen von Eduard Spranger. In: Congress VIIIth International 1974, S. 147–158.
– 1929: Der Sinn der Voraussetzungslosigkeit in den Geisteswissenschaften. Heidelberg: Quelle & Meyer.
– 1934: Grundgedanken der geisteswissenschaftlichen Psychologie. In: Ges. Schriften IV, S. 37–64.
– 1969–1980: Gesammelte Schriften 11 Bde. Hg. v. Hans Walter Bähr, Otto Friedrich Bollnow u. a. Heidelberg: Quelle & Meyer; Tübingen: Niemeyer.
– Bd. IV: Psychologie und Menschenbildung. Hg. v. Walter Eisermann, 1974.
– Bd. VI: Grundlagen der Geisteswissenschaft. Hg. v. Hans Walter Bähr, 1980.
Sprung, Lothar/Sprung, Helga 1980: Weber-Fechner-Wundt. Aspekte zur Entwicklungsgeschichte einer neuen Wissenschaft, der Psychologie. In: Meischner/Metge (Hg.) 1980, S. 282–301.
Staeuble, Irmingard 1987: Ebbinghaus an der Berliner Universität – Ein akademisches Schicksal eines zu früh Geborenen? In: Traxel (Hg.) 1987, S. 89–106.
Stangl, Werner 1989: Das neue Paradigma der Psychologie – die Psychologie im Diskurs des Radikalen Konstruktivismus. Braunschweig/Wiesbaden: Vieweg.
Stegmüller, Wolfgang 1960/1, 1975/2: Hauptströmungen der Gegenwartsphilosophie. Eine kritische Einführung. 2 Bde. Stuttgart: Kröner.
– 1969: Probleme und Resultate der Wissenschaftstheorie und Analytischen Philosophie, Bd. 1. Berlin/Heidelberg/New York: Springer.
– 1973: Der sogenannte Zirkel im Verstehen. In: Natur und Geschichte X, Deutscher Kongreß für Philosophie. Kiel 1972, S. 21–46.
– 1986: Kripkes Deutung der Spätphilosophie Wittgenstein. Stuttgart: Kröner.
Stein, Arthur 1926: Der Begriff des Verstehens bei Dilthey. 2. neubearb. u. erw. Aufl. (1. Aufl. 1913). Tübingen: Mohr.
Steinvorth, Ulrich 1982: Max Webers System der Verstehenden Soziologie. In: Zeitschrift für allgemeine Wissenschaftstheorie 1 (13), S. 48–69.
Stern, Paul 1898: Einfühlung und Assoziation in der neueren Ästhetik. Hamburg/Leipzig: Voss.
Stern, William 1900: Psychologie der individuellen Differenzen – Ideen zu einer Differentiellen Psychologie. Leipzig: Barth.
Störring, Gustav 1914: Zur kritischen Würdigung der Freudschen Theorie. In: Zeitschrift für Pathopsychologie II, S. 144–149.
– 1928: Die Frage der geisteswissenschaftlichen und verstehenden Psychologie. Leipzig: Akademische Verlagsgesellschaft.
Ströcker, Elisabeth 1985: Systematische Beziehungen der Husserlschen Philosophie zu Dilthey. In: Orth (Hg.) 1985, S. 63–96.
Stumpf, Carl 1907: Die Wiedergeburt der Philosophie. Berliner Rektoratsrede. Berlin: Schade.
Tausch, Reinhard/Tausch, Annemarie 1981: Gesprächspsychotherapie. Göttingen/Toronto/Zürich: Hogrefe.
Taylor, Charles 1975: Erklärung und Interpretation in den Wissenschaften vom Menschen. Frankfurt/M.: Suhrkamp.
Teegen, Frauke 1987: Ganzheitliche Gesundheit. Reinbek: Rowohlt.

Thomas, Michael 1984: Zum Wirken Wilhelm Diltheys an der Berliner Universität. In: Wissenschaftliche Zeitschrift der Humboldt-Universität zu Berlin, Gesellschaftswissenschaftliche Reihe XXXIII (1), S. 49–54.

Titchener, Edward B. 1921: Wilhelm Wundt. In: Bringmann/Tweney (Hg.) 1980, S. 309–324.

Tögel, Christfried 1985: Kuhns Wissenschaftskonzept und seine Rationalisierung: Beispiele aus der Psychologiegeschichte. In: Bem/Rappard/Horn (Hg.) 1985, S. 229–240.

– 1985: Zur Struktur psychologischer Theorien. In: Chisholm (Hg.) 1985, S. 231–233.

– 1987: Vergangenheit und Geschichte. Anmerkungen zu Ebbinghaus' psychologiehistorischer Konzeption. In: Traxel (Hg.) 1987, S. 257–261.

Topel, Renate 1977: Der psychologische Voluntarismus Wilhelm Wundts. In: «Beiträge II», S. 79–93.

– 1980: Helmholtz und Wundt – zwei Beiträge zur Theorie der Sinneswahrnehmung. In: Meischner/Metge (Hg.) 1980, S. 302–315.

Traxel, Werner (Hg.) 1987: Ebbinghaus-Studien 2. Passau: Passavia.

– /Gundlach, Horst (Hg.) 1986: Ebbinghaus-Studien 1. Passau: Passavia.

Tugendhat, Ernst 1979: Selbstbewußtsein und Selbstbestimmung. Sprachanalytische Interpretationen. Frankfurt/M.: Suhrkamp.

Ungerer, Gustav A. 1980: Wilhelm Wundt als Psychologe und Politiker. Anmerkungen zur Biographie. In: Psychologische Rundschau 31 (2), S. 95–110.

Varela, Francisco M. 1990: Kognitionswissenschaft – Kognitionstechnik. Eine Skizze aktueller Perspektiven. Frankfurt/M.: Suhrkamp.

Volkelt, Johannes 1886: Erfahrung und Denken. Hamburg/Leipzig: Voss.

Weber, Max 1922/1985: Gesammelte Aufsätze zur Wissenschaftslehre. 6. durchges. u. ern. Aufl. Hg. v. Johannes Winkelmann. Tübingen: Mohr.

Wellek, Albert 1958/1976: Der Rückfall in die Methodenkrise der Psychologie und ihre Überwindung. In: Balmer (Hg.) 1976, S. 41–66.

Wenke, Hans (Hg.) 1957: Eduard Spranger. Bildnis eines geistigen Menschen unserer Zeit. Zum 75. Geburtstag dargebracht von Freunden und Weggenossen. Heidelberg: Quelle & Meyer.

Wessel, Karl-Friedrich 1983: Zum Verhältnis von Philosophie und Psychologie. In: Wissenschaftliche Zeitschrift der Humboldt-Universität zu Berlin, Mathematisch-naturwissenschaftliche Reihe 3, S. 335–338.

Weyers, Gertrud 1958: Das Sichbesinnen auf Wörter. Allgemeine Soseinsbestimmung und Verlaufsanalyse auf Grund von Erlebnisversuchen. Diss. Univers. Köln.

Willy, Rudolf 1899: Die Krisis der Psychologie. Leipzig: Reisland.

Windelband, Wilhelm 1873: Über die Gewissheit der Erkenntniss – Eine psychologisch-erkenntnisstheoretische Studie. Habilschrift. Berlin: Henschel.

– 1884: Präludien. Aufsätze und Reden zur Einleitung in die Philosophie. Freiburg/Tübingen: Mohr.

Wittgenstein, Ludwig 1921/1963: Tractatus logico-philosophicus. Logisch-philosophische Abhandlung. Frankfurt/M.: Suhrkamp.

– 1958/1971: Philosophische Untersuchungen. Frankfurt/M.: Suhrkamp *(Zit.: PU)*.

Wundt, Wilhelm 1862: Beiträge zur Theorie der Sinneswahrnehmung. Leipzig/Heidelberg: Winter.
– 1874: Grundzüge der physiologischen Psychologie. Leipzig: Engelmann.
– 1876: Über den Einfluß der Philosophie auf die Erfahrungswissenschaften. Akademische Antrittsrede Leipzig 1875. Leipzig: Engelmann.
– 1880: Logik – Eine Untersuchung der Prinzipien der Erkenntnis und der Methoden wissenschaftlicher Forschung, Bd. 1: Allgemeine Logik und Erkenntnistheorie. Stuttgart: Enke.
– 1883a: Logik. Bd. 2: Methodenlehre. Stuttgart: Enke.
– 1883b: Schlusswort zum ersten Band. In: Philosophische Studien 1883, S. 615–617.
– 1883c: Ueber die Messung psychischer Vorgänge. In: Philosophische Studien 1883, S. 251–260.
– 1883d: Ueber psychologische Methoden. In: Philosophische Studien 1883, S. 1–38.
– 1885/1906: Essays. 2. Aufl. Leipzig: Engelmann.
– 1887: Grundzüge der physiologischen Psychologie, 2. Bd. 3. Aufl. Leipzig: Engelmann. (*Zit.*: röm. Bandz.).
– 1888a: Selbstbeobachtung und innere Wahrnehmung. In: Philosophische Studien 1888, S. 293–309.
– 1888b: Ziele und Wege der Völkerpsychologie. In: Philosophische Studien IV, S. 1–27.
– 1889: System der Philosophie. Leipzig: Engelmann.
– 1892: Vorlesungen über die Menschen- und Thierseele. 2. Aufl. Hamburg/Leipzig: Voss.
– 1893/1894: Logik. Bd. 1: Erkenntnislehre. Bd. 2: Methodenlehre. 2. umgearb. Aufl. Stuttgart: Enke.
– 1900: Völkerpsychologie. Leipzig: Engelmann.
– 1903: Schlusswort des Herausgebers. In: Philosophische Studien 1903, S. 793–795.
– 1907: Über Ausfrageexperimente und über die Methoden zur Psychologie des Denkens. In: Psychologische Studien III, S. 301–360.
– 1908: Logik. Bd. 3: Logik der Geisteswissenschaften. 3. umgearb. Aufl. Stuttgart: Enke.
– 1910: Kleine Schriften I. Leipzig: Engelmann.
– 1913: Die Psychologie im Kampf ums Dasein. Leipzig: Kröner.
– 1920: Erlebtes und Erkanntes. Stuttgart: Kröner.
Zeller, Eduard 1868: Über die Aufgabe der Philosophie und ihre Stellung zu den übrigen Wissenschaften. Heidelberg: Mohr.
– 1895: Über Metaphysik als Erfahrungswissenschaft. In: Archiv für systematische Philosophie I (1), S. 1–13.
Zimmermann, Emil 1903/1983: XVIII. Preisliste über psychologische und physiologische Apparate. Faksimilenachdr. d. Leipziger Ausg. Passau.
Zimmermann, Jörg 1988: Ludwig Wittgenstein. Zur Fundierung des Psychischen in Sprachspiel und Lebensform. In: Jüttemann (Hg.) 1988, S. 148–161.
Zurhorst, Günter et al. 1992: Argumente für die Erneuerung der anthropologischen Grundlagen der Psychologie. In: Journal für Psychologie 1, S. 5–14.

Namenregister

Sachregister

rowohlts enzyklopädie

Eine Auswahl

Kurt Bayertz
GenEthik
Probleme der Technisierung menschlicher Fortpflanzung (450)

Kurt Bayertz (Hg.)
Praktische Philosophie
Grundorientierungen angewandter Ethik (522)

Eberhard Braun / Felix Heine / Uwe Opolka
Politische Philosophie
Ein Lesebuch. Texte, Analysen, Kommentare (406)

Hans Ebeling
Martin Heidegger
Philosophie und Ideologie (520)
Das Subjekt in der Moderne
Rekonstruktion der Philosophie
im Zeitalter der Zerstörung (484)

Ferdinand Fellmann
Symbolischer Pragmatismus
Hermeneutik nach Dilthey (508)
Lebensphilosophie
Elemente einer Theorie der Selbsterfahrung (533)

Uwe Flick (Hg.)
Psychologie des Sozialen
Repräsentationen in Wissen und Sprache (536)

Arnold Gehlen
Anthropologische und sozialpsychologische Untersuchungen (424)

Manfred Geier
Das Sprachspiel der Philosophen
Von Parmenides bis Wittgenstein (500)

Rolf Grimminger / Jurij Murašov / Jörn Stückrath (Hg.)
Literarische Moderne
Europäische Literatur im 19. und 20. Jahrhundert (553)

Heiner Hastedt / Ekkehard Martens
Ethik
Ein Grundkurs (538)